高等院校网络教育系列教材

项目预算与成本管理

马海英　编

华东理工大学出版社
EAST CHINA UNIVERSITY OF SCIENCE AND TECHNOLOGY PRESS
·上海·

图书在版编目(CIP)数据

项目预算与成本管理/马海英编. —上海:华东理工大学出版社,2020.2(2022.6 重印)
高等院校网络教育系列教材
ISBN 978-7-5628-6125-6

Ⅰ. ①项… Ⅱ. ①马… Ⅲ. ①项目管理-预算管理-高等学校-教材 ②项目管理-成本管理-高等学校-教材 Ⅳ. ①F224.5

中国版本图书馆 CIP 数据核字(2020)第 023830 号

项目统筹 / 牛　东
责任编辑 / 左金萍　赵子艳
装帧设计 / 戚亮轩
出版发行 / 华东理工大学出版社有限公司
地址:上海市梅陇路 130 号,200237
电话:021-64250306
网址:www.ecustpress.cn
邮箱:zongbianban@ecustpress.cn
印　　刷 / 江苏凤凰数码印务有限公司
开　　本 / 787mm×1092mm　1/16
印　　张 / 11.5
字　　数 / 306 千字
版　　次 / 2020 年 2 月第 1 版
印　　次 / 2022 年 6 月第 2 次
定　　价 / 68.00 元

前　言

无论是企业经营还是项目建设，均会受到市场或资源因素的影响，当增收受到限制时，成本管理和成本控制就显得更加重要。项目成本管理是为实现项目目标而付出代价的组织与控制，它是项目管理的核心组成部分，高效、科学的项目成本管理对项目管理的成功起着关键作用。

项目不同于一般的企业运营管理，项目的复杂性、动态性、一次性、单件性、周期性等特点使得项目成本管理具有独特性。

本书以通俗易懂的文字，诠释了项目成本管理的基本知识，适用于大专、本科和研究生等各个层次的学生使用。同时，全书由浅入深，层层推进，通过介绍项目成本管理理论，并结合大量的项目成本管理生动实例，阐述了项目资源规划、成本估算、成本预算和成本控制、项目成本核算与分析、项目成本决算与审计等成本管理的基本框架、科学方法和实用技术工具。本书的一大特色在于每一章都有相关的引导案例，便于引入式教学，每一章的课后练习也有案例分析的内容，便于学生对知识的掌握和巩固。

全书共分为7章，系统介绍了项目成本管理的基本概念、项目成本管理的流程以及每一个环节所使用的方法和技术。在内容上既介绍了项目成本管理的基本理论与方法，又力图反映项目成本管理的最新进展。

本书在编写过程中得到了很多老师的帮助和支持，我向他们表示诚挚的感谢。同时，本书编写参考了许多的文献资料，在此向这些文献的作者表示由衷的感谢。

由于编者水平和学识的局限，书中的缺点、错误在所难免，诚恳地欢迎广大读者和专家学者提出宝贵的批评与建议，我们将不断改进完善。

马海英于华东理工大学

2019年8月

目　　录

1 绪论

➢ 学习目标

通过本章的学习，了解项目成本管理的发展历程，掌握项目成本、项目成本管理的概念及项目成本管理的理论框架。

骑师和马的故事

骑师在驯一匹马，这一天，他终于将他的马训练好了，此刻他可以按自己的心情使唤它。每当马鞭一扬，马儿便乖乖地听他指挥，并且，骑师说的每一句话，马儿都能明白。

“将缰绳套在我的马上很没必要。”他觉得用言语就可以驾驭他的马。因此，有一日骑马出去时，他卸下了缰绳。

马儿在原野上奔跑，开始还不是太快，它仰着头抖动着马鬃，雄赳赳地高视阔步，好像在讨好它的主人。但当它得知什么约束也没有的时候，马儿变得越来越大胆，它的眼睛中冒着火，脑中充满热血，再也听不进主人的叱责，而是越来越快地飞奔在草原上。

手足无措的骑师，此刻全然不知该怎么办了，他想用笨拙而颤抖的手将缰绳重新套在马头上，但已经办不到了。没有拘束的马儿撒开四蹄，一路狂奔，骑师最终摔下马来，但马儿依然一路向前冲，像一阵风一样，什么也不看，一股劲儿冲向深谷，摔了个粉身碎骨。

“我的可怜的好马呀，”骑师特别伤心，痛哭流涕道，“是我造成了你这样的下场，假如我不冒冒失失地解掉缰绳，你就会听我的话，就不会把我摔下来，你也不会粉身碎骨。”

缰绳和马鞭的有效控制会令马儿听话，但这个骑师却自以为是地觉得语言可以命令马儿，可他没想到，等到马发觉失去了缰绳时，平日里听话的马就变成了不受束缚的野马，再也听不进骑师的命令。由此可知，想让事物正常发展，必须对其进行一定的管理和控制。

上面的故事告诫我们，对于项目来讲，各种成本如同马一样，假如不对其进行控制，就会给项目带来很多问题，比如资金周转不灵、现金流减少、利润降低等。

1.1 项目成本管理的产生和发展

1.1.1 成本管理的发展历程

随着商品货币经济的发展，人们逐渐通过货币形式对生产过程中的劳动耗费、劳动占用和劳动成果进行全面的核算和管理。自 19 世纪工业革命完成以来，纵观国内外，成本管

理由简单的记录到一门科学，大致经历了四个阶段。

1. 以事后分析利用成本信息为主的成本管理阶段

以事后分析利用成本信息为主的成本管理阶段时间跨度较大，大约从19世纪初到20世纪初。现代成本管理系统起源于19世纪英国工业革命，由于当时的机器作业代替了手工劳动，工厂制代替了手工工场，企业规模逐渐扩大，出现了竞争，生产成本得到普遍重视。在工业革命以前，会计主要是记录企业与企业之间的业务往来，在工业革命以后，伴随大规模生产经营的到来，制造业为了降低每一单位产品所耗费的资源，一方面开始重视成本信息的生成，将成本记录与普通会计记录融合在一起，出现了记录型成本会计；另一方面开始利用成本信息对企业内部各管理层及生产工人的工作业绩进行考评。早期成本管理系统发展的最大动力来自19世纪中叶铁路业的产生和发展。铁路业是当时规模最大的行业，其生产经营管理比19世纪初的其他工业要复杂得多，铁路业的管理者们为了更好地管理经营成本，制订了许多与成本相关的经济计量指标，如每吨千米成本，这些管理方法为随后发展起来的钢铁企业所运用。19世纪末管理人员利用成本资料对大规模制造企业进行管理取得良好的效果，因而使企业管理界认识到拥有一个良好的成本管理系统对企业发展是非常重要的。

2. 以事中控制成本为主的成本管理阶段

以事中控制成本为主的成本管理阶段大约从20世纪初到40年代末，其主要标志是标准成本管理方法的形成和发展。20世纪初发展起来的从事多种经营的综合性企业和科学管理理论为成本管理系统的进一步创新提供了机会。被誉为“科学管理之父”的美国工程师泰勒在1911年出版了《科学管理原理》一书，该书系统地阐明了产品标准操作程序及操作时间的确定方法，建立了详细、准确的原材料和劳动力的使用标准，并以按科学方法确定的工作量为标准来支付工人的劳动报酬，同时以此为基础，他制定了许多新的成本计量指标，如材料标准成本、人工标准成本等。这些内容为标准成本会计的形成奠定了坚实的理论基础。1911年美国会计师卡特·哈里逊第一次设计出一套完整的标准成本会计制度。他在1918年发表了一系列论文，其中对成本差异分析公式及有关账务处理叙述得非常详细。从此，标准成本会计就脱离了实验阶段而进入实施阶段。标准成本制度的出现使得成本管理的重点从事后的核算与分析转向了事中的控制，这是成本管理观念的一次重大突破，它对成本管理理论与方法的进一步发展具有极为重要的意义。标准成本制度作为一种行之有效的成本管理方法被企业管理界接受以后，人们开始对标准成本制度的一些关键环节做进一步的探讨。

3. 以事前控制成本为主的成本管理阶段

以事前控制成本为主的成本管理阶段大约从20世纪50年代初到80年代末。第二次世界大战后，科学技术迅速发展，生产自动化程度大大提高，企业规模越来越大，市场竞争十分激烈。为了适应社会经济出现的新情况，考虑现代化大生产的客观要求，成本管理也要现代化。一方面，高等数学、运筹学、数理统计学中许多科学的数量方法开始被引入现代成本管理工作中；另一方面，以计算机为代表的信息处理技术的飞速发展也基本满足了人们对成本数据进行快速处理的需要。在这一阶段，成本管理的重点已经由如何进行事中控制成本、事后计算和分析成本转移到如何预测、决策和规划成本，出现了以事前控制成本为主的成本管理新阶段。

4. 战略成本管理阶段

战略成本管理阶段是指20世纪90年代初以后。90年代以来，由于市场竞争的进一步加剧，人们期望新的成本管理方法出现，实务界和学术界也开始致力于成本管理新理论和新方法的研究，以适应科学技术迅速发展和全球竞争带来的挑战，特别是企业战略管理理论与方法的迅速发展，使得这种愿望和要求更加强烈。当前，企业战略决策者迫切需要一套新的成本管理理论与方法为其进行战略管理提供强有力的信息支持。如何通过对传统成本管理理论与方法体系的再造，使成本管理能够在战略管理这一大的企业管理环境下更好地发挥作用，为企业战略管理服务，仍需成本管理学术界与实务界进一步探讨。

1.1.2 项目成本管理的发展历程

随着市场经济的不断完善，项目已成为当前经济发展的重要构成要素，项目实施的好坏已成为国家、企业和社会最为关心的问题。科学的项目成本管理已用于各种项目中，并已在项目实践应用中总结出一套自成体系的理论和方法，它具有非常广泛的适用性，是现代管理科学和项目管理科学中的一个重要组成部分。项目成本管理的发展可简单地划分为两个阶段。

1. 传统项目成本管理阶段

传统项目成本管理可以追溯到20世纪60年代，在此期间诞生了围绕项目成本管理的新方法，最具代表性的管理方法是美国航天局（National Aeronautics and Space Administration，NASA）和美国空军为开展项目成本管理和控制而创建的工作分解结构（Work Breakdown Structure，WBS）技术和挣值管理方法（Earned Value Management，EVM）技术。在美国项目管理协会和英国项目管理协会的大力推进下，项目管理的职业化进程于20世纪70年代也有了长足的发展。我国在传统项目成本管理方面的研究和应用起步较早，早在2000多年前春秋战国时期科学技术名著《考工记》就有规定："凡修筑沟渠堤防，一定要先以匠人一天修筑的进度为参照，再以一里①工程所需的匠人人数和天数来预算这个工程的劳动量，然后方可调配人力，进行施工。"这可能是人类历史上最早的工程项目成本预算与工程项目施工管理和控制方法的文字记录之一。我国虽然在传统项目成本管理方面的研究和应用起步较早，但后续发展却很缓慢。从20世纪80年代后期我国才在建筑业及工程建设项目的管理体制和管理方法上做出了许多重大的改革，并吸收和借鉴了一些国际上先进的现代项目成本管理理论和方法。

2. 现代项目成本管理阶段

进入20世纪80年代，项目管理基本形成了自己完整的理论知识体系，特别是在项目成本管理的理论与方法方面。随着全球性竞争的日益加剧、项目活动的扩大和复杂、项目相关利益者的冲突不断增加、降低项目成本的压力不断上升等一系列情况的出现，促使项目成本管理在理论和方法上不断发展。现代项目成本管理理论和实践在这一时期均获得了长足的进步和快速的发展，主要表现在两个方面。

(1) 形成了三种最具代表性的现代项目成本管理的理论和方法。①从整个项目活动全过程角度，分析和管理项目成本全过程的理论与方法。进入20世纪90年代，这种项目成本

---

① 1里=500米

管理的理论和方法正逐步成为中国和世界其他许多国家项目成本管理的主要方法。②由英美学者和实际工作者提出的全生命周期项目成本管理理论(Life Cycle Costing,LCC),目前它已成为项目投资决策和项目成本控制的一种技术方法。③由国际全面成本管理促进会前主席 R. E. Westney 借用"全面质量管理"思想而提出的一套"全面成本管理"的理论和方法,根据国际全面成本管理促进会的定义,"全面成本管理就是通过有效使用专业知识和专门技术去计划和控制项目的资源、成本、盈利与风险"。现在人们普遍认为项目全面成本管理将成为21世纪项目成本管理中最有效的技术和方法。

(2) 现代项目管理理论和方法的精髓在项目成本管理中的具体应用。例如,项目集成管理理论在项目成本管理中的应用,最具代表性的是质量成本管理和进度管理的应用;项目风险管理在项目成本管理中的应用,具有代表性的是美国项目管理协会(Project Management Institute,PMI)和美国造价管理协会(Association for the Advancement of Cost Engineering,AACE)提出的项目风险造价管理;美国用垂直切割法(Verticals Slice)和偏差分析法(Trend Analysis)在项目成本控制中的应用;英国的成本编码系统(Cost Code System,CCS)在成本估算中的应用和香港的项目成本动态管理的应用等。

1.2 成本管理的基础理论

1.2.1 系统理论

系统理论的奠基人是奥地利生物学家贝塔朗非。所谓"系统",是由相互作用和相互联系的若干组成部分结合而成的具有特定功能的有机整体,这个系统本身又是它们所属的一个更大系统的组成部分。作为一个系统,通常具有以下五个特征。

(1) 目的性。人工系统通常都是为了达到一定目的,因此具有目的性。

(2) 整体性。系统是一个不可分割的整体,系统作为整体所发挥的功能比它所有组成部分的功能总和还要大,因此,系统需要树立整体观念。

(3) 层次性。系统都具有一定的结构和层次,因而在职权上需要分级、分层划分范围。

(4) 相关性。系统内各个组成部分既是相互联系又相互作用的,所以系统内部需要相互协作。

(5) 环境适应性。任何系统均处于动态环境之中,外部环境的动态变化对系统有很大的影响,建立经常同外部环境保持最佳适应状态的系统,才是理想的系统。

成本管理系统是系统理论在成本管理中的具体应用,它要求建立如下成本管理体系。

(1) 成本指标体系。企业建立的成本指标体系,应该能够系统地反映企业成本形成的全过程,有利于实行企业的全面成本管理。成本指标体系既包括综合性的指标,又包括分解后的具体指标。成本指标体系既有反映全厂的指标,又有反映车间、班组、岗位的指标。

(2) 成本责任体系。将成本指标体系中的各项成本指标分解落实到各个单位和岗位,就转化为责任成本,每个单位和个人都要对责任成本的完成承担责任。

(3) 成本执行体系。将成本指标体系中的各项成本指标分解落实到各个单位和岗位后,各单位和岗位要认真执行、严格控制,保证完成各项成本指标。

(4) 成本协调体系。在成本指标的具体执行过程中,如果发生偏差或涉及几个单位的经济责任,应及时组织协调解决。

(5) 成本检查体系。各项成本指标的完成情况要定期检查,制订合理的奖惩制度,做到奖惩分明。

(6) 成本信息体系。企业在进行成本管理过程中,需要经过对成本信息进行收集、处理、加工、输出等一系列过程,必须保证这一过程中成本信息的畅通,做到及时反馈成本信息,为成本决策和控制提供依据。

1.2.2 信息理论

信息理论的奠基人是美国科学家申农。所谓信息,通常是指表达事物在方式或运动状态的消息、情报、数据和信号。信息可以减少物化劳动和活劳动过程中的损失浪费。从这个意义上说,信息被人们看成是“无形的财富”,是一种宝贵的社会资源,它同人力资源、物力资源和财力资源一样,都是企业生存和发展必不可少的重要资源。在社会再生产过程中,信息虽然不能像自然资源那样直接创造有形的财富,但它可以帮助人们更好地利用和开发各种自然资源,为社会增添更多的社会财富。

企业成本管理过程,就是成本信息不断输入和输出的过程,以及经过反馈重新输入输出的循环过程。企业建立成本信息管理系统是信息理论在企业成本管理中的具体应用。在建立成本信息管理系统时,主要包括以下环节。

(1) 原始信息的搜集。原始信息的搜集是整个信息系统建立的基础,如果原始信息不可靠,很可能导致整个信息系统紊乱,信息系统就会失去可靠的信息基础。

(2) 信息加工。原始信息需要通过整理加工,才能成为符合成本管理要求的各种有用信息,信息加工是成本管理的基础性工作。

(3) 传输信息。把加工好的信息及时而迅速地传输出去,有利于成本管理的开展。有时候加工好的信息不是立刻就能运用到成本管理中,此时可以把需要的信息先存储起来,同时建立一套检索这些储存信息的方法,以便在需要时进行快速检索。

(4) 建立和健全信息反馈系统。在使用加工过的信息后,对其使用情况进行分析,发现问题及时反馈,不断改进成本管理的信息系统。

1.2.3 控制理论

美国数学家诺伯特·维纳是控制理论的奠基人。控制理论的发展,主要经历了三个时期。

(1) 20 世纪 40 年代末到 20 世纪 50 年代的经典控制论时期。这一时期主要研究单因素控制系统,着重应用于单机自动化。

(2) 20 世纪 60 年代的现代控制论时期。这一时期主要研究多因素控制系统,着重解决机组自动化和生物系统的多变量控制问题。

(3) 20 世纪 70 年代的大系统控制论时期。这一时期着重解决生产系统、社会系统这样一些包含众多变量的大系统的控制问题,研究重点是大系统多级递阶控制。经过几十年的发展,控制论不断向各门学科渗透,已经形成以理论控制论为中心的四大分支,即工程控制论、生物控制论、社会控制论(包括经济控制论)和智能控制论。

控制理论在企业成本管理中的应用,主要表现在以下几个方面。

(1) 成本控制系统的构建。成本控制系统是控制论在企业成本管理中的应用,根据控制论的基本原理,构建的成本控制系统作为一个恒值调节系统,要求成本被控对象按照成

本施控主体所预定的成本目标进行活动，并最终达到这一目标。这里的控制是指施控主体与被控对象之间的相互作用，即在施控主体对被控对象作用的同时，被控对象也会对施控主体产生反作用。这种成本控制系统的构建有利于成本信息的反馈以及成本目标的实现。

(2) 进行成本的优化控制。在现实中，成本控制经常会遇到优化控制的问题。这是因为制订成本目标往往有多种方案可供选择，而且在执行过程中，如果情况发生变化，原有的成本控制目标就有可能失效，这时需要重新选择和制订一个新的成本控制目标，这些都需要采用优化控制的方法来进行处理。因此，在选择成本控制系统时，择优选择成本控制系统进行成本控制，有利于实现成本的优化控制。

(3) 采用分级、分层和分段式综合成本控制。分级控制是指成本控制系统按照企业管理的组织形式分为企业、车间、班组、岗位等级别，上一级控制下一级，并进行协调，形成分级控制结构。分层控制是指成本控制系统要按照控制的职能分为若干层次，一般基层进行作业控制，中层进行管理控制，高层从事经营控制，不同的层次分别发挥不同的控制职能。分段控制是指成本控制系绕要按生产经营过程分为设计、供应、生产、销售等不同阶段进行控制。

1.2.4 组织理论

最早的组织管理学家是法国的法约。他提出企业管理具有五种职能，即计划、组织、指挥、协调和控制。所谓组织，是指为了完成一定目标，建立组织机构，配备必要人员，明确职责，交流信息并协调工作以不断提高管理效率的一种管理职能。西方国家管理学派的组织理论包括行为学派组织理论、管理学派组织理论、决策论学派组织理论、权变论学派组织理论。

企业在进行现代成本管理时，要结合以上各种管理学派的组织理论展开组织设计，明确以下基本原则。

(1) 统一性原则。现代企业的成本管理，必须服从统一领导，上下级之间形成一个等级链，防止多头指挥或越级指挥，以保证目标成本的实现。

(2) 有效性原则。企业成本管理组织机构的设置，必须符合高效率原则，这有利于高效率地组织企业的成本管理，以便不断提高经济效益。

(3) 权责一致原则。一个组织中管理人员的职责和职权必须相当，有权必有责，权责一致，互相匹配，只有这样才能有效地完成任务。就企业成本管理而言，各级成本责任中心都要承担保证目标成本完成的职责，因而也应该同时具有为完成目标成本而进行决策、规划和控制的权利，如果没有这些对等的权利和责任，任何成本责任中心都难以保证完成目标成本。

(4) 管理幅度适当原则。管理幅度也称管理跨度，是指一个领导者能够直接领导下属的人数。由于领导者精力有限，管理幅度不可能无限扩大，超过一定限度，就会影响管理效率。管理幅度和管理层次相互制约，管理幅度增大，管理层次减少；管理幅度减小，管理层次增加。在企业成本管理过程中，选择适当的管理幅度，有利于成本管理的有效进行。

(5) 专职管理和群众管理相结合原则。成本管理既是一项专业性很强的工作，又是一项涉及广大群众的活动。在现代成本管理中，必须将专职管理和群众管理相结合，群众管理在专职管理的指导下进行，专职管理在群众管理的基础上加强，使成本管理组织得更加科学有效。

(6) 集权和分权相结合原则。在企业管理体制中,集权和分权主要表现为企业上下级之间的权力分配问题。"统一领导,分级管理"的原则体现了集权和分权结合的精神。在现代成本管理中,贯彻集权和分权相结合的原则,既要保证单位整体成本管理工作的统一性,又要充分发挥各级单位在成本管理中的积极性和主动性,以便提高成本管理的效率。

1.2.5 行为理论

行为科学是现代管理科学的一个分支,是运用科学方法研究人的行为规律的学科。行为科学的基本理论主要包括以下四个方面。

(1) 群体行为理论。行为科学认为企业中除了明文规定的正式组织以外,还有一种无形的"非正式组织"。这种"非正式组织"是由观点相同、兴趣相投的人们自发形成的群体。管理人员除了要依靠正式组织以外,还要重视"非正式组织"。行为科学还认为这种群体有一种凝聚力。根据群体行为理论,在现代成本管理中,企业既要注重培养班组群体这些正式组织的集体意识,也要充分发挥"非正式组织"在成本管理中的作用,以提高群众自觉完成目标成本的积极性。

(2) 个体行为理论。古典管理科学理论把人看成"经济人",认为人都是以追求经济利益为目的的。行为科学与此相反,认为人是"社会人",人除了经济方面的需要以外,还有社会方面的需要,即人与人之间的友谊、感情等。激励理论是个体行为理论的核心,它是诱导人的行为、发挥人的内在潜力、为实现目标而使用的一种心理因素。在现实生活中,将激励理论充分运用于现代成本管理,有利于更加高效、有序地实现成本控制目标。

(3) 组织行为理论。组织行为的本质问题是如何提高组织效能,这要从组织设计、组织发展和工作设计三个方面分析。组织行为理论认为,人是组织中的灵魂,组织结构的建立只是为了创造一个良好的环境,使组织中的人比较顺利地实现他们的共同目标。要实现成本管理的目标就涉及如何组织成本管理的问题。因此将组织行为理论应用于成本管理,有利于顺利地实现成本管理的目标。

(4) 领导行为理论。领导行为是指领导者影响和引导人们为完成集体目标而努力的行为。行为科学认为领导是一种行为或影响力,目的在于引导人们努力完成某种特定目标。领导行为理论的核心是领导行为的有效性。在现代成本管理中充分运用领导行为影响和引导人们,将有利于成本控制目标的完成。

1.2.6 决策理论

美国经济学家西蒙是决策理论学派的代表人物。决策即做出决定,指人们为了实现特定目标,运用科学理论和方法,掌握大量信息,分析主客观条件,提出多种预选方案,并从中选取最优方案的过程。决策和管理几乎是同义词,管理过程就是决策过程。决策理论通常认为决策包括四个主要阶段。

(1) 情报活动,即查明决策的理由。

(2) 设计活动,即寻找可能的行动方案。

(3) 抉择活动,即在各种行动方案中进行选择。

(4) 审查活动,即对已进行的抉择进行评价。

决策是一个复杂的逻辑过程,需要遵循一定的程序,通常分为以下几个步骤。

(1) 提出问题,确定目标。决策要对提出的问题做出判断和决定,提出问题是决策的开

始。确定目标是决策的前提,决策目标必须明确具体。如有多项目标,应以总目标为基准,进行统一协调。

(2) 收集信息,预测未来。做出一项决策需要广泛搜集国内外情报资料,并对这些资料进行整理分析。在搜集信息后,需要根据搜集到的情报资料,预测未来的发展趋势,以便为决策提供依据。

(3) 拟订方案,择优选择。为使决策合理化,可拟订几个备选方案,并对备选方案进行评价、分析和筛选,最后通过数学分析法、经验判断等方法选择最优的方案。

(4) 实施方案,反馈信息。方案选定后,要制订具体规划和措施,报经批准,然后执行。同时要跟踪检查,发现偏差,逐级反馈,进行调整。所以,决策过程是一个"决策—执行—再决策—再执行"的不断循环的动态过程。

1.2.7 效益理论

经济效益通常指经济活动中投入和产出的比较,或者是所费与所得的比例关系。经济效益就是人们在生产经营活动中劳动耗费、劳动占用与所取得的劳动成果之间的对比关系。经济效益是评价企业这个系统是否处于最佳状态的重要指标之一。

提高经济效益的关键在于降低成本和增加利润两个方面,只有从速度型效益转向技术和管理结合型效益,才能从根本上逐步提高单位整体的经济效益。在现代成本管理中,充分提高成本管理的效益将有利于成本控制目标的实现。

1.3 基本概念

1.3.1 项目

1. 项目的概念

项目是指在特定的资源和环境等约束条件下,具有特定目标的一次性任务,项目也是一系列特有的、复杂的、连续的活动。

2. 项目的基本特征

(1) 约束性。项目要在预算范围内完成,且项目资源有限。项目均有质量标准、竣工验收、施工期限、效益等约束条件,且均要求在一定资源限制下完成。

(2) 目标性。项目的目标有成果性目标和约束性目标两类。成果性目标指项目的功能性要求,是项目的来源,也是项目的最终目标。在项目的实施过程中成果性目标被分解为项目的功能性要求,是项目全过程的主导目标。约束性目标通常又称为限制性条件,包括期限、费用及质量等,是实施项目成果性目标的客观条件和约束条件的统称,是实施项目过程中必须遵循的条件,从而成为项目实施过程中管理的主要目标。项目的目标是两者的统一,没有明确的目标,行动就没有方向,也就不称其为一项任务。

(3) 一次性。项目作为一次性任务,其生产过程具有明显的单件性,这是项目区别于其他非项目活动的关键特征。与普通产品生产重复性不同,通常一个项目不会重复发生,而是具有其自身特点。

(4) 整体及复杂性。每一个工程项目都是一个复杂的系统工程,除了工程本身结构的独特性、涉及技术的复杂性之外,工程项目建设的时间、地点、条件等都会有若干差别,都涉

及某些以前没有做过的事情，建设过程中各种情况变化带来的风险因素较多。

1.3.2 成本

1. 成本的概念

成本是商品经济的必然产物，是商品货币经济中的一个经济范畴。当剩余产品逐渐增多，小商品生产者在满足自己需要的同时要将多余的产品在市场上进行交换。要交换就必须对商品进行估价，也就必然要考虑商品在生产过程中的耗费，即成本问题。因此，成本概念的提出与商品交换密不可分。

关于成本的概念，存在不同的看法。马克思主义政治经济学原理中，成本是指以货币表现的、为生产产品所耗费的物化劳动的转移价值和活劳动的转移价值之和。财务会计将成本定义为在一定条件下，企业为生产一定种类产品所发生的各种资财耗费的货币表现。管理会计中，成本是指企业在生产经营过程中对象化的、以货币表现的、为达到一定经济目的而应当或可能发生的各种经济资源的价值牺牲或付出的代价。

综合以上观点，可将成本定义为成本是为达到一定目标而付出的、可用货币计量的代价。

2. 成本的基本特征

(1) 目的性

任何经营活动都是有目的的活动，成本的发生是为了该项经营活动能够按照经营人员的活动预期进行下去所发生的支出。也就是说，构成成本的任何支出都是必要的，是保证该项经营活动正常进行的基础。

(2) 相关性

成本作为生产经营过程中的各项付出，不仅与一定的生产经营活动量有关，而且与生产经营活动对象直接相关，它总是表现为一定对象的资源耗费。这里的对象，可以是产品或劳务，也可以是某一个项目、某一种作业或某一种行为。人们在考虑成本问题时，总是与某一对象相联系，脱离了一定的对象，就无法衡量成本水平的高低。

(3) 可计量性

成本作为在经营活动中发生的各项支出，其发生金额的大小必须是可以计量的，这是人们进行成本核算的基础。如果某一项损失或支出是无法估量的，通常人们不再将之作为成本因素考虑，因为人们很难对无法计量的成本进行核算。

(4) 综合性

成本是企业生产经营管理水平的综合反映。企业劳动生产率的高低、材料物质消耗的多少、设备利用的程度、资金周转的快慢以及生产组织、物资采购、商品销售是否科学合理，都会通过成本这一经济指标综合地反映出来。

3. 成本的种类

根据成本核算和成本管理的不同要求，按不同的标准对成本进行划分。成本分类主要有六种方式。

(1) 按其与产品生产的关系，可划分为产品成本和期间成本

产品成本是指与产品直接相关的成本，主要指产品所含的在生产过程中投入的原材料、直接人工和制造费用的成本；期间成本是不与产品相联系的，在发生时就记录为费用的成本，主要为与生产活动无关的销售费用、管理费用和财务费用。

(2) 按归属的难易程度,可划分为直接成本和间接成本

直接成本是指可以直接计入某特定产品的成本,如原材料、直接人工等;间接成本是指不能直接计入某特定产品的成本,如折旧费等。

(3) 按成本总额与业务量间的依存关系,可划分为变动成本、固定成本和混合成本

变动成本是指总额随业务量成正比例增减变动的成本;固定成本是指在一定时期和一定业务量范围内,成本总额不受业务量增减变动的成本;混合成本是指成本发生额虽然受业务量变动的影响,但与业务量之间不构成严格正比关系的成本,这种成本既具有固定成本的一些特点,又具有变动成本的一些特点,故称为混合成本。

(4) 按其与决策的关系,可划分为相关成本和无关成本

相关成本是指与决策有关联的,在进行决策分析时必须加以考虑的各种未来成本,如每个可行方案涉及的变动成本就是一种相关成本;无关成本是指过去已经发生,或虽然尚未发生,但对决策没有影响的成本,也就是在决策时可以舍弃,无须考虑的成本。

(5) 按是否能对其进行控制,可划分为可控成本和不可控成本

可控成本是指责任单位职权范围内可以计量、调节、约束的成本。例如,生产车间这一责任单位的可控成本主要是车间消耗的材料、燃料、动力、人工费用等。不可控成本是指超出责任单位职权范围,责任单位无法对其加以约束、调节的成本。例如,就生产车间来说,厂房的折旧费用就是不可控成本,因生产车间这一责任主体无法决定厂房购建及其规模,生产车间只有厂房的使用权,厂房折旧费的控制已超出生产车间的职权范围。

(6) 按成本控制的不同标准,可划分为目标成本、计划成本、标准成本和定额成本

目标成本是指企业在生产经营活动中某一时期内要求实现的成本目标。确定目标成本,是为了控制生产经营过程中的活劳动消耗和物资消耗,降低产品成本,实现企业的目标利润,保证企业目标利润的实现。计划成本是指根据计划期内的各种消耗定额和费用预算以及有关资料预先计算的成本。它反映计划期产品成本应达到的标准,是计划期在成本方面的努力目标。标准成本是指企业在正常的生产经营条件下,以标准消耗量和标准价格计算的产品单位成本。定额成本是指根据一定时期的执行定额计算的成本,将实际成本和定额成本对比,可以发现差异并分析产生差异的原因,以便采取措施,改善经营管理。

1.3.3 项目成本

1. 项目成本的概念

项目成本是指项目从设计到完成期间所需全部费用的总和。项目成本包括项目决策成本、项目启动成本、项目实施成本以及项目终结成本。其基本要素有人力成本、材料成本、设备成本、其他成本等。项目成本的影响因素有项目规模、管理水平、质量、工期和价格等。准确估算项目投资额,科学制订资金筹措方案,是降低项目成本、提高投资效益的重要途径。同时,只有依据现行的经济法规和价格政策准确地估算出有关财务数据,才能控制计划成本,提高投资效益。成本是每一个项目经理必须关注的环节,而他们的目标则是为了追求效益的最大化。

2. 项目成本的内容

从项目的生命周期看,项目成本应包括项目全过程所发生的成本,主要有四项。

(1) 项目决策成本

决策是项目形成的第一个阶段,对项目建成后的经济效益与社会效益会产生重要影

响。为了对项目进行科学决策，在这一阶段要进行翔实的市场调查，掌握、收集第一手资料，进行可行性研究，最终做出决策。完成这些工作耗费的人力、财力、物力等，构成项目的决策成本。

(2) 项目启动成本

对项目进行可行性分析，认为项目可行并决定实施这一项目后，就开始进入项目启动阶段，这一阶段主要是对项目进行规划和设计，制订详细、具体的实施方案，该阶段发生的设计费等费用构成项目的启动成本。

(3) 项目实施成本

制订好具体的实施方案后，便进入项目实施阶段。项目实施成本是指在项目实施过程中，为完成"项目产出物"所耗用的各项资源。这既包括在项目实施过程中所耗费物质资源的成本(这些成本实际上是以转移价值的形式转移到了项目产出物之中)，也包括项目实施中所消耗活劳动的成本(这些多数以工资、奖金和津贴的形式分配给了项目团队成员)。项目实施成本包括采购费、研制费、开发费、建设费及分包费等。

(4) 项目终结成本

项目完工后验收前为项目终结阶段。此阶段会发生竣工验收费、调试测试费及试生产费等，这些费用构成项目终结成本。

在各项目成本中，项目实施成本是项目总成本的主要组成部分，虽然决策质量将直接影响实施成本，但在正确的决策和规划设计下，实施成本一般占总成本的90%以上。因此，项目成本管理，在这种意义上讲实际上是实施成本的管理。在对项目进行成本估算时，不仅要关心整个项目各阶段工作所需的成本，往往还要关注使用过程中发生的各种成本，力求在相同收益的情况下，项目的完工成本与使用成本之和达到最低。这种全面考虑项目所有阶段，包括项目完成后投入使用阶段的总成本的估价叫做"全生命周期成本估算"。

3. 项目成本的基本要素

(1) 人力成本

人力成本是指完成整个项目所花费的人工工资及报酬。项目完成过程中需聘请设计师、计算机程序员、勘察员、研究员、顾问、施工工人等工作人员，均需支付工资、津贴及奖金等酬劳，这构成了项目的人力成本。人是项目管理中首要的因素，这比项目中不可或缺的设备和工具更为重要。

(2) 材料成本

材料成本是指项目组织或项目团队为实施项目所购买的各种原料、材料的成本。如建设施工项目中所需的钢筋、水泥、木料等材料成本，这也是任何项目必须支出的一项成本。

(3) 设备成本

设备成本是指项目完成过程中，使用的各种设备、机械器具的折旧费。有的情况下，一个项目不需要购置某种新设备，而可以向租赁公司或其他单位租入使用，这种经营租赁租入设备的租赁费也包括在设备成本之内。

(4) 其他成本

其他成本是指在项目完成过程中，发生的上述成本之外的些许零星开支及不可预见的成本支出。如在项目期间需要有关项目人员出差而发生的差旅费支出、突发事件所需的赔付等意外开支，其他费用还包括各种为项目实施所需要的临时设施费以及因借款发生的利息支出等。

从项目成本的构成要素来看，不同类型的项目，各要素成本占项目总成本的比例有较大差异。比如软件项目中的人力成本占项目总成本的比例相对较大，而建设项目中的材料成本及设备成本等占项目总成本的比重相对较大。在对项目成本进行管理时，应抓住重点，加强对主要成本费用的控制与管理。

4. 影响项目成本的因素

(1) 项目规模

项目的大小直接关系项目成本的高低，决定整个项目所需的材料及设备等耗费，因此，项目规模是影响项目成本的关键因素。

(2) 管理水平

管理水平越高，决策等方面的失误相对越少，这不仅能减少意外成本的发生，还能减少铺张浪费现象。

(3) 质量

质量总成本由质量故障成本和质量保证成本组成。质量越低，引起的质量不合格损失越大，即故障成本越高；反之，则故障成本越低。质量保证成本，指为保证和提高质量而采取相关的保证措施所耗用的开支，如购置设备、改善检测手段等。这类开支越大，质量保证程度越可靠；反之，质量就越低。

(4) 工期

工期对成本产生影响，每个项目都有一种最佳施工组织，若工期紧急需要加大施工力量的投放，则允许采用赶工措施，如加班、高价进料、高价启用劳务和租用设备等，这势必加大工程成本，进度安排短于必要工期时，成本就会明显增加。反过来，进度安排时间长于最佳安排时，成本也会增加。这种最佳工期是最低成本下持续工作的时间，在计算最低成本时，一定要确定出实际的持续时间分布状态和最接近可以实现的最低成本。

(5) 价格

在设计阶段对成本的影响主要反映在施工图预算，而预算要取决于设计方案的价格，价格直接影响工程造价。因此，在做施工图预算时，应做好价格预测。

1.3.4 成本管理

1. 成本管理的概念

成本管理是指用一系列科学的方法，将成本控制在较小的基础上实现效益最大的一种管理活动。在西方国家，企业管理大体上经历了经验管理、科学管理和现代管理三个阶段。成本管理是企业的一项专业管理，成本管理理论和方法是由企业管理的总要求决定的，因而成本管理的发展也相应地可分为经验管理、科学管理和现代管理三个阶段。

2. 成本管理的方法

现代企业的管理活动越来越复杂，成本管理也融入了企业管理活动的各个环节，形成了一套复杂的成本管理方法体系。一般而言，企业管理活动包括预测、决策、预算、控制、考核等不同的管理环节，在这些管理环节中，成本管理与这些环节的管理活动相结合，使成本管理贯穿于经营活动的各个方面。

(1) 成本预测

成本预测是对企业未来成本的技术性分析。企业管理人员，只有对未来的成本情况有较准确的了解，才能够根据未来成本的变化趋势，制订相应的管理措施，努力实现企业的成本目标。

成本预测根据预测内容的不同可分为总成本预测、单位成本预测、固定成本预测、变动成本预测等。由于现在企业成本管理中的“成本”已不限于生产成本,而是泛指经营活动中围绕某一特定经营活动所发生的相关费用、支出,所以,成本预测也不再对成本的经济内容进行严格的界定,而是按照成本的数量变化规律反映其变化趋势。成本与业务量的关系研究已成为成本预测的基础。

(2) 成本决策

成本决策是对生产经营活动中涉及成本的不同决策方案进行比较分析,从中选择最佳方案的分析方法。在企业经营活动中,通常都会有多种可行的措施供决策者进行选择,这就需要决策者对这些措施进行比较分析,从中选择最佳方案。

在进行成本决策时,首先要确定决策目标,通过决策目标明确评价不同方案优劣的标准。其次要进行可行性分析,可行方案设计是将企业可以进行的各种可能选择,按本企业的实际情况设计为具体的经营方案,并根据不同的设计方案准备相应的分析资料。最后,按不同决策方案的经营措施和相关数据资料进行评价、分析,从中选择最优方案。

(3) 成本预算

成本预算是对企业成本计划的数量化反映,是对企业未来可能发生的成本情况用数量方法的综合表示。企业的成本预算是企业全面预算的重要组成部分,因企业的经营活动相互联系、相互影响,所以企业的成本预算不是单独进行的,而是和企业的其他业务结合在一起进行的全面预算。

成本预算要以企业的成本预测和决策为基础,根据企业对未来生产经营活动的规划,按照成本变化的一般规律,具体反映未来经营活动中各种成本的情况。

(4) 成本控制

成本控制是企业经营活动中,对影响企业成本变化的各个关键环节进行有效管理的各种措施。成本控制是成本管理的关键环节,成本预测、成本决策、成本预算都属于成本事前管理的范畴,这些管理措施的落实必须通过成本控制来实现。只有有效的成本控制,才能促使企业按照预期的管理要求,实现成本管理目标。

(5) 成本考核

成本考核是对企业的实际成本情况与成本计划或预算进行比较分析,考察各个相关部门成本目标完成情况的管理方法。企业可以通过成本考核了解每个职能部门的成本计划执行情况,根据考核情况制订可行的措施,为将来的成本管理提供可靠的依据。

建立责任成本制度是现代企业进行成本考核的一种常见方式。一般的成本核算是对企业生产经营活动所发生的各种成本、费用进行的综合反映,虽然可以反映出整个企业的成本发生情况,但由于不同职能部门对企业成本有共同影响,难以用来对相关的每个职能部门分别进行考核。建立责任成本制度,将每个职能部门直接作为考核对象进行成本核算,便于企业分清责任,实施奖惩。

1.3.5 项目成本管理

1. 项目成本管理的概念

项目成本管理是指在整个项目的实施过程中,为确保项目在批准的成本预算内按时、按质、经济高效地完成既定目标,而对各个过程进行管理与控制的活动。

2. 项目成本管理的目标

在对项目进行成本管理时必须要有明确的成本管理目标，这是进行项目成本管理的基础，决定着项目成本管理的程序与方法。项目成本管理不能笼统地将成本节约作为目标，现代项目成本管理通常都是在对项目成本进行精心预测、决策分析的基础上，根据项目成本的实际情况，制订适合本项目的管理目标。

项目成本管理的最终目标是提高项目的经济效益。人们通常认为，成本的降低总能给企业带来收益，这样很容易给人造成错觉，认为项目成本管理的目标是不断降低成本。其实成本与收益是相对应的，只有在不影响项目收益的情况下降低项目成本才能为企业带来利润，但项目成本的降低未必总是不影响其收益，例如，降低施工材料费可能会因工程质量达不到要求而被扣掉部分工程收入，甚至会成为“豆腐渣”工程而遭受巨大损失。因此，在制订项目成本管理的目标时还要考虑对项目收益的影响，而不是单纯地降低成本。

3. 项目成本管理的原则

(1) 坚持以人为本、全员参与的原则

项目成本管理是一项重要的管理活动，项目施工的进度管理、质量管理、安全管理、施工技术管理、物资管理、劳务管理、计划统计管理、财务管理等一系列管理工作都关系到项目成本，项目成本管理是项目管理的中心工作，必须让企业全体人员共同参与。只有如此，才能保证项目成本管理工作顺利的进行，即全员参与是项目成本管理的基本保证。

(2) 坚持制度化管理的原则

制度化管理是指管理者必须建立明确的项目成本管理制度，对于项目完成过程中所发生的各种消耗要建立明确的标准，并将项目成本管理要求层层落实到相关的部门、班组、人员，无论是管理人员还是项目施工人员，都要清楚地知道自己在该项目成本管理中所承担的责任和义务，便于各项成本管理措施的层层落实。建立项目成本管理制度是管理者进行项目成本管理的前提，可以使得管理人员在进行项目成本管理时有据可依，防止管理中的随意性。项目成本管理制度还需在管理实践中不断完善，使各项管理措施更符合项目的实际情况。

(3) 坚持责、权、利相结合的原则

进行项目成本管理时，如果要调动全体参与者的成本管理积极性，就必须实行责、权、利相结合的原则，将项目成本管理与项目参与者的切身利益结合起来，使他们不仅在思想上认识到项目成本管理的重要性，还会积极主动地参与项目成本管理活动，厉行节约，减少浪费，将各项成本管理措施落到实处，使项目成本管理达到良好的效果。

(4) 坚持重点管理与全面成本管理相结合的原则

重点管理与全面管理并不矛盾，管理者在进行项目成本管理时，重点管理要求管理者不要在影响项目成本的所有方面平均地耗费人力和财力，抓住项目成本管理的核心和关键才能达到更好的效果；全面管理是指管理者在制订相应的成本管理制度和执行管理措施时，对影响成本的每个方面都要有所考虑，对非关键环节也不能没有任何管理措施，管理中不能存在“死角”和明显的漏洞。

(5) 坚持成本管理科学化原则

成本管理是企业管理学中的重要内容，在提倡企业科学化管理的今天，也必须将有关自然科学和社会科学中的理论、技术和方法运用于成本管理之中。在项目成本管理中，可以运用预测与决策方法、目标管理方法、量本利分析方法和价值工程方法等。

1.4 项目成本管理的理论框架

按照PMI的划分，项目管理的过程分为两大类：一类为与项目管理有关的过程，涉及项目组织和管理；另一类为与产品有关的过程，涉及具体的项目产品构成。这两类过程结合起来，才能完成整个项目活动。PMI推出的项目知识管理体系(Project Management Body of Knowledge，PMBOK)包括9个知识领域、39个过程，并把项目管理过程分为以下5步。

(1) 启动。成立项目组，开始项目或进入项目的新阶段。启动是一种认可过程，用来正式认可一个新项目或新阶段的存在。

(2) 计划。定义和评估项目目标，选择实现项目目标的最佳策略，制订项目计划。

(3) 执行。调动资源，执行项目计划。

(4) 控制。监控和评估项目偏差，必要时采取纠正行动，保证项目计划的执行，实现项目目标。

(5) 结束。正式验收项目阶段，使其按程序结束。

每个管理过程包括输入、输出、所需工具和技术。各个过程通过各自的输入和输出相互联系，构成整个项目管理活动。根据重要程度，PMBOK又把项目管理过程分为核心过程和辅助过程两类。核心过程指那些大多数项目都必须具有的项目管理过程，这些过程具有明显的依赖性，在项目中的执行顺序也基本相同。辅助过程指那些视项目实际情况可取舍的项目管理过程。在PMBOK 2000中，核心过程共17个，辅助过程共22个。

项目成本管理是PMBOK的9大知识体系之一，它也是以项目管理的过程来建立的，主要包括项目的资源规划、成本估算、成本预算、成本控制、成本核算与分析、成本决算与审计等过程。

1.4.1 资源规划

资源规划是确定完成项目活动所需要的物质资源的种类以及每种资源的需要量，包括人力、设备和材料等。资源规划必然与成本估算紧密相关。例如：建筑工程队需要熟悉当地建筑方面的法规，如果是利用当地劳动力，这些法规往往可以通过利用当地劳动力获得而不需要增加其他费用。如果当地劳动力中缺乏专门的建筑技术人才，则获得当地建筑法规的最有效方法是雇用一名咨询人员，但这会增加成本。汽车设计小组应熟悉最新的汽车装配技术，这些所需的知识可以通过雇用一位咨询人员，或派出一位设计人员去参加关于汽车的研讨会，或吸纳某位制造专家作为小组成员获得。

1. 项目资源

任何一个项目都会耗费各种各样的资源，包括人力资源、设备资源、材料资源、环境资源等，即项目资源指完成项目所必需的各种实际投入的资源。其中有的资源具有可替代性，即可以用相关的资源代替，而有的资源具有不可替代性，如某项目中特殊需要某一专有技术，只能由某一技术单位提供，则该项资源就具有不可替代的特征。

不同的项目所需资源的种类、数量均存在差异，各种资源的稀缺度也不同，越稀缺的资源对于项目而言风险越大。因此，在对项目资源进行分析时，应结合多种因素来考虑，减少因资源稀缺等带来的意外损失。

2. 资源规划

项目资源规划是指分析和识别项目所需要的资源需求(包括人员、设备、材料和资金等),确定项目所需投入的资源种类、数量和投入时间,从而制订出科学、合理、可行的项目资源供应计划的项目成本管理活动。项目资源规划是项目成本估算的基础。

项目资源规划的制订是一个过程,在这个过程中,项目管理者须确定项目需要哪些资源、从哪里得到资源、什么时候需要资源以及如何使用资源等问题。资源规划过程的结果是一份项目资源需求说明书。列出本项目需要使用的资源类型、数量以及工作分解结构中各部分需求资源的种类和所需数量。资源规划的编制主要涉及项目资源规划编制的依据、项目资源规划编制的方法及项目资源规划编制的最终结果三个方面。

(1) 项目资源规划编制的依据

项目资源规划编制的依据涉及项目的范围、项目时间、项目质量等各个方面的计划和要求。具体包括项目工作分解结构(Work Breakdown Structure,WBS)、历史资料、范围定义、资源库描述、组织策略、项目进度计划、资源定额等,即回答"需要什么?需要多少?什么时候需要?"等问题的资料。

(2) 项目资源规划编制的方法

项目资源规划编制的方法有很多种,最主要的有常用的专家判断法、资料统计法和资源平衡法等。其中,专家判断法是指根据项目管理专家的经验和以往类似项目的资料,推断项目所需资源的种类和数量,常用的有专家小组法和德尔斐法;资料统计法是指参考以往类似项目的历史统计数据和相关资料,计算和确定项目资源规划的一种方法;资源平衡法是指通过确定项目所需资源的确切投入时间,并尽可能均衡使用各种资源来满足项目进度计划的一种方法。

(3) 项目资源规划编制的最终结果

项目资源规划编制工作的主要成果是生成一份项目资源规划书或项目资源需求说明书,对项目活动的资源需求、数量及其投入时间进行描述。

项目资源规划如图 1-1 所示。

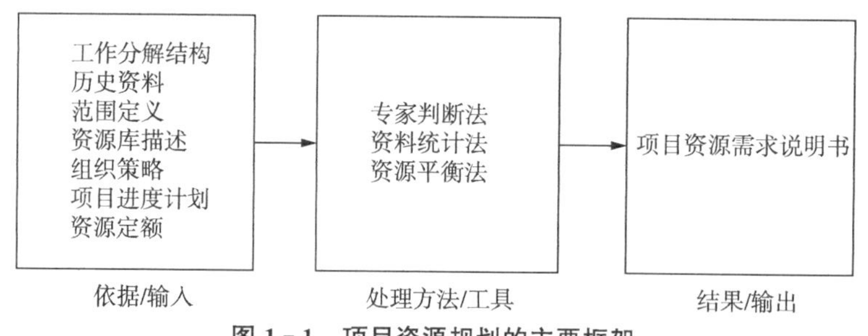

图 1-1 项目资源规划的主要框架

1.4.2 成本估算

项目成本估算是对完成项目所需费用的估计和计划,是项目计划中的一个重要组成部分。项目成本估算中最重要的任务是确定整个项目所需人工、机械、材料等成本要素及其费用的多少,包括建设成本估算、资金占用成本估算和间接成本估算等内容。对于一个项目来说,项目的成本估算,实际上是项目成本决策的过程,它是项目成本预算、成本控制的基础。成本估算同样包括成本估算的依据、成本估算的方法和工具以及项目成本的调整几个

方面。

1. 成本估算的依据

成本估算的依据主要是资源规划过程的结果及其他相关资料，包括项目范围说明书、工作分解结构、项目资源规划书、项目资源单价、历史信息、项目账目表等。其中项目资源规划书描述了项目所需投入的资源种类、数量和投入时间等信息，是项目资源规划过程的结果。项目资源规划是项目成本估算的基础。

2. 成本估算的方法和工具

项目成本的估算方法主要有专家判断法、因素估算法、自上而下估算法、自下而上估算法、WBS全面详细估算法、参数估算法、计算机工具辅助法七种方法。

这些方法各有优劣，例如，自下而上估算法的优点在于，它是一种积极鼓励参与管理的行为过程，这使得参与人员更愿意接受最后的整体项目成本估计结果；该方法的缺点在于，基层人员因担心以后项目实施过程中的实际成本超过以估算成本为基础的预算成本而受到惩罚，或者期待以后项目实施过程中的实际成本能低于以估算成本为基础的预算成本而得到奖励，因此会夸大其参与相关活动的成本估算。实际工作中，项目管理者应结合具体情况选择使用或者结合使用这些估算方法。

成本估算的工具，是指一些被广泛应用于成本管理的项目管理软件，这些软件可简化以上几种方法，便于对许多成本方案的迅速考虑，通常也被称为计算机工具辅助法。

3. 项目成本的调整

由于项目成本受到多种因素的影响，成本估算在使用之前必须适当加以处理和调整，主要有由于学习而做的调整和由于项目资源分配而做的调整，相应的项目成本调整方法有学习曲线和项目资源规划的优化两种方法。

(1) 学习曲线，又称经验曲线或生产时间预测曲线，由美国人赖特于1936年提出。一般当重复生产许多产品时，那些产品的单位成本会随着数量的增大呈规律性递减，即累计产量较小时，平均直接工时较大；累计产量较大时，平均直接工时较小。这种现象叫作“学习效应”，也就是指个人或一个组织重复地做某一产品时，生产单位产品所需的时间会随着产品数量的增加而逐渐减少，然后趋于稳定。

(2) 项目资源规划的优化即通过调整网络计划，使资源得到最合理的利用，在保证项目进度的同时，使项目的费用最低。进行项目资源规划优化的原因一般在于资源在时间上的分配不均衡和资源供不应求。

1.4.3 成本预算

项目成本预算是指为了确定测量项目实际绩效的基准计划而把成本估算分配到各个工作项(或工作包)上的成本计划，是一项编制项目成本控制基线或项目目标成本计划的管理工作，即建立基准成本以衡量项目执行情况。

项目成本预算同样包括成本预算的依据、成本预算的方法和工具以及成本预算的结果三个方面。

1. 成本预算的依据

成本预算的依据主要包括成本估算结果、工作分解结构以及项目进度计划等。成本估算提供了项目整体成本的总量；工作分解结构定义了需要“分配”成本的所有活动；项目进度计划提供了成本“分配”的时间段，反映了资金的时间价值特征。

2. 成本预算的方法和工具

成本预算的方法主要有参数模型法、自上而下预算法、自下而上预算法、计算机辅助预算法等。

(1) 参数模型法(Parametric Modeling)是一种建模统计技术,是比较科学、传统的预算方法。它先分析项目的相关因素,把项目的相关因素作为参数,建立一个数学模型来进行成本预算。

(2) 自上而下预算法(Top-down Budget),又称类比分析法(Analogous Budget),这种方法是一个从管理层次的上层出发一直到下层的预算过程。

(3) 自下而上预算法(Bottom-up Budget),也称工料清单预算法,即先对各个活动的成本进行预算,再把各个活动的预算自下而上汇总,最后由中高层管理人员根据预算总额进行综合平衡而形成预算体系。

(4) 计算机辅助预算法,项目成本预算同样可采用一些被广泛应用于成本管理的项目管理软件。

3. 成本预算的结果

(1) 成本基准计划(Cost Baseline),描述项目实施过程中累计预算成本与项目进度的对应关系,被用于度量和监督项目执行成本。许多项目(尤其是大项目)可有多重基准成本,以衡量成本的不同方面。例如,一个费用计划或现金流量预测是衡量支付的基准成本。

(2) 成本预算表,描述各项活动的成本定额,作为成本控制的依据,主要表现为各种表格。

成本预算如图 1-2 所示。

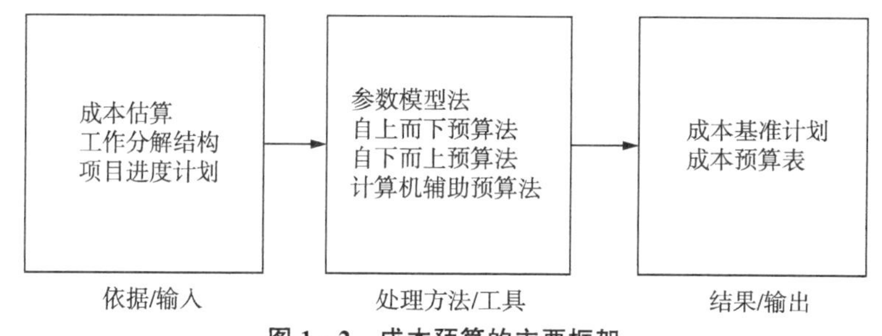

图 1-2 成本预算的主要框架

1.4.4 成本控制

项目成本控制是将项目的实际成本控制在项目预算范围之内的管理过程。具体来讲,就是指采用一定方法对项目形成全过程所耗费的各种费用的使用情况进行管理的过程。项目成本控制主要包括:监管成本执行以寻找与计划的偏差;确保所有有关变更被准确地记录在费用预算计划中;防止不正确、不适宜或未核准的变更纳入费用预算计划中;将核准的变更通知相关人员。项目成本控制也包括成本控制的依据、成本控制的方法和工具以及成本控制的结果三个方面。

1. 成本控制的依据

成本控制的依据主要有费用预算计划、成本执行报告、变更申请、成本管理计划以及项目计划和标准、规范。

(1) 费用预算计划，也称为基准成本，提供了成本预算与进度计划的关系。

(2) 成本执行报告，又称绩效报告，提供了项目实施过程中，各阶段的各项活动的成本执行情况及将来可能会出现的问题，如哪些预算还没完成等。

(3) 变更申请，是项目的相关干系人以不同的形式提出有关更改项目工作内容和成本的请求。

(4) 成本管理计划，提供了如何对项目成本进行事前控制的计划和安排，是确保在预算范围内实现项目目标的指导性文件。

(5) 项目计划和标准、规范，指与项目有关的各种计划以及项目实施必须遵循的各种标准、规范。

2. 成本控制的方法和工具

(1) 项目成本分析表法，是成本分析控制的手段之一，是利用项目中的各种表格进行成本分析和成本控制的一种方法。

(2) 工程成本分析法，主要是针对工程成本控制而采用的一种方法，是指在成本控制中，对已发生的项目成本进行分析，并发现成本节约或超支的原因，从而达到改进管理工作、提高经济效益的目的。

(3) 成本累计曲线法，是运用成本累计曲线对成本进行控制的方法。成本累计曲线又称时间累计成本图。它是使用定期记录的项目成本数据，根据时间及项目预算而绘制的曲线，是反映整个项目或项目中某个相对独立部分成本开支情况的图示。

(4) 甘特图法，是运用甘特图进行项目成本控制的方法。甘特图是由美国工业工程师甘特(1861—1919)开发设计的，也被称为横道图。

(5) 偏差控制法，是通过对项目的各项实际成本与预算成本的比较，分析两者间存在的差异及原因的方法。最常用的是挣得值法(Earned Value)。

3. 成本控制的结果

(1) 成本估算修正，是对用于管理项目的成本信息所做的修正。

(2) 成本预算更新，是对原有的成本预算计划和成本基准计划进行必要的更改和调整，是一种特殊的修改估算，即采取一系列纠偏措施以便把项目未来活动所花费的实际成本控制在项目计划成本以内所做的努力。

(3) 项目计划变更，虽然费用使用计划是控制费用的标准性依据，但在实际执行时，还是会有一些出入，这就需要对项目计划进行变更。

(4) 经验教训总结，记录产生偏差的原因、纠正措施采用的理由和其他成本控制方面的经验教训，使之成为历史项目资料，供以后的项目参考。

成本控制的主要框架如图 1-3 所示。

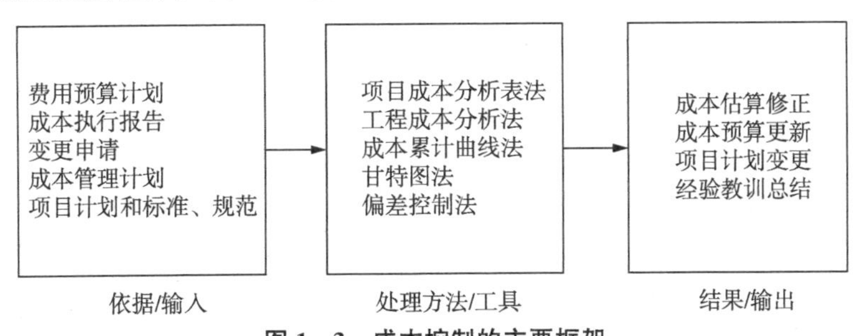

图 1-3　成本控制的主要框架

1.4.5 成本核算与分析

1. 成本核算

项目成本核算是项目成本管理中一个极其重要的组成部分，其在项目成本管理中的重要性体现在两个方面：一方面它是项目进行成本估算、制定成本预算和实行成本控制所需信息的重要来源；另一方面它又是项目进行成本分析和成本考核的基本依据。

项目成本核算是指利用核算体系对项目实施过程中所发生的各种消耗进行记录、分类，并采用适当的成本计算方法，计算出各个成本核算对象的总成本和单位成本的过程。

(1) 项目成本核算方法

①会计核算。会计核算是以货币作为主要量度单位，以各项业务经济凭证为基础，以会计记账凭证为依据，对各项资金来源去向进行系统完整地记录、计算、加工整理的一种管理活动。

②统计核算。统计核算是利用业务核算、会计核算资料，用统计特有的方法记录、计算、整理、汇总生产经营活动的情况，提供统计资料，实行统计监督，揭示事物发展变化的原因及其规律性的一种管理活动。其主要统计内容有产值指标、劳动指标、机械指标、物耗指标、质量指标、成本指标等。

③业务核算。业务核算指对业务的各个环节程序，用各种凭证进行具体核算管理、建账建卡、完备手续，详细记录发生业务活动的具体时间、地点、对象、计量单位、规格型号、产地、价格、数额、分类、分库存放收发、分类指导、动态活动等。业务核算是会计、统计核算的基础。

(2) 项目成本核算程序

项目成本核算涉及的内容比较多，按照不同的项目生产过程和不同的成本管理要求，采取的核算方法有所不同，是一项复杂的工作。但都遵循着一个基本程序，即确定项目成本核算对象、确定项目成本项目、确定成本计算期、设置成本明细账、归集和分配生产费用、计算未完工项目成本与已完工项目成本。

2. 成本分析

项目成本分析是根据成本核算提供的成本数据和其他费用资料与本期计划成本、上期实际成本以及国内外同行业成本水平进行比较，对企业成本费用水平及其构成情况进行分析研究，查明影响成本费用升降的具体原因，寻找降低成本、节约费用途径的一项管理活动。

由于项目成本涉及的范围很广，需要分析的内容很多，成本分析的方法也很多，其中成本估算的方法和成本决策的方法属于事前成本分析的方法，而成本控制的方法属于事后成本分析的方法，在不同的情况下应采取不同的分析方法。这里主要介绍成本分析的基本方法、综合成本的分析方法、专项成本的分析方法和目标成本差异的分析方法。

(1) 成本分析的基本方法

①比较分析法。比较分析法是把两个经济内容相同，时间或空间不同的经济指标以减法的形式进行对比分析的一种方法。

②比率分析法。比率分析是通过计算指标之间的比率，进行数量分析的一种方法。比率分析法主要有相关比率分析法、构成比率分析法和趋势比率分析法三种具体形式。

③连环替代法。连环替代法是根据因素之间的内在依存关系，依次测定各因素变动对经济指标差异影响的一种分析方法。

(2) 综合成本的分析方法

综合成本是指涉及多种生产要素,受多种因素影响的成本费用,如分部分项工程成本、月(季)度成本、年度成本等。

①分部分项工程成本分析,就是对已完工的分部分项工程,进行预算成本、计划成本和实际成本的对比,分别计算实际偏差和目标偏差,分析产生的原因,为今后的分部分项工程成本寻求节约途径。

②月(季)度的成本分析,就是以当月(季)的成本报表为依据,将实际成本与预算成本和目标成本相比较,找出差异并分析产生差异的原因。

③年度成本分析,就是依据年度成本报表作为年度成本分析的内容,对实际成本与预算成本、目标成本进行比较分析,并针对下一年度的项目进展情况规划切实可行的成本管理措施,以保证项目成本目标的实现。

④竣工成本的综合分析,是对项目生产结束后全部竣工的成本进行分析。

(3) 专项成本的分析方法

专项成本分析包括成本盈亏异常分析、工期成本分析、资金成本分析等内容。

①成本盈亏异常分析。成本出现盈亏异常情况,对项目来说,必须引起高度重视,必须彻底查明原因,必须立即加以纠正。检查成本盈亏异常的原因,应从经济核算的“三同步”入手,即检查完成多少产值、消耗多少资源和发生多少成本之间的同步关系。如果同步关系异常,就会发生成本的盈亏异常。“三同步”检查是提高项目经济核算水平的有效手段,不仅适用于成本盈亏异常的检查,也适用于月度成本的检查。

②工期成本分析。工期成本分析是指目标工期成本与实际工期成本的比较分析。目标工期成本是指在假定完成预期利润的前提下计划工期内所耗用的目标成本;而实际工期成本则是在实际工期中耗用的实际成本。项目完成工期的长短与成本的高低有着密切的关系。在一般情况下,工期越长,费用支出越多;工期越短,费用支出越少。尤其是固定成本的支出,基本上是与工期长短成正比增减的,是进行工期成本分析的重点。

③资金成本分析。资金与成本的关系,就是项目收入与成本支出的关系。根据项目成本核算的特点,项目收入与成本支出有很强的配比性。一般情况下,都希望项目收入越多越好,成本支出越少越好。项目的资金来源,主要是项目款收入;而生产耗用的人力、财力、物力的货币表现,则是成本支出。因此,减少人力、财力、物力的消耗,既能降低成本,又能节约资金。

(4) 目标成本差异的分析方法

目标成本差异是实际成本脱离目标成本的简称,它是指实际成本和目标成本的差额。项目进行目标成本差异分析的目的是为了找出并分析目标成本差异产生的原因,从而尽可能地降低成本,提高项目整体竞争力。具体包括人工费、材料费、机械使用费、其他直接费以及间接成本等实际成本与目标成本的差异分析。

1.4.6 成本决算与项目审计

1. 成本决算

(1) 概念

项目成本决算,就是依据项目合同和合同的变更,对项目从启动到项目结束为止发生的全部费用的确定。

(2) 项目成本决算的内容及结果

项目决算的内容包括确定项目生命周期各个阶段所支付的全部费用,然后形成项目决算书,经项目各参与方共同签字后成为项目验收的核心文件。一般而言,项目决算书应该包括文字说明和决算报表两部分。其中文字说明主要包括工程概况、设计概算、实施计划和执行情况、各项技术经济指标的完成情况、项目的成本和投资效益分析、项目实施过程中的主要经验及存在的问题和解决意见等;决算报表可分为大中型项目决算报表和小型项目决算报表两种。

2. 项目审计

(1) 概念

项目审计是整个项目管理系统的一个组成部分,是指国家或企业的审计机构依据国家的法律和财务制度以及企业的经营方针、管理标准和规章制度,对项目的全部或部分建设活动,用科学的方法和程序进行审核检查,判定其是否合法、合理和有效,借以发现错误、纠正弊端、防止舞弊、改善管理,保证投资目标顺利实现的一种活动。因此,项目审计的结果具有很高的权威性。

(2) 项目审计的阶段

根据项目审计经历的不同过程可将项目的审计分为五个阶段:项目审计启动阶段、项目审计基准建立阶段、项目审计实施阶段、项目审计报告准备阶段和项目审计完结阶段。各个阶段的审计内容及侧重点均存在差异。

(3) 项目审计的内容

项目审计内容,是指在项目审计工作中,应审查、核实的具体资料及事实。

(4) 项目审计注意事项

基于项目审计结果的重要性,在进行项目审计时应小心谨慎,注意防范各种风险、规避相应的审计责任,以避免不必要的法律纠纷和意外损失。

案例分析

亚力克西斯的项目计划

你是亚历克西斯,是一个进行与年龄有关的疾病研究的、国家级非营利性医药研究中心的外务部主任。该中心研究工作的展开依靠来自各方的捐助,包括一般公众、私人财产、公司的资助金、各种基金以及政府的资金。

你的部门为董事会准备了一份有关中心完成的项目及财务状况的年度报告。报告大多是文字描述,只有几个简单的图形和表格,而且全都是黑白色的,还有一个简单的封面。报告读起来相当晦涩。

在本年度最后一次董事会上,董事们建议,该年度报告应成为能起到市场宣传和促销作用的文件。他们想让你把上一年的年度报告发给中心的利益相关者、过去的捐赠者以及未来捐赠可能性较高的潜在捐赠者。董事会认为这样的一个文件,应该让那些觉得中心与其一起竞争捐赠资金的其他大型非营利性组织感受到该中心和它们是在同一个联盟中的。同时,该年度报告还能用于通告这些利益相关者,中心努力做研究所取得的成果,以及本中心很强的财政管理能力。

你需要制作一份较短的、简单的而且容易阅读的年报,来表明该中心所做研究的益处和对人们生活的影响。你可以使用正在使用公司研究成果的多家医院、诊所和长期治疗机构提供的图片,也可以使用已经从中心的研究中受益的病人和家庭的证明书。该报告必须能吸引人们的目光,它应该是五彩缤纷的,包括许多图片和很容易读懂的图示,而且,应该以能被一般的潜在捐赠者读懂的方式写成。

对于包括另外三名成员的外务部来说,这是一项很重要的任务。你将不得不外包出一些任务,还要奔赴全国的几个医疗机构照相以及获得相关的证明书。你也许要把设计、印刷和配送的任务交给那些向你提交了申请书和价格的各个承约商们。你估计需要印刷和发送500万份年报。

现在是4月1日。董事会请你在5月15日的会议上,对于你将如何完成项目提交一份详细的活动、时间进度以及预算的计划。董事会想要年度报告在11月15日以前送出,使潜在捐赠者能够在假期收到它,因为那时他们的心情也许比较好。中心的财务统计年度9月30日结束,中心财务报告将在10月15日生成。然而,报告中非财务方面的信息应该在5月15日的董事会后开始搜集。

幸运的是,你正在本地一所大学学习项目管理课程,可以把它看作一个能应用你所学知识的一个机会。你知道这是一个大项目,董事会的期望也很高。你想满足他们的期望,但要让他们提供给完成这个项目将需要的资金。然而,除非相信你制订了一个能把每项工作都完成的详细计划,他们才会那样做。你和你的同事们还有6周时间为将在5月15日的董事会上提交的计划做准备。

你的工作人员包括格雷斯,一位市场方面的专家;利维,一位文书和编辑;莱克莎,一位助手,她的爱好是摄影(她晚上要花部分时间去上课,以获得一个摄影报道方面的学位,而她已经在当地多次获得了摄影奖)。

思考题

你和你的团队要在董事会上提交的计划包括:

(1) 项目目标和你们对该项目的假设列表;

(2) 一个工作分解结构和责任矩阵图;

(3) 完成项目目标需要从事的活动列表;

(4) 在项目成本管理的理论框架下分析该项目的成本管理。

练习题

1. 什么是成本? 什么是项目成本?
2. 成本管理与项目成本管理各经历了几个阶段?
3. 什么是成本对象? 什么是成本动因? 两者有何区别与联系?
4. 项目成本包括哪些内容?
5. 项目成本管理主要有哪几个过程? 简要叙述各过程的内容。
6. 什么是项目成本管理? 它与项目的其他管理活动如何发生联系?

2 项目资源规划

学习目标

通过本章的学习，掌握项目资源的概念和特点、项目资源规划的定义、项目资源规划的目的；了解项目资源规划的依据；理解并会使用项目资源规划的各种方法；灵活运用项目资源规划的工具，进行项目规划的编制。

项目经理的烦恼

最近，项目经理发现本周的原材料费用比起上周高出许多，并且还有明显的上升趋势。查看本周的原材料成本分析表后，项目经理发现办公室出现了一个很奇怪的现象：自从上周一从公司总经理办公室调来一台打印机后，这周工作中的纸张使用率猛涨。以前只有一台打印机时，项目组一周只会用到一包 A4 纸，而这周两包 A4 纸竟然都不够用。虽然纸张使用是非常小的事情，但是如果纸张控制不严格，以后成本缺口会越来越大，到时再解决这个问题，恐怕为时晚矣。

于是，项目经理决定对这一现象做一番调查。首先，项目经理比较了这周工作与上周工作在纸张使用方面的区别，她发现，在任务所需要的纸张量上几乎没有变化。那究竟是什么原因造成纸张使用量增加呢？

项目经理做了细致的观察，她发现有一台打印机时，每个成员使用打印机的频率并不太高，而有了两台打印机时，每人的使用频率几乎都有不同程度的增长。原来一些可以在电脑上看的资料，现在大家都想着把它打出来看，图个方便。一台打印机时，如果有人这样做可能会被大家认为是浪费，但现在多了一台打印机，大家都在用，反而不觉得浪费。以前大家打印时，如果不是非常重要的文件，总是双面打印，而现在打印起来似乎没有了节制。

此外，还有一个情况：由于总经理办公室的打印机搬了过来，有些部门打印时就会直接到项目组所在的办公室来。这无形之中又增加了项目组的纸张消耗。对于这些情况，该怎么办呢？

项目经理经过一番思考，决定向大家公布目前项目组纸张的使用情况，提醒团队成员注意。与此同时，在具体措施上采取纸张使用登记制度，规范纸张使用程序，并随时对每位成员的使用情况进行抽查。

在本案例中，我们可以看出，项目经理对项目组的部分资源缺乏规划。资源规划是指通过分析和识别项目的资源需求，确定出项目需要投入的资源种类、数量和时间，从而制订出项目资源供应规划的项目成本管理活动。由案例可知，项目经理在项目成员对于纸张的使用量上一开始并没有明确的规划，只是在出现问题时才考虑进行资源规划，这犯了成本管理与控制的大忌。

2.1 项目资源

资源是项目的重要保证，包括人力资源在内的所有资源都是有限的。在项目管理中，只有将项目所有的资源进行合理、有效地分配，才能够最终实现项目的目标。

2.1.1 项目资源的概念

项目资源，是指完成项目所必需实际投入的各种资源，通常包括硬件资源和软件资源。硬件资源包括项目中完成任务的人力、设备、物资、资金等，对这类资源管理的重点是合理计划、合理采购、统筹安排，充分发挥其使用效率和工作效率；软件资源包括项目所需的各种技术、信息等。

时间是一种特殊的资源，是人类最宝贵的资源。而在管理当中，由于时间具有“供给无弹性”“无法蓄积”“无法取代”“无法失而复得”等特性，所以在各种经济资源中，时间最不为一般管理者在实际上所理解与重视。也许正因为如此，时间的浪费比其他资源的浪费更为普遍，也更严重。

2.1.2 项目资源的有效性

资源并不是在任何时候都有效，资源是否有效受工作性质和组织方式等因素的制约。要通过合理的组织和配置才能达到资源效用的最大化。从人力资源来看，对于工作量较大、自动化程度较低的工作，为保证项目进度的要求，应配置较多的人力；对于工作量较少的工作，所需的人力也较少。

对大多数项目而言，工作本身的条件限制、项目各工作的衔接、项目外部环境的剧烈变化等都会影响资源有效性。在实际项目中，项目组在制订项目计划时，无论是确定项目质量水平还是安排项目进度，都离不开对资源有效性的分析。因此，通过对项目资源的有效性进行科学准确的分析，可以为有效利用资源提供最佳的方案，为全面进行资源平衡提供切实的依据，使无效资源减少到最低限度。

项目的资源有效性分析是一个动态的过程。对项目实施过程的每一个阶段、每一个子系统都要进行科学准确的资源有效性分析。项目的资源状况一般可能出现以下三种情况：资源适当、资源短缺和资源过剩。

(1) 资源适当。资源适当是指项目所拥有的资源恰好满足项目按计划建设的需要。对项目管理者而言，资源适当是项目管理需要实现的最终目标。

(2) 资源短缺。资源短缺是指项目所拥有的资源不能完全满足项目按计划建设的需要，是项目管理人员经常遇到的问题。这些资源的短缺，既有项目计划的原因，即没有安排充足的资源；又有管理方面的原因，即没有合理安排和组织资源的使用。项目计划造成的问题可能会贯穿整个项目建设过程，通常要通过放宽某些限制条件才能得到解决。项目管理人员应及时发现项目管理中可能会发生的资源短缺问题，事先采取预防措施，避免或缓解资源短缺的矛盾。

(3) 资源过剩。资源过剩不是指因项目要求产生的临时性的无效资源，也不是指为保证工作进行而做的必要的资源储备，而是指超过了项目合理限度配置的资源。资源过剩是低效率的源泉和产生浪费的重要原因。需要为项目配备多少资源，不能取决于决策者的意志，而应该服从于项目的目标。资源配置应坚持以取得最大经济效益为前提，对于出现的资源短缺或资源过剩的问题，需要通过变更项目计划和提高项目经理的决策水平来解决。对于项目管理来说，最主要的问题是资源的均衡与合理配置，其目的是在不影响项目进度的前提下，最大限度地利用有效资源，尽可能地实现下列目标。

(1) 在合理的项目建设期内减少或缓和人力、设备和资金等资源的需求峰谷，在尽可能的范围内使高峰后移，以减少资金利息等支出。

(2) 使人员和设备的配置规模达到既能保证项目正常进行，又不至于造成浪费的最佳程度。

(3) 以整个项目生命期为对象，全面平衡人力、设备、资金等资源需求，降低项目成本。

2.1.3 项目资源的分类

在项目管理中，为了更好地认识资源，提高资源的使用效率，需要对项目所用的资源进行分类。目前对所使用的资源进行分类的方法很多，常见的有以下几种。

1. 根据资源的可得性分类

(1) 可持续使用资源。这类资源能够用于相同范围的项目各个时间阶段，如固定的劳动力等。

(2) 消耗性资源。这类资源在项目开始阶段，往往以总数形式出现。随着时间的推移，资源逐步被消耗掉，或者在项目建设过程中，被不断地投入，同时不断地消耗，如各种材料等。

(3) 双重限制资源。这类资源在项目各个阶段的使用数量是有限制的，并且在整个项目的进行过程中，此类资源总体的使用量也是有限制的，如项目投入的资金等。

2. 根据资源的自然属性分类

(1) 可耗尽资源。可耗尽资源一旦被使用，就不能再用于其他项目工作中，因为这种资源无法进行再补充。例如，化石类燃料(如煤、石油和天然气等)以及矿产储藏(如从矿场开采出来的矿石)是可耗尽的资源。需要注意的是，时间是最重要的可耗尽资源。故对这种特殊的资源，需要用特殊的方法进行计划与安排。

(2) 可补充资源。可补充资源是指能够从市场购买的资源。如原材料、零部件等。尽管这类资源在应用到项目中后也可能会被耗尽，但人们可通过购买新的该类资源对项目进行补充。

(3) 可重复使用资源。可重复使用资源是指那些应用于项目工作中，但在项目任务完成后仍可继续使用的资源。如特定技能的员工、工业机器和设备、其他生产装置和测试仪器等。尽管这种资源从长期来看一般可以维持在一个比较稳定的数量水平，但由于可能是稀缺性的，所以也应该对其进行细致的计划和安排。

3. 根据资源的使用特点分类

(1) 没有限制的资源。这类资源在项目的实施过程中没有供应数量的限制，如没有经过培训的劳动力或通用设备。

(2) 价格非常昂贵或项目期内不可能完全得到的资源。如同时负责多个项目技术工作的某些技术专家。

4. 按资源的来源分类

(1) 内部资源。这部分资源被项目业主所拥有和控制,能随时满足项目的需要,如为项目服务的内部人员等。

(2) 外部资源。这部分资源所有权不属于项目业主,但如果条件满足,也可以为项目服务,如外部企业的特定技术专家、特种设备等。项目管理者必须充分认识、利用这部分资源,因为项目所拥有的资源始终是有限的。

此外,资源还可以分为自然资源和人造资源、有形资源和无形资源、固定资源和流动资源等。

2.2 资源单价

估算项目的各项成本必须知道每种资源的单价,如每小时人工费、每立方米大宗材料的成本等。如果资源单价未知,则首先需估算资源单价。在市场竞争激烈、价格变化频繁的情况下,通常通过询价和分析预测来合理确定资源的单价。

2.2.1 资源单价的构成

(1) 人工单价。人工单价是指一个劳动力在一个工作日的全部人工费用,基本反映了劳动力的工资水平和一个劳动力在一个工作日中可以得到的报酬。其组成包括工资、奖金、福利费等。此外,人工单价还应包括项目前期准备阶段的人工培训费和后期实施阶段的人工培训费等。

(2) 材料单价。材料单价主要由材料原价、供销部门手续费、包装费运杂费、采购保管费等组成。

(3) 机械台班单价。机械台班单价应包括折旧费、大修费、经常修理费、机上人工费、燃料动力费等。机械台班单价可以考虑机械的成本价格或租赁价格,并根据专业定额的特点组合取定。

2.2.2 资源询价

当项目所需资源来源于组织内部时,资源单价可根据组织的内部成本资料进行分析预测后确定。当项目所需资源来源于组织外部时,则需要进行资源询价,获取资源单价的信息,以备估价。

询价是指通过各种渠道,采用各种手段对所需劳动力、材料、设备等资源的价格、质量、供应时间、供应数量等方面进行系统的调查。询价是成本估算的基础。

1. 询价的渠道

一般可以从以下多渠道进行询价。

(1) 制造商。材料和设备的价格可通过与制造商直接联系获得,并且因流通环节的减少,通过该方法获取的价格会比市场价便宜。

(2) 制造商的代理人或从事该项业务的经纪人。

(3) 经营材料或设备的部门。

(4) 咨询公司。从咨询公司所得的询价资料比较可靠,但要支付一定的咨询费。

(5) 自行进行市场调查或信函询价。

2. 询价方法

(1) 发出询价单

劳务询价单主要包括各种人员的劳动效率、工资标准、加班工资的计算方法、各种保险费的计提及解雇费的支付等。

材料询价单一般包括的内容有:材料的规格和质量要求;材料的数量;材料的供应计划(供货期及每期需要量);材料运输方式与可提供的条件;材料的报价形式及计价货币、贸易方式、支付方式;报价日期及有效时间等。设备询价单与材料询价单的内容相似。对于租赁设备可向专门从事租赁业务的机构询价,并详细了解其计价方法,如每台时的租赁费,有关运行费是否计入租赁费之内等。

分包询价单一般包括的内容有:分包工作内容及要达到的要求;需要分包商提供的服务及服务时间;为分包商提供的条件;分包工作在项目总进度中的安排;报价的日期与报价的货币等。

(2) 询价分析

收到询价单后,询价人员应将从各种渠道获得的资料汇总、整理并进行比较分析。因为同类项目和同类材料的供应商、分包商的数量可能很多,报出的价格有时相差很大,故需选择合适、可靠的报价,以供成本估算。

通常,询价工作结束的标志是一份详细的价格表。

2.2.3 资源单价预测

从询价到实际购买材料,或分包项目实施可能有一段较长的时间,其间资源单价可能会发生变化,因此,有时需要在询价的基础上,运用一定的方法预测项目实施时的资源单价,以确保成本估算的准确性。

2.3 项目资源规划的定义及编制的依据

2.3.1 项目资源规划的概念

项目资源规划(Project Resource Planning)就是要确定完成项目活动所需资源(人力、设备、材料等)的种类以及每种资源的需求量,从而为项目成本的估算提供信息,一般包括如下主要工作,如图 2-1 所示。

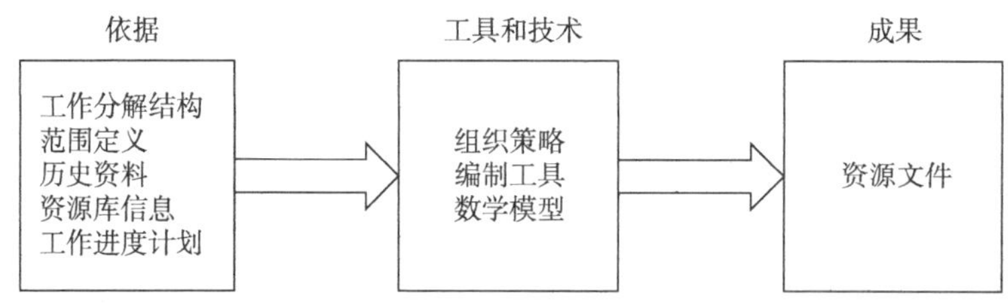

图 2-1 项目资源规划的主要工作

资源计划是成本估算的基础。任何项目的资源(人员、设备、物资等)都不是无限且可以随时得到的，因为项目费用、技术水平、时间等因素的影响，几乎所有项目都要受到资源的限制。在项目展开的过程中，如何规划才能使资源的可获得性、及时性达到最佳是项目管理者应认真考虑的问题。

2.3.2 项目资源规划的目的

在项目管理中，成本、时间和质量是项目的3大基本目标。项目管理的成本、时间和质量这三者共同构成"项目三角"。"项目三角"中任何一个因素的变动都会影响其他两者。尽管三个元素在项目管理中都很重要，但相对而言，质量在项目管理中是最重要的。"项目三角"中各要素间关系如图2－2所示。

图2－2 项目三角

例如，当以调整项目计划缩短日程为目标时，将导致成本增加和质量降低。如果调整项目计划以满足项目预算，结果可能是日程延长和质量降低。如果提高质量是最终目的，这可能导致项目花费时间的延长和费用增加。

项目计划调整对其他相关因素的影响因特定环境和项目特性而异。有的情况下，提高项目质量会增加成本，但另外的情况下可能延长时间、降低成本。

当创建或修改项目计划时，可能会重新调整原来的项目计划。例如，计划可能显示项目结构日期超出预算，从而需要优化项目计划使其恢复正常的轨道。显然，对于任何项目，质量毫无疑问应该在项目管理中永远处于最重要的位置。为了有效平衡时间、质量和成本之间的关系，范围这一目标被引入作为项目三角的一个定点，质量成为一个核心要素，从而，形成新的项目三角，如图2－3所示。

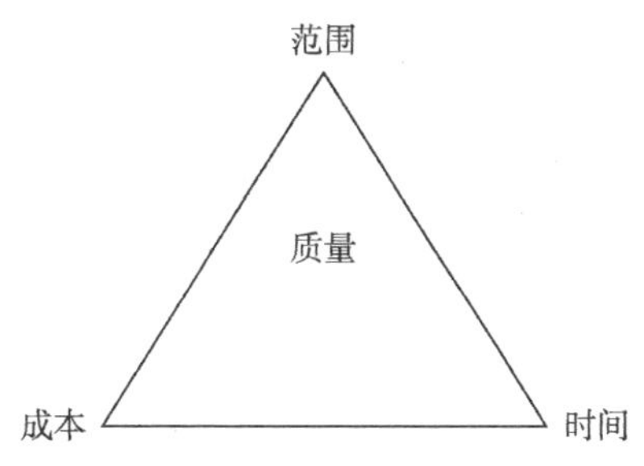

图2－3 新项目三角

通过调整，实现范围、成本、时间和质量之间的平衡，其中，质量作为第4种要素，处于项目三角的中心。这样一来，对三角任何一边所做的改动都可能影响质量。质量是对时间、成本和范围所做安排的结果。比如，当计划中有多余的时间时，可以通过增加任务和期限来扩大项目范围，从而提高项目及可交付物的质量。

进行资源规划的目的是优化资源配置，更好地实现项目目标之间的平衡与协调，从而

最终实现项目的目标。具体而言，体现在 3 个方面。

(1) 从时间目标看，当项目计划不能保证按时完成项目时，将根据预算、资源、范围的约束及任务的灵活性调整计划的长度，包括以下方面：缩短任务工期；若能同时进行可重叠安排任务；分配附加资源；减少分配的工作量。

调整计划可能会导致成本增加、资源过度分配及范围变化。例如，为了使关键路径任务尽快完成而为其分配了附加资源，可能后来又发现为这些任务过度分配了资源，需要花费更多的时间，从而增加了成本。

(2) 从成本目标看，可能会出现所定的项目计划超出预算的情况，这直接与项目资源相关。人力、设备及分配给任务的资源等是影响项目成本的主要因素。为了降低成本，可以缩减项目范围，减少需要资源的项目数量或缩短任务中需要资源的期限。调整资源、合理分配、确保其最优分配和利用是更常用的方法，包括确保已为工作分配了最好的、合理的资源，或者用较便宜的资源取代较昂贵的资源，并将其用在回报率更高的地方。

在调整计划以满足预算要求时，可能会导致工期延长或项目范围缩小。例如，对于过度分配资源的任务，取消加班可能导致计划延长，使工期进一步延后。

(3) 从范围目标来看，一般地说，当项目不能按期结束或不能满足预算时，常见的选择是缩小范围以缩短计划或降低成本。如果有额外的时间和预算可用时，也可以增加范围。

通常情况下，缩小范围可以降低项目成本并使项目按时完成，增加范围则可能导致成本增加并延长工期。减少一系列被认为可选的任务将使分配给这些任务的资源可以用于其他项目，并不再由此项目预算支付。

实现项目三角中资源合理分配的途径主要有两个方面。

(1) 优化项目计划。按照项目三角的理论，资源被当作一种成本。为了增加或减少工作，增加资源的可用性而调整资源的分配时，资源使用率的调整将导致成本的变化。

(2) 为了解决资源冲突问题，可以拆分一个或多个任务。拆分任务是指在完成任务的过程中将其打断，以后当资源再次可用时，继续该任务。同时延迟任务也是一种选择。延迟期间是指介于任务计划开始时间与实际开始时间之间的时间量。比如，当项目中有一些分配过剩的资源，并且通过延迟或拆分特定任务的方式再分配了该资源(一种被称为均衡项目的过程)，计划的完成日期就可能会延后。

2.3.3 项目资源规划的依据

1. 工作分解结构(WBS)

项目工作分解结构(Work Breakdown Structure，WBS)是把项目(目标、任务、工作范围、合同要求等)按照系统原理和要求分解成相互独立、相互影响、相互联系的项目单元，将它们作为项目的计划、实施、控制和信息传递等一系列项目管理工作对象，通过项目管理将所有的项目单元合并成一个工作整体，以达到综合的计划和控制要求。它是进行范围规划时所使用的重要工具和技术之一。

项目工作分解结构实质上是项目任务的一种自上而下、层层分解的表达方式，使每项任务都被安排到整个项目结构的适当位置。工作分解结构具有两种表达方式：一种是树型的分解结构图；另一种是工作分解结构表。

对于同一项目，工作分解结构视角不同，所分解的结果也是不同的，在项目管理的过程中，一般采用以下分解方法。

(1) 按项目的实施过程进行工作分解。任何一个项目都有生命周期,以项目的生命周期为主线进行工作分解是经常采用的方法,这是项目的动态分解过程。

(2) 按项目的交付物进行静态分解。项目的最终交付物可以是实物产品,也可以是一项服务,在进行静态的工作结构分解时,以交付物的功能结构为出发点进行分解。如办公楼建设项目可分解为研发中心、生产运营中心、市场营销中心、行政服务中心、总裁办公室、会议中心、绿化区几个功能区。

(3) 按项目的纵向(动态)和横向(静态)分解相结合进行分解。利用工作结构分解方法分解项目时,单一地采用动态分解方法或者单一地采用静态的分解方法,不能反映项目管理的客观实际情况,为了实际工作的需要,有时需要将两种方法结合起来使用,才能满足成本核算或选择合适的负责人。如上述办公楼建设项目可分解为初步设计、地质勘查、详细设计、办公楼办公区建设、办公楼服务区建设等。

由于项目既可按纵向、横向分解,又可按纵向和横向相结合分解,加上项目本身复杂程度、规模大小各不相同,可能形成不同的工作分解结构图。

有时项目分解的层次会较少,有时会较多。图 2-4 为工作分解结构图的基本层次。

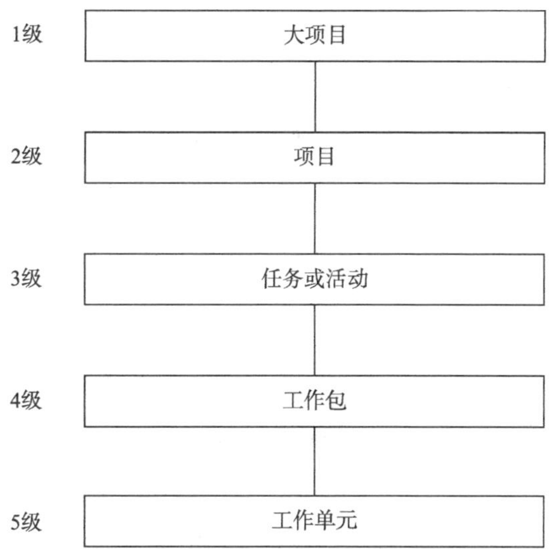

图 2-4　工作分解结构层次示意图

在一些项目的工作分解结构中,可能仅需要三级,另外一些项目的工作分解结构可能需要 10 个或更多的层次,因此,通常根据分解对象确定工作分解的详细程度。如果分解的是大而复杂的项目,最高层次的分解可粗略,逐级往下时则层次越低分解越详细;若分解的是相对较小而简单的项目,则可分解得更细一些。

虽然每个项目都具有一定的独特性,但大多数项目总是在某种程度上与另外一个项目类似,所以工作分解结构经常可被“重复使用”。例如,在一个给定的组织中,多数项目会有相同或相似的项目生命周期,因而对每个项目阶段可能有同样或者相似的可交付成果要求。基于这种相似性,许多应用领域或项目执行机构存在标准或半标准的工作分解结构,它们可被用作模板。

工作分解结构确定了需要资源的项目组成,因此是资源计划编制的基本依据。通过汇总工作分解结构各层次资源需求,可得到项目总体资源需求情况。

2. 历史资料

历史资料记录了以前类似项目使用资源的情况，在可能的情况下，应该利用这些资料。成本包括材料、人工和运费等不同的组成部分，通过利用过去类似项目的资料，找出各成本费用数据，以作参考，更好地确定项目所需资源情况。

3. 范围定义

范围定义是以范围规划的成果为依据，把主要的可交付成果分解成较小的并易于管理的单元，即形成工作分解结构，以便提高对成本、时间及资源估算的准确性，明确职责分配，为绩效测量与控制定义一个基准计划。范围定义包括项目工作说明和项目目标。工作说明(Statement of Work，SOW)，是对按照合同要求提供的产品或服务进行的叙述性说明。项目目标是实施项目所要达到的期望结果，即项目所能交付的成果或服务。在编制项目计划时应认真考虑范围定义。

4. 资源库描述

资源库描述是对项目组所拥有的可供使用资源存量的说明，一般由硬件部分和软件部分组成，它们是资源规划编制的重要依据。通过对资源库的描述分析，可确定资源的供给方式和成本估算数。对大部分工程项目而言，应注意以下内容。

(1) 资源库某些基础性的硬件部分可以参考工作分解结构得到，其他部分应根据工作分解结构中阶段产品需求予以展开并补充，进行资源库描述时，必须紧紧依靠工作分解结构并始终保持一致，详尽、实用是最高要求，但又不可事无巨细、一概包揽，否则会加大项目成本。

(2) 在进行资源规划编制时必须了解可供将来使用的资源种类，成本估算也必须考虑所有在本项目上支出的资源，并应随着项目的进展情况进行调整和修正，以便具体、详细地反映项目的新情况。

5. 组织策略

组织策略是项目管理者在具体实施项目管理中的方针政策。主要体现项目管理者在资源使用方面的态度和偏好，可以影响人员招聘、物资和设备租用或采购，对确定如何使用资源发挥重要作用。因此，在编制资源规划期间必须考虑项目实施组织的组织策略，在保证资源规划科学合理的基础上，尽量满足组织策略的要求。

6. 项目进度计划

项目进度计划是指项目进行步骤的时间计划表，是项目计划中最主要的，是其他各项计划(如质量计划、资金使用计划、资源供应计划)的基础，通过项目进度计划，可明显看出每一项工作何时需要何种资源。因此，资源规划必须服务于项目进度计划。项目进度计划表的内容如表2-1所示。

表2-1　项目进度计划表

依据	工具和方法	结果
项目网络图 活动持续时间的估算 资源要求 项目作业制度的安排 项目作业的各种制约因素 项目活动提前和滞后的时间	甘特图 关键路径法 计划评审技术 图表评审技术	项目进度计划 项目进度计划补充说明 项目进度管理计划

下面是一个项目工作进度计划的应用实例。

美达网络服务公司为了扩大自己的规模和影响，决定在王府井建一个网吧。为了有自己的特色，公司决定将网吧建在某商厦内，设计成海船的模式并且和新巴咖啡店合作，提供咖啡等饮料。

首先他们需要找一个专业的营销人员做一份项目建议书，分析网吧的可行性。接着，他们要找大厦的管理部门，租一个 60m^2 的经营场所。然后，拿着项目建议书找新巴，与他们谈判，争取联合经营。

达成合作协议之后美达公司就需要对网吧进行布置。首先，进行装修，购入一批具有海盗船风格的装饰品，包括灯光、音乐设备等。其次，购进网吧所需要的一系列硬件，包括电脑、电脑桌、椅子、网线等。在室内布置的后期，联系电信部门，接入宽带，进入新巴布置。最后，完成网线的布置、硬件的安装和软件的调试，开始营业。

按照网吧建设过程和建设过程所需要的人力、物力、财力，美达公司就可以做出项目工作进度计划。

7. 资源定额

定额就是规定在产品生产中人力、物力或资金消耗的标准额度。利用定额可以计算人力资源、物质资源、财力资源的需要量，定额是编制资源规划的依据。工业企业和建筑企业均可使用定额进行资源需求量的估算。定额具有时效性，它代表某个时期社会平均劳动水平。随着时间的推移，定额需要进行修订。

定额的种类繁多，可按不同标准进行划分。

按定额的物质内容和用途划分，可分为劳动消耗定额、材料消耗定额和机械台班定额。

按定额的编制单位和执行范围划分，可分为全国统一定额、主管部门定额、地方定额和企业定额。

定额还可按所涉及的专业划分。如工程建设行业中的各专业定额有建筑安装工程定额、设备安装工程定额、给排水工程定额、公路工程定额和铁路工程定额等。

对一般工程项目而言，为估算资源需求，只需掌握按定额的物质内容和用途的分类。下面着重介绍劳动消耗定额、材料消耗定额和机械台班定额。

(1) 劳动消耗定额。劳动消耗定额也称人工定额，按其表现形式，可分为时间定额和产量定额。

①时间定额，就是在合理的劳动组织与合理使用材料的条件下，完成单位合格产品所耗用的时间，包括准备与结束时间、基本生产时间、辅助生产时间、不可避免的中断时间和工人必需的休息时间。时间定额以工日为单位，在 8 小时工作制下，每工日按 8 小时计算。其计算公式如下：

$$单位产品时间定额(工日)=1/每工日产量 \tag{2.1}$$

$$单位产品时间定额(工日)=小组成员工日产量/台班产量 \tag{2.2}$$

②产量定额，就是在合理的劳动组织与合理使用材料的条件下，在单位工日中所完成的合格产品的数量。其计算公式如下：

$$每工日产量=1/单位产品时间定额(工日) \tag{2.3}$$

$$台班产量=小组成员工日产量/单位产品时间定额(工日) \tag{2.4}$$

(2) 材料消耗定额。材料消耗定额是指在合理使用材料的条件下，生产单位合格产品所必需消耗的一定品种规格的材料、燃料、水、电等动力资源的数量标准，一般由生产技术人员根据工艺确定。对于大多数工程项目而言，材料消耗定额具有一定的波动性，受工程项目管理水平的影响。

(3) 机械台班定额。机械台班定额也称机械使用定额，按其表现形式，可分为时间定额和产量定额。

①机械时间定额是指在技术条件正常和人机组合合理的条件下，使用某机械完成单位合格产品所必需消耗的人机工作时间，包括准备与结束时间、基本生产时间、辅助生产时间、不可避免的中断时间和工人必需的休息时间。其计算公式如下：

单位产品机械时间定额(工日)＝1/每工日产量 (2.5)

单位产品机械时间定额(工日)＝小组成员工日产量/台班产量 (2.6)

②产量定额是指在技术条件正常和人机组合合理的条件下，使用某机械在单位时间(台班或台时)内所应完成的合格产品的数量。其计算公式为：

每工日产量＝1/单位产品机械时间定额(工日) (2.7)

台班产量＝小组成员工日产量/单位产品机械时间定额(工日) (2.8)

目前，定额制订的方法还有技术测定法、统计分析法、经验估计法、类推比较法等。

2.3.4 项目资源规划编制的环境

在任何一个项目中，项目组织内部和外部的多种因素都会制约着项目计划的制订者的决策，从而影响项目资源规划的编制结果。这些因素主要包括以下三个方面。

1. 外部因素

外部因素是指在项目管理组织控制能力以外的一些条件和发生的事件，其中有些因素对项目有很深远的影响，甚至能彻底破坏项目计划的初衷。以下列出了几种可能发生的情况。

(1) 不可抗力

所有项目都会有风险，这些风险对项目资源规划都有很重要的影响。例如，一场地震将项目组织总部夷为平地；项目实施现场遭遇飓风，摧毁已投入的资源；一场流感使大部分工作人员不能正常工作而增加人工成本等。

(2) 财政政策

财政政策是指政府制定的关于税收或其他财政手段的政策，它对项目及项目资源规划的制订有很大影响。这些政策可能会使某行业的一些项目削减项目资源、延期开工甚至取消。

(3) 通货膨胀

通货膨胀在现代经济学中指整体物价水平上升，在项目建设中，指由于资源供需变化而使价格上涨的情况。在工期较长的项目中，通货膨胀作用表现尤甚，这对项目的资源规划影响相当严重。

(4) 法律法规

在项目资源规划的制订阶段，首先应考虑的是项目所在国家或地方政府的法律法规是否会给项目策划者和承包方增加额外的负担。这是在境外执行项目资源规划的重要特点。因此，项目经理在制订项目资源规划前有必要研究当地的劳务状况、福利水平、科技水平和商业制度等条件。

(5) 企业战略

企业战略是由项目组织之外的高层管理者制定的，制订项目资源规划必须紧紧围绕这个战略部署。例如，集团决定由下属另外一家公司来承担某一项目，由于原有的项目资金另作他用，企业高层决定修改此项目或将此项目延期，因此，这样一项战略决策便造成了所有新的招聘活动的暂停，为的是减少项目的预算成本等。

2. 工作因素

工作因素是指那些最可能影响项目经理和项目资源日程计划安排的因素。这些因素的责任者是那些与项目组织关系密切的经理，虽然这些人可能在项目经理的控制力之外，但他们还是应该充分地考虑这些因素，并且做出相应的计划。

3. 项目成果的要求

项目成果即项目完成后所交付的产品。项目成果的要求主要体现在三个方面：质量方面，即要求项目成果能够满足预定的项目质量和行业质量标准的要求，同时项目成果具有安全性、可靠性等项目特性；时间方面，项目能否按照质量要求按时完工；效益方面，即完成项目所消耗的资源是否控制在预算之内(包括资源的需求量、资源总价等)。

2.4 资源规划的编制步骤

项目资源规划的制订是一个过程，在这个过程中，项目经理须确定项目需要哪些资源，从哪里得到资源、什么时候需要资源以及如何使用资源等方面的问题。资源规划编制过程的结果是一份资源需求说明书，列出本项目需要使用的资源类型、数量，以及工作分解结构中各部分需求资源的种类和所需数量。资源规划的编制步骤包括资源需求分析、资源供给分析、资源成本比较与资源组合、资源分配与规划编制。

2.4.1 资源需求分析

通过分析工作分解结构，可以确定每一项任务所需的资源数量、质量及其种类。确定了资源需求的种类后，根据有关项目领域中的消耗定额或经验数据，确定资源需求量。在工程项目领域内，一般可按照以下步骤确定资源数量：

(1) 工作量计算；

(2) 确定实施方案；

(3) 估计人员需求量；

(4) 估计材料需求量；

(5) 估计设备需求量；

(6) 确定资源使用时间。

2.4.2 资源供给分析

资源供给的方式多种多样，可以从项目组织内部解决，也可以从组织外部获得。资源供给分析包括资源的可获得性、获得的难易程度以及获得的渠道和方式，可分别从内部、外部资源进行分析。

内部资源是组织已拥有的资源，应当充分、合理、科学地分析这些资源为项目服务。例如，设计部门分析内部拥有的设计人员和各种设备及其可用性。在某些时候，如果内部设计人员正在从事其他项目，则需详细研究资源的可得性。

在组织内部无法提供项目所需的资源时，需要对外部资源进行分析。例如，在决策阶段，可请专业的咨询公司完成可行性研究工作；在设计阶段，部分专业设计可请外部专业工程师完成；在施工阶段，将需要专门打桩设备的基础工程分包给专门的桩基施工公司。

2.4.3 资源成本比较与资源组合

确定需要哪些资源和如何可以得到这些资源后，就要比较这些资源的使用成本，从而确定资源的组合模式(即各种资源所占比例与组合方式)。完成同样的工作，不同的资源组合模式，其成本有时会有较大的差异。要根据实际情况，考虑成本、进度等目标要求，具体确定合适的资源组合方式。

2.4.4 资源分配与规划编制

资源分配是一个系统工程，既要保证各个任务得到合适的资源，又要努力实现资源总量最少、使用平衡的目标。在合理分配资源使所有项目任务都分配到所需资源并且所有资源也得到充分利用的基础上，编制项目资源规划。

通过编制资源规划可以清楚地知道需要使用何种类型的资源以及工作分解结构中每项工作需要的资源数量，而将各种资源的数量、取得方式、使用时间等汇总起来，就得到了资源规划。

多数项目在早期阶段的资源需求以人力资源为主，需求的资源量较少，规划编制较单一。某些项目在实施阶段的资源投入量很大，资源需求种类多，编制资源规划的难度较大。

2.5 资源规划的编制方法

项目资源规划的方法有很多，主要有专家判断法、德尔菲法、资料统计法和资源平衡法等。

2.5.1 专家判断法

专家判断法是指由项目成本管理专家根据经验进行判断，最终确定和编制项目资源规划的方法。其优点在于，需要历史信息资料，适合于创新性强的项目。其缺点在于，专家的专业水平和对项目的理解程度具有差异，使项目资源规划某些部分不甚合理。

1. 专家判断法的步骤

专家判断法具体包括以下六个步骤。

(1) 专家参与者的选择

用于资源规划的专家要视问题本身的性质、复杂性和问题的求解方法而定。这些专家可以是任何具有特殊知识或经过特别培训的组织和个人。专家的选择应该充分考虑专家代表的广泛性，保证对所研究问题持不同观点的专家都有参与机会，而且所选专家应该具有广博的专业知识和丰富的实践经验。所选专家的来源主要有实施组织中的其他单元、顾问、职业或技术协会、工业组织等。

(2) 问题的阐述

问题的阐述阶段主要是明确总目标，规定各种约束条件，向专家成员提供资源规划编制所需的工作进度计划、项目资料等编制依据。

(3) 产生备选方案

产生备选方案阶段要提出可能解决问题的各种措施。形成备选方案的办法很多，大体包括强调自由思考和鼓励专家发表意见的方法，搜集专家意见的方法以及强调对问题求解做结构上引导的方法。

(4) 方案的评估与选择

方案的评估与选择阶段的主要任务是对上一阶段形成的各种备选方案进行评价，以确定各方案满足目标的程度，并根据事先规定的一些约束条件选择最优方案付诸实施。由于诸多约束条件可能具有不可公度性，各种方案的比较可能需要借助某些定量方法和投票方案。

(5) 方案的实施与管理

接下来应该将选定方案付诸实施，完整的资源规划应当有行动步骤、实施框图和每一步骤的结果。常用的方法有进度表、计划评审技术(PERT)、关键路径法(CPM)、规划设计进度和预算系统(PBS)等。

(6) 迭代过程

复杂的决策问题由于多种因素影响往往不可能一次性做出完善的决策，其中参与决策的当事人在对复杂问题的研究过程中的新的体会对他们进一步理解问题是非常重要的。

同时，对解决问题艰难的认识过程迫使决策参与者反思最初提出的方案是否完善，相关问题是否考虑周到。在方案付诸实施之前的任何方案都将有可能因出现某种重大突破而被迫修改或变化，因此这些方案都只是暂时的。

2. 专家意见的生成方法

由于不同的人的知识、经验、能力结构不同，从而针对同一问题提出的解决方案会存在差异，也不可避免地存在缺陷。如果能够充分发挥多数人的智慧，多层次、多角度地就某一问题的解决出谋划策，必然能够在最终形成的方案群中找到解决问题的最佳途径。激发专家意见的方法主要包括以下三种。

(1) 头脑风暴法

头脑风暴法最初是由亚历克斯·奥斯本在1938年提出来的。它是被广泛使用的一种通过与会者自发地提意见、想办法来寻求问题解决的开会方式。奥斯本认为，只要参加会议的人理解这种方法的作用并切实遵守有关法则，那么成员在集体工作时每个人的效率比各自单独工作会有成倍的增长。头脑风暴法有两条原则。第一条原则是不急于做结论，开会的主要目的是让与会者提出各种意见和想法，而不是做评价，在所有意见都充分发表之后再来评价并得出结论。第二条原则是以量保质，即提出的主意越多，找到解决问题的方案的可能性越大。头脑风暴法包括四条规则。①不进行批评。任何与会者都可自由发表意见，但不得对其他人的意见提出批评，这条是头脑风暴法最重要的规则。②欢迎与会者敞开思维开动脑筋，鼓励发表任何一种想法，思路越宽越好。③追求意见数量，提出的想法越多，有用的、可行的好主意出现的可能性越大。④探索意见的改进与多种意见的组合。与会者除了提出自己的想法外，还可以建议如何使其他人的想法变得更加完善或者把其他人的几种意见组合成一种新的意见。

实施头脑风暴法的群体由若干成员、一个主持人和一个秘书组成，由主持人向各成员提出要解决的问题、解释头脑风暴法的规则，秘书负责记录。参加人员的地位最好大致相当，这有利于畅所欲言，从而保证头脑风暴法的成功。

头脑风暴法的具体步骤如下。

① 挑选参会人员，一般以 6～12 人为宜。

② 主持人向与会者提出需要解决的问题。

③ 给与会者一定的考虑时间，至少一周。

④ 在正式头脑风暴会议开始前安排与会者了解环境。

⑤ 出示问题，头脑风暴会议开始。

⑥ 主持人宣读头脑风暴会议的四条规则。

⑦ 与会者畅所欲言，但每次只谈一个想法。

⑧ 由秘书做详细记录。

⑨ 必要时主持人可重复已发言人的要点以鼓励与会人员产生新的见解。

⑩ 将开会时间控制在 60min 左右，按时散会。

尽管头脑风暴法有可以充分发挥成员创造性、在较短时间内提出许多想法和建议的优点，但缺点也是显而易见的，包括以下几个方面。

① 形成自由思考的气氛，这一点很难掌握。

② 成员在发表意见过程中，多数人的意见会对少数人的意见产生较大影响。

③ 会出现追求一致意见而忽视通过慎重思考得出有用结论的现象。

④ 有人可能在一开始提出自认为理想的见解后，难以走出既定的思维框架，妨碍更多见解的提出。

⑤ 头脑风暴法可以促进形成自发性的想法，但不能使其精炼。

⑥ 如果缺乏高水平的主持人，会议可能被某些成员垄断。

⑦ 它要求所有参会人员熟悉所讨论的问题。

⑧ 不能提供充分的时间让与会者充分了解其他人提出的各种想法的含义及实质。

⑨ 头脑风暴法只适用于较简单的问题，难以解决复杂问题。

⑩ 开会过程中难以避免对其他成员意见的评价和批评。

（2）书写意见法

由于头脑风暴法存在一些缺陷，有人对其进行了一些修补，尤其是其中的第②点和第③点，通过采取匿名的方式征求意见，即让与会者默默写下自己的意见，来充分调动各位与会者的积极性。这种方法有不同的具体形式，书写意见法是其中的一种，其具体步骤包括以下几个方面。

① 请 4～8 人围桌而坐。

② 由主持人向与会者提出需要解决的问题，也可以由主持人提前若干天把需要讨论的问题通知与会者。

③ 放若干纸张在桌子中间，其张数略多于与会人数，部分纸张上已经写下主持人或提出问题者的意见或想法。与会者每人从纸张中取一张，并写下自己的意见。每写一两条意见就可换一张纸。

④ 参与者继续在纸张上写下自己的意见。

⑤ 只要还有新的意见或想法，该过程就应该继续下去。

⑥ 待全部想法或意见都写下后，将纸张收集起来，留给以后评价。

书写意见法的优点：

① 各与会者可以同时工作，以节省时间；

② 不存在口头评价，与会者可以独立提出自己的意见；

③ 参考其他人的意见有助于开阔自己的思路；

④ 能够搜集到每个人的意见；

⑤ 可以有效避免部分成员控制会场的局面；

⑥ 可以避免会议提前结束。

该方法的弊端：

① 部分与会者会因为口头表达能力比书面表达能力强，而造成其书面表达不能有效抓住思维中的闪光点；

② 与会者会因为时间紧迫而感到紧张；

③ 部分成员会因为别人的参与而分散精力；

④ 由于时间仓促，可能与会者不能充分提出在充足时间下应该提出的意见；

⑤ 可能出现重复意见；

⑥ 所形成的解决问题的办法可能缺少特色；

⑦ 此方法难以适应与会者人数众多的情况。

(3) 研讨会

研讨会也是一种重要的解决问题的方式，即集中与会者的意见、经验和知识来解决有关问题，使与会者在不发生感情冲突的情况下进行客观、不带偏见的讨论。研讨会能够鼓励与会者进行有效的思考并如实地表达各自的意见。

相对于一般的研讨会而言，以问题求解为目的、搜集专家意见的研讨会具有如下特点。

① 参加者人数以 12～15 人为宜。

② 其主持人要引导与会成员进行思考，并保证采纳其意见。

③ 会议要鼓励与会成员共同考虑问题的解决办法。

④ 会议由主持人用一定的技巧引导，参加者进行自由讨论。

⑤ 会议结论是与会成员通过讨论并逐步形成，由主持人进行总结。

研讨会的成员由主持人、一般成员和秘书组成。与会成员主要是与所研究问题有关的专家。主持人在小组研讨会上可以由小组负责人担任，在由不同部门相互配合时，主持人应该由持中间立场的人担任。秘书主要负责提供会议的资料等后勤工作，并在开会时做记录。

主持人的工作主要包括透彻地把握开会的目的，清楚、准确了解面临的问题，系统考虑研讨会的各方面，准备系统的讨论计划等。

预先拟订研讨会的计划是研讨会必不可少的环节。计划的内容包括将目标具体化、限定讨论范围、设想讨论过程、研讨会议每一过程的作用及注意事项等。拟订研讨会计划的具体步骤包括以下方面。

① 制订会议提纲，包括确定会议要达到的目标，准备进行讨论的主要议题、重点要点，确定并分发与会者名单，准备并分发议事日程。

② 选择与会专家，研讨会成员应该既具有与所研究问题有关的专门知识和经验，也对此问题感兴趣。参会人员最好是 8～12 人，最多不得超过 20 人。

③ 计划会议程序，确定议题和时间表。计划中还可以包括使用方法和各种问题、如何

掌握会议进程、如何分配各议题所用时间等。

④ 预先做好一切准备，确保所有背景材料、案例、指示和有关资料收集齐备。

⑤ 安排会议用房和公用设施。

⑥ 准备会议报告和后续事项。

研讨会的程序一般包括以下方面。

① 开会。主持人通过阐释性的讲演向全体与会者说明会议议题、讨论的范围，引导与会者的兴趣，使之为问题的解决努力。

② 讨论。应该突出让与会者围绕研讨会议题畅所欲言的主题，主持人可以通过认真倾听，提出某些想法的进一步扩展和补充意见等来鼓励发言，将讨论一步步引向深入，适时地由一个议题转向另一个议题。

③ 各种意见的评价。评价是综合研讨会群体意见必不可少的手段。主持人进行评价的方式可以借助于加权、投票、分等级、排序等方法综合与会者的意见。

④ 研讨会的总结和结论。主持人在总结研讨会时既要强调一致的意见，也要对少数人意见做适当评价，在肯定其优点的同时说明不能采纳的原因。

头脑风暴法是研讨会的一种具体形式，因此头脑风暴法的优点同样适用于研讨会。相对于头脑风暴法而言，研讨会不受时间限制，由主持人和全体成员共同形成一个解决问题的办法。而且研讨会不像头脑风暴法只适用于简单问题的粗略解决思路，它可以适用于解决复杂问题以及对问题的具体步骤进行深入讨论。

2.5.2 德尔菲法

德尔菲法是最著名的预测方法之一，该方法最初由兰德公司在20世纪50年代初创立。该方法的使用情境为：行为主体需要对可能发生的情况进行预测或者规划，但是却缺乏相关历史数据作为预测的依据，或对未来事件发展的预测要求高水平的主观判断来确定现在的行动计划。

德尔菲法的基本步骤是由组织者召集一组具有代表性的专家来回答若干轮经过认真设计的调查问卷，从而完成预测。问卷的设计旨在促使小组成员就未来事件的性质、发生概率以及发生时间等方面达成一致意见。对专家的调查方式可以通过面对面的讨论，也可以通过电话或电脑网络的方式进行，但最常用的是邮寄问卷的方式。邮寄问卷方式的主要优点是它避免了同行的偏见影响和委员会的压力以及其他影响答复者心理状态的影响因素，这样可以保证被调查者在最理想的状态下做出判断。一般来说，该方法中被调查的专家小组成员的人数以40～50人为宜，尽管也有一些实际的案例聘请更少或者更多的专家来完成调查，例如，1975年布鲁克霍夫在电脑技术的研究中使用了一个仅有4位专家组成的小组，而1974年谢弗等在对未来休闲环境的研究中使用了高达904位专家组成的小组。

1. 德尔菲法的特征

同其他预测模型类似，德尔菲法始于对未来的提问，所提出的问题常常涉及定向的趋势或新出现的现象，或者其他不能用传统思路推测的、也不能用结构方法或模拟工具来研究的新出现事件。因此，在需要对一个事件进行预测时，通常先使用其他的常规方法来进行预测，只有当其他方法无效或不适用时，才选择德尔菲法。故该方法经常被作为最后使用的预测工具，这个特点也是德尔菲法最显著的特征，也是该法的最大优点；除此之外，该方法还有匿名性和反馈性两个特征。

匿名性是指在调查过程中，参与调查的专家彼此之间的信息是保密的，每个专家并不了解有哪些其他的专家也参与同样的调查，也不掌握参加调查的专家数量。在最终的研究结果中也只是提供意见而不会暴露提供意见的专家姓名。这种匿名性的好处是专家会按照自身的观点对问题进行回答，而不会受到其他因素的干扰，而且意见的发表也不会影响专家本人的社会声誉。

反馈性是指由于德尔菲法是分几步进行的，一般要经过大约 5 轮的询问和对建议的整理，这样在每一轮的调查中，工作人员都会对收集到的专家意见进行统计处理，并将结果反馈给回答问题的专家。通过信息反馈，可以使专家参考他人意见，对回答的问题有更深刻、全面的认识，有利于给出更加切实、可行的建议。同时，反馈机制也有利于使参与调查的专家意见逐步趋向集中化。从另一个角度分析，这种反馈机制相当于专家之间通过工作人员进行不见面的问题讨论，既有利于解决问题，又避免了面对面的讨论会影响讨论效果的不利因素。

2. 德尔菲法实施步骤

德尔菲法具体实施步骤包括以下 8 个方面。

(1) 确定预测问题，召集专家小组。确定问题在任何预测中都是关键的一步，在德尔菲法的运用中也不例外。初始阶段最重要的工作是认真、详细阅读背景资料，挑选合适的专家组成员。专家组成员的选择应从尽可能广泛的人选中进行挑选，以保证最后得到的预测结果具有代表性和全面性。对大多数资源规划问题的预测来说，专家组成员不仅来自科研机构和咨询公司，还应该来自政府和私人部门，或者来自相关的领域，如投资公司、建筑公司等。专家小组成员的数量取决于能够获得的专家人数、问题的复杂程度以及管理小组的成本约束。专家小组的人数要适当，人数太少则缺乏代表性和权威性；人数太多则缺乏效率，导致长周期、大工作量，成本支出与最后收益不成比例。

(2) 设计第一轮调查问卷并邮寄给应答者。第一轮调查问卷应介绍预测问题的研究范围和表明调查者希望达成的目标，要求专家就未来可能发生的事件、事件发生的概率以及可能发生的时间等问题给出预测。调查表格用电子邮件或特快专递邮寄，发出一定时间后再发函催交。调查表没有统一格式，但设计时要考虑所有调查项目以预测问题为核心，同时也要有利于专家进行表格的填写，如设计成专家以符号形式来表达自己的意见。

(3) 分析第一轮调查表。在第一轮调查表收回后，需要由工作小组对专家提出的意见进行筛选、分类、归纳和整理，归并相似意见，删除对调查目标并不重要的意见，理清这些方案或事件之间的关系，以准确的技术语言和简洁的方式制订出一份方案或事件的一览表，使专家容易阅读。汇总内容需要包括中间日期(即将预期范围划分为两半的日期)，以及四分位数的范围(即将预测范围划分为两半的中间点的周围范围)。

在整理应答者的意见时，工作组成员不能在其中掺入个人意见，德尔菲法的组织者不应干预专家组的考虑。如果认为收集到的意见明显地忽略了所提出的问题中某些有意义的重要方面，导致专家组的意见不能被采纳，则可以认为组织的专家组不符合要求，重新考虑组织新的专家组进行预测。以上是德尔菲法第一轮调查。

(4) 制订第二轮调查表并发出。第一轮调查问卷的总结统计列在第二轮调查问卷中，然后邮寄给同一批专家组成员，同时也可以提供其第一轮调查问卷答复的副本以作参考。在这轮调查中，要求每位专家组成员回答是否在对照小组统计结果的基础上愿意修改自己的预测。那些个人的预测不在中间两个四分位数范围内的专家，如果继续坚持己见，就请

他们解释其原因。

(5) 分析第二轮调查表。将第二轮调查问卷结果列成表格并加以总结归纳。现在这些结果不仅包括一些成员对第一轮形成的一致意见有不同见解而给出的理由,而且包括一些新的预测。

(6) 制订并发出第三轮调查问卷。总结第二轮调查问卷的结果和评论,并将其融入第三轮调查问卷中。第三轮调查问卷的做法与第二轮相似,主要区别是增加了提出不同预测的理由和原因以及不同意已形成预测的理由。

(7) 一旦有了第三轮问卷的结果,就要决定是否需要继续进行第四轮调查问卷来提炼答复者的一致意见。在做此决定时,可参考的决策标准之一是答复者进一步修改他们观点的可能性有多大。如果答复者对特定事件预测具有较大的差异性,可能说明还需要再增加几轮调查;相反,如果两轮调查之后,大部分预测已紧紧聚焦于中间点的周围,那么再进行新的一轮调查就没有意义了。同时,如果收集到的预测结果显示差异度较高的话,那么在第三轮甚至第四轮调查问卷中,就应该重点调查对不同观点的解释,这样有助于使专家趋向于一致意见。

(8) 完成最后一轮问卷调查后,总结结果。结果中应包括中间日期、中四分位数的范围以及确定出尚未达成一致意见的那些事件。在最终提交的报告中应该对目的、过程和结果加以总结。这一报告可以作为决策人未来采取行动的依据。

3. 应用德尔菲法的案例

1974 年谢弗等运用德尔菲法研究未来很可能在美国发生的、影响公园和娱乐业管理的事件的发展情况时,组成一个由 904 人组成的专家小组,小组成员包括娱乐业及公园经理、生态科学家、人口统计学家和技术专家(由于成员中途退出,最后小组成员缩减至 405 名)。在第一轮调查中,要求他们列出他们认为到 2000 年发生概率在 50%的一些事件,并且估计事件最有可能发生的时间。

在分发附有第一轮调查问卷结果的第二轮调查问卷后,谢弗等发现小组成员对那些 2000 年以后可能出现的事件有一致意见。于是,他们将预测时间延伸至 2050 年。运用以上叙述的基本步骤,又分发了一轮调查问卷。作者在报告中对结果做了总结,与旅游相关的一些预测总结说明了预测结果的类型。预测结果呈现如下,它们是一个美国专家组于 1973—1974 年做出的。

到 1980 年:计算机将为娱乐者提供去哪里消遣的咨询;在大部分公共场所将可见到有关植物、动物以及文物古迹的解说材料。

到 1985 年:将为私人土地所有者建立抵减税额制以保护风景资源;大部分宿营地将设有有线电视;禁止使用自然保护区;城市中将为残疾人、老年人和青年人建起专门垂钓区。

到 1990 年:一年四季可在人造冰场滑冰;捕捞海鱼的渔民需持有联邦捕鱼许可证;公共公园将建起国家宿营地预订系统;公立学校将全年开学,有错开的假期;多数家庭有录像系统。

到 2000 年:800 千米被认为是周末度假旅游合理的单程距离;平均退休年龄为 50 岁;美国中产阶级家庭在其他大陆上度假将和他们 20 世纪 70 年代在美国本土度假一样平常;在娱乐性交通工具中,电力或其他非污染发动机将取代内燃机发动机;在大公园内旅游,只能使用对环境影响最小的大众运输工具,如索道、空运以及地下快速运输。

到 2020 年:单纯为旅游和娱乐建立人造岛屿;绝大部分都市都提供充足的户外娱乐,从而大部分都市居民觉得没有必要去乡间寻求乐趣。

到 2030 年:绝大部分中等收入的美国人拥有自己的度假别墅。

到 2050 年:月球上将建第一座公园;公共娱乐区的收费开始可以负担运营和维修费用;设备齐全的水下旅游胜地将出现;居民平均寿命为 100 岁。

2.5.3 资料统计法

资料统计法是指参考以往类似项目的历史统计数据和相关资料,计算和确定项目资源规划的一种方法。其优点:利用这种方法能够得出比较准确、合理和可行的项目资源规划。其缺点:所采用的历史统计数据不但要同本项目有足够的可比性,并且要足够详细。显然,这种方法不适用于创新性很强的项目,仅能作为编制项目资源规划的辅助手段。

2.5.4 资源平衡法

资源平衡法是指通过确定项目所需资源的确切投入时间,并尽可能均衡使用各种资源来满足项目进度规划的一种方法。该方法也是均衡各种资源在项目各阶段投入的一种常用方法。

在进度管理中,我们通常假设各种资源具有无限的功能,资源在需要的时候可以随时获得,但是在实际中,几乎所有的项目都不可能达到这样的假设条件,因此我们时常要考虑以下问题:资源的可获得性、资源的功能以及它们与项目进度之间的关系,也就是说,项目团队不得不考虑成本、时间和员工的熟练程度等相关因素对项目的制约,即资源的约束问题。因此,资源平衡法的首要工作就是进行资源约束分析,包括以下两个方面。

(1) 活动之间的技术限制分析。我们可以通过网络图表示出各个活动之间的逻辑关系,从而配置资源。从技术的角度看,这些活动应该是按照顺序进行的。图 2-5 表示了必须按顺序进行的制造设备的三种活动——购买材料、加工零件和组装设备。在技术上,这三种活动必须按先后的顺序进行,组装设备不可能在购买材料和加工零件之前进行。

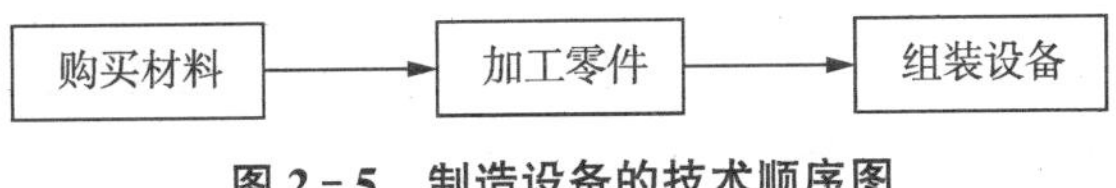

图 2-5 制造设备的技术顺序图

(2) 资源限制分析。项目网络图除了表明活动之间的技术限制以外,也必须考虑资源限制的问题。例如,图 2-6 表示了在无资源约束的情况下可以同时进行的三种活动——装修房间、装修厨房、装修花园,即这些活动的开始是不依赖于其他活动的完成的。但是如果装修项目只由一个施工队来实施的话,并假设这个施工队不可能同时进行三种装修活动,那么这三种装修活动就不能同时进行。

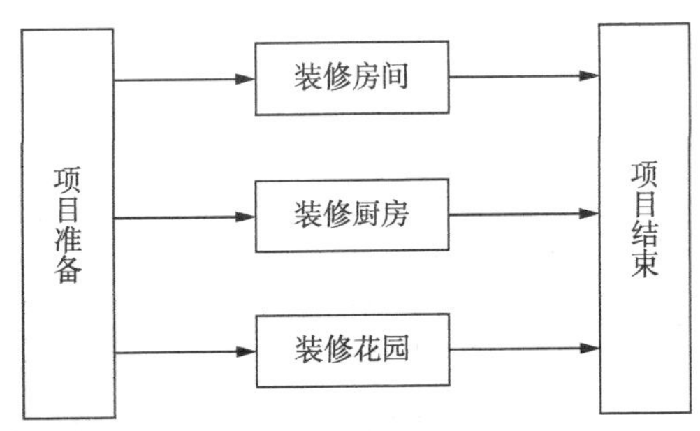

图 2-6 无资源约束的活动网络图

在项目活动不能同时进行时，必须有先后次序（图 2－7 表示了其中一种可能性），因而就出现了资源约束问题。

图 2－7　有资源约束的活动网络图

上述讨论的用于资源约束分析的思路对于仅需几种资源的小型项目来说十分有效，但对于需要很多种类资源的大中型项目就因其过于复杂而不宜采用了。

在资源约束的分析完成之后，可以进行资源平衡法的第二步工作，即绘制资源需求甘特图。

资源需求甘特图是揭示某个特定项目所需的人工、材料等各种资源在项目生命周期的每个时间段的需求或占用情况的一种图形，此图中的每类资源都可以表示为时间（项目进度）的函数。

资源需求甘特图的表现形式有两种：一种形式如图 2－8 所示，它可以用一张图同时表达两种以上的资源随着时间推进的需求情况；另一种形式如图 2－9 所示，在该种表示方式中，对应每一种类型的资源，均需要绘制出一幅独立的资源需求甘特图。虽然甘特图比较容易理解，但绘图的工作量较大，不适用于资源需求种类很多的项目。

资源种类	时间安排（不同时间）资源需求量								
	1	2	3	4	5	6	7	8	9
资源1									
资源2									
……									
资源n-1									
资源n									

图 2－8　资源需求甘特图(a)

活动	时间安排/周								
	1	2	3	4	5	6	7	8	9
A									
B									
C									
D									
E									
F									

图 2－9　资源需求甘特图(b)

例如，有一个装修某豪华别墅的项目，可在网络图的基础上绘制资源需求甘特图。假设图 2－10 是根据装修某豪华别墅项目的进度计划绘制的网络图，根据图 2－10 所揭示的信息，进一步编制出装修豪华别墅项目的资源需求甘特图，如图 2－11 所示。

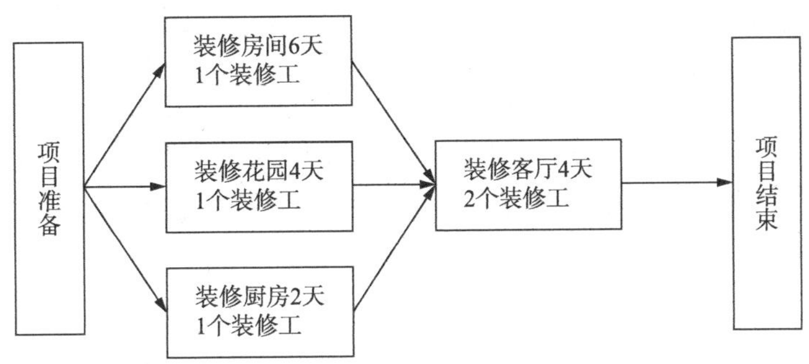

图 2－10　装修豪华别墅项目资源需求网络图

从图 2－11 可以看出，在该项目 4 个活动（从开始到结束）时间段内，每天需要的装修工人数依次为：第 1～2 天需要 3 个装修工人，第 3～4 天需要 2 个装修工人，第 5～6 天需要 1 个装修工人，第 7～10 天需要 2 个装修工人，累计需要 10 个工作日。同时也可以发现该项目的装修工人这一人力资源的配置很不均衡，如何优化配置这些装修工人就是资源平衡所要解决的根本问题之一。

装修工日										
8							装修客厅2人			
6	装修房间1人									
4	装修花园1人									
2	装修厨房1人									
天	1	2	3	4	5	6	7	8	9	10
装修工数	3	3	2	2	1	1	2	2	2	2

图 2－11　装修豪华别墅项目的不平衡资源需求甘特图

资源平衡分析是指当某种特定资源的需求频繁波动时，在不延长项目工期的条件下，如何使资源配置得尽可能均衡，也就是使资源需求的波动最小化的一项工作。资源平衡分析的优点在于如下 3 个方面。

① 在资源平衡的情况下，可以减少大量的、不必要的资源传送管理工作。

② 在资源平衡的情况下，可以使用“零库存”策略，从而减少库存成本和供货量出现的失误。

③ 在资源平衡的情况下，不会因增加或减少劳动力数量而影响人事和工资等相关问题。

如果项目所有活动的资源需求都是已知的，那么一旦项目已经完成计划，就可以从总体上计算分析项目的资源使用情况。如果资源的需求量超过了资源的供应量，就应进一步调整进度计划以减少资源的需求。如果通过资源平衡工作还无法解决上述矛盾，那么就只能延长该项目的工期了。

反复试验法是在资源平衡分析时经常使用的一种方法。反复试验法主要是通过推迟那些非关键活动的最早开始时间，经过反复多次的试验，从而实现在不延长项目预计完工计划的情况下使资源平衡配置的一种方法。如上例(该例是假设所有的活动都是在其最早时间开始的)中的装修工人这一人力资源的配置就很不平衡。但是，如果将装修厨房的活动延迟 4 天，该项目每天只需要 2 个装修工人，这样资源的配置就平衡了。平衡后的资源配置如图 2－12 所示。

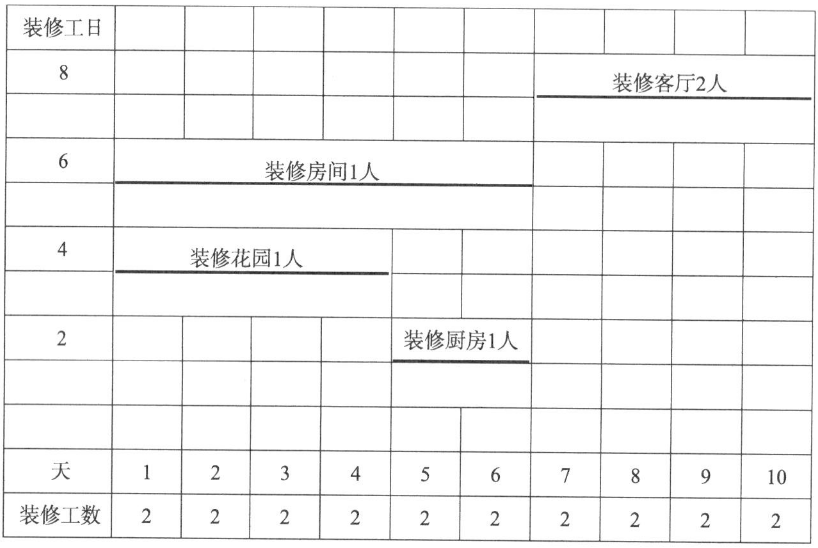

装修工日										
8							装修客厅2人			
6	装修房间1人									
4	装修花园1人									
2					装修厨房1人					
天	1	2	3	4	5	6	7	8	9	10
装修工数	2	2	2	2	2	2	2	2	2	2

图 2－12　装修豪华别墅项目平衡后的资源需求甘特图

在资源平衡分析时，如果项目网络图不是很复杂，并且仅有几种类型的资源时，资源平衡分析的过程就可以通过手工来完成；但如果项目网络图很大且资源需求种类很多时，资源平衡分析工作就变得十分复杂，手工平衡则非常困难，只能借助项目管理软件来辅助进行资源平衡分析的工作。

资源平衡法的最后一步是进行资源约束进度安排。

资源约束进度安排是在各种资源有限而且又不准超过该资源约束的情况下制订最短进度的一种方法。由于资源约束进度安排必须遵守资源约束条件，所以应用这种方法时就会导致项目的完工时间延长。这也是一种在最小时差原则下反复地将资源分配给各个活动的方法。假设上例中装修厨房的时间需要 3 天，同时该项目此刻只有 2 个装修工人，因而装修房间、装修花园和装修厨房就不可能同时进行。这将导致项目的完工时间延长 1 天，即项目的完工时间从 10 天延长到 11 天。

对于需要多种资源的大型项目而言，由于每种资源获取的限制不尽相同，资源约束进度计划也是十分复杂的，此时也可以借助各种项目管理软件来完成。

2.6　项目资源规划的工具

编制资源规划的工具主要是一些资源统计和说明的图表，主要包括 6 种工具。

2.6.1 资源矩阵

资源矩阵也称资源计划矩阵，它是项目工作分解结构的直接产品，即根据具体工作分解结构情况来对资源进行分析、汇总。资源矩阵能够清晰地表示 WBS 的结果，解决 WBS 中无法解决的问题。在编制 WBS 的过程中，经常会遇到一个问题，即围绕哪个核心进行 WBS 的编制。对于一个项目来说，项目进行过程可以成为一条主线，这种情况下项目过程可以分解为立项、设计、招投标、施工、验收等具体过程。另外，项目产出物的专业系统也可以成为项目进行过程的主线，这种情况下，项目可以分解为结构、建筑、机电、专修、外线等具体过程。很多时候两条主线有相互重合的地方，这会导致完成的 WBS 结构比较杂乱，不够清晰。而使用矩阵的方法表达 WBS 的编制结果，可以同时利用两条主线，使形成的图表更为清晰，有利于对资源计划的进一步分析。资源矩阵的具体形式如表 2－2 所示。

表 2－2 资源矩阵的一般形式

WBS 结果	资源需求量				备注
	资源 1	资源 2	……	资源 n	
工作包 1					
工作包 2					
工作包 3					
工作包 4					

例如，以一个房屋建筑项目来具体说明资源矩阵的应用。某学校要建造一个图书馆，经过招标后由一个建筑公司承包。建筑公司为这个项目列出的资源有普通工人、技术工人、工程师、普通项目经理、建筑材料、机械设备等。该公司构造的 WBS 分解图如图 2－13 所示。

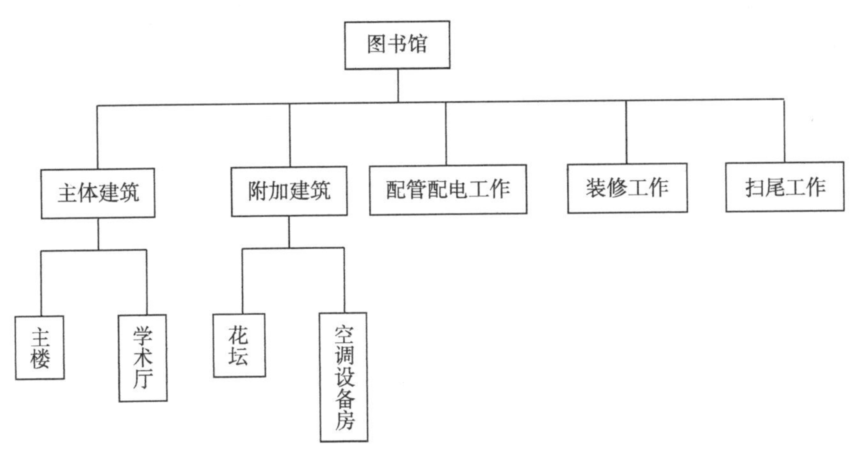

图 2－13 图书馆项目 WBS 分解图

WBS 分解图表明该项目一共有五个主工作包，而第一和第二工作包又分别包括两个次工作包。这个建筑项目涉及的资源种类繁多，如果构造包括全部资源的资源矩阵，图表将非常烦琐，所以，只将人力资源的矩阵列出。表 2－3 表示根据 WBS 结构和人力资源需求列出的资源矩阵。

表 2-3　图书馆建筑项目的人力资源矩阵

工序	人力资源需求数量/人				备注
	普通工人	技术工人	工程师	项目经理	
1. 主体建筑	140	60	18	4	
1.1 主楼	100	40	10	3	
1.2 学术厅	40	20	8	1	
2. 附加建筑	40	25	5	1	
2.1 花坛	10	5	2	0	两部分由一个项目经理负责
2.2 空调设备房	30	20	3	1	
3. 配管配电工作	10	40	5	1	
4. 装修工作	20	50	8	1	
5. 扫尾工作	30	20	5	1	

2.6.2　资源数据表

资源数据表不同于资源计划矩阵，其主要表示的是在项目进行过程中，项目资源的使用和分配情况，而不是对项目所需资源进行的统计说明。表 2-4 是资源数据表的一般形式。

表 2-4　资源数据表的一般形式

需求资源种类	需求资源总量	项目进度阶段(时间)					备注
		1	2	3	……	n	
资源 1							
资源 2							
资源 3							
……							
资源 n							

2.6.3　资源甘特图

甘特图(Gantt Chart)，又称为条形图或横道图，是比资源数据表更加直观的形式，因此经常被项目管理者用作描述项目进度计划的工具。甘特图最早在 1917 年由亨利・甘特提出，由于该图简单、明了、直观、易于编制，因此被广泛应用于项目管理中。

甘特图是进行资源平衡的主要工具，能有效显示行动时间的规划，适用于项目计划和项目进度安排。在网络计划技术出现之前，甘特图是计划和控制的重要手段。

甘特图的一般形式如图 2-14 所示，它将计划和进度安排两种职能结合在一起，一般纵向列出项目活动，横向列出时间跨度。在使用甘特图编制资源计划时，纵向不再表示项目中的不同工作活动，而表示项目需求的资源种类。这样每种资源需求就同项目进行中的时间结合在一起，可以更有效地进行预先的资源筹备。同时，由于项目工作进度计划是制订资源计划的重要依据，所以制订一个具体项目资源需求的甘特图时，必须依据已经制订完成的项目工作进度计划。例如，在一个建筑项目中，项目工作进度计划显示第50周要进行空调的安装，那么相应的，在资源需求中也是第50周产生了对于空调设备的需求。

资源种类	时间安排（不同时间资源需求量）								
	1	2	3	4	5	6	7	8	9
资源1									
资源2									
……									
资源n-1									
资源n									

图 2-14　甘特图的一般形式

每项资源的使用状况用横道线表示，横道线的开始和结束分别对应时间刻度上的两个不同时刻，这两个时刻就是资源投入使用的开始时间和终止该资源使用的结束时刻，两个时刻点之间的距离就是该资源被需要的时间长度。甘特图横列的时间刻度单位决定着项目计划的粗略程度，根据项目计划的需要，可以用小时、天、周、月或年作为度量项目进度的时间单位。如果是一个单位新产品的开发项目，可能需要在一年之内完成，那么用月或周作为时间刻度都可以；如果是一次汽车展会项目，就需要以小时作为项目计划的时间刻度。

2.6.4　资源负荷图

资源负荷是指在特定时间段，现有项目进度计划所需的个体资源的数量。资源负荷图是资源规划的重要工具。每幅资源负荷图一般表示一种资源的使用状况，要分配几种资源就绘制几幅资源负荷图。图2-15是资源负荷图的一个示例。

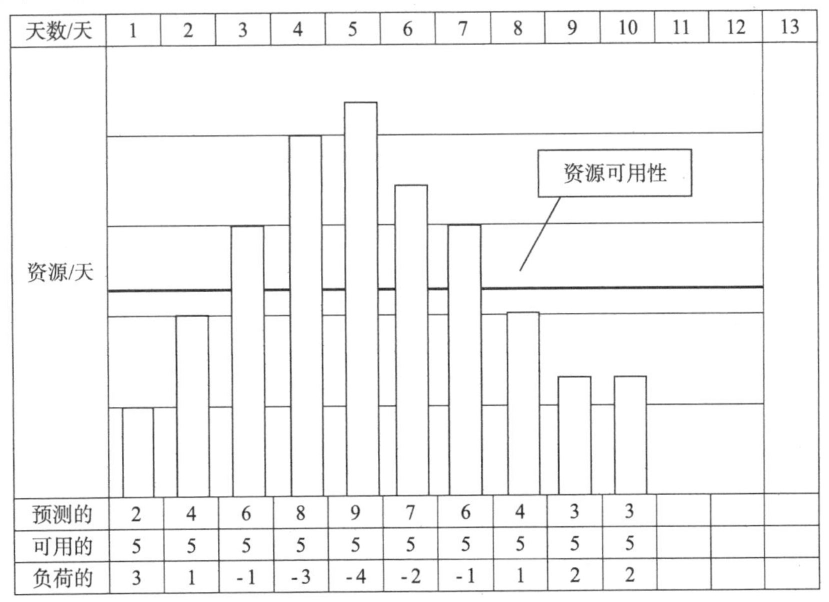

天数/天	1	2	3	4	5	6	7	8	9	10	11	12	13
预测的	2	4	6	8	9	7	6	4	3	3			
可用的	5	5	5	5	5	5	5	5	5	5			
负荷的	3	1	-1	-3	-4	-2	-1	1	2	2			

图 2-15　资源负荷图示例

图中的横列代表时间刻度，纵列分别代表对需求资源的预测数量、实际可用的数量、负荷数量。资源负荷数值等于预测数量与可用数量的差，如果负荷值为正，表明资源的使用处在合理范围内，不存在资源短缺的情况；如果负荷值为负，表明资源被过度使用，工作中存在资源短缺或者资源超负荷使用。图 2-15 表明在大部分时间中，该项目的资源处于超负荷状态，因为从第 3 天到第 7 天，分配的资源数量都超过了工作中实际的可使用资源数量。

资源负荷图直观地表示了一种资源需求量的变化情况，通过调整非关键工序的开工时间，能缓和需求矛盾，平缓需求高峰和低谷，即“削峰填谷”，满足资源的限制条件。对于资金需求来说，如果日用款数没有限制，则应在考虑其他因素的同时，尽量将用款高峰后移，而无须进行全面平衡。

2.6.5 资源累计需求曲线

在项目进行过程中，项目组织者应该能够准确把握每个时点已经使用的资源总量，这有助于组织者从整体上对项目资源进行调控，防止项目资源的使用数量大于项目的实际进度，造成项目前期资源浪费，而项目后期资源紧缺。

资源累计需求曲线可以通过项目资源需求表和资源使用甘特图推出。下面具体介绍曲线的导出过程。表 2-5 是一个具体项目的资源需求数量。

表 2-5 资源需求数量

活动	持续时间/天	每天需要的人数/人	任务需要的总人数/人
1	5	8	40
2	3	4	12
3	8	3	24
4	7	2	14
5	7	5	35
6	4	9	36
7	5	7	35

表 2-5 表明该项目中对于人力资源的需求涉及 7 个活动，每个活动对于人力资源的需求总量是已知的，但从表中不能知道每个具体任务的开始时间，这就不能确定每个具体时间段所使用的资源数量，无法得到确切时点的资源累计数量，所以还需要掌握包含时间信息的资源甘特图或者是以时间刻度统计的资源需求量。可以将每天的人数统计出来，见表 2-6。

表 2-6 以时间刻度统计的资源需求量

天数/天	1	2	3	4	5	6	7	8	9	10	11	12	13	14	15	16	17	18	19	20	21	22
人数/人	17	17	17	12	12	10	10	5	5	5	5	5	3	9	9	9	9	7	7	7	7	7

根据表 2-6，将每天的资源需求总量进行统计，可以得到表 2-7。

表 2－7 以时间刻度统计的资源累计需求量

天数/天	1	2	3	4	5	6	7	8	9	10	11	12	13	14	15	16	17	18	19	20	21	22
人数/人	17	34	51	63	75	85	95	100	105	110	115	120	123	132	141	150	159	166	173	180	187	194

根据表 2－7 制图，就得到资源累计需求曲线，如图 2－16。

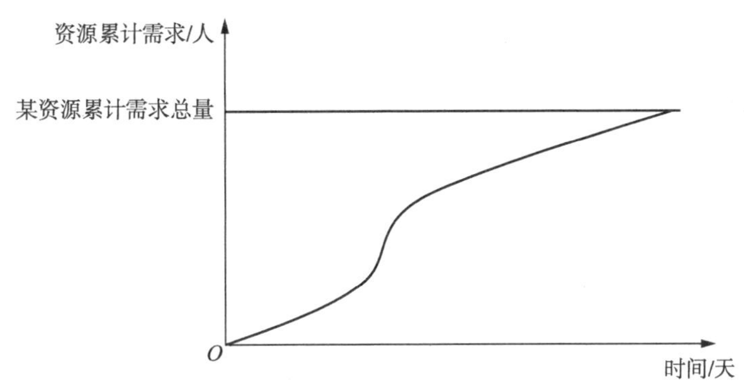

图 2－16 资源累计需求曲线

图 2－16 中，横轴代表项目进行的时间，纵轴代表资源的需求量，曲线上的每一点代表在那一时刻累计需要使用的资源总量，例如，项目进行到第 17 天，所消耗的资源总量等于 159 人。资源累计需求曲线越平缓，变化率越平均，表明资源的分配也更加均衡，说明整个项目进行过程中资源的使用是大致均衡的，不存在资源负荷过度，或者资源负荷过轻的时期。

2.6.6 资源平衡技术

资源平衡技术可以使项目资源需求得以均衡分布，使有限的资源得到更为合理和有效的利用；而资源配置技术则可以防止资源过剩造成的浪费，或资源短缺造成的对项目进度的影响，使每一项活动乃至整个项目的资源得到最优化的配置。

在制订一个项目的资源规划时，如果没有限制条件，那么只需要根据工具分解结构来统计每个具体工作包的资源需求，然后将这些分项目的资源进行加总，从而得到一个项目的资源规划。但是在大多数项目中，无论是可利用资源的数量，还是完成项目的时间要求，都受到具体情况的制约。例如，某学校聘请建筑公司为其建造游泳池，学校愿意支付的资金可能只有 50 万元，而不是根据建筑公司制订的项目资源计划支付资金。而另外一些情况，比如某汽车展览会的展台布置，有明确的时间要求，对项目的进度计划有严格要求，而时间上的约束又会导致不同的资源需求。上述两种情况都涉及具体项目中资源的分配和资源均衡问题。

资源均衡和资源分配，是指在不影响项目进度的前提下，通过调整各项工作的开始时间和结束时间，将一定数量的资源更合理地分配到各项工作上。资源平衡最关注的是如何以最有效的方式使用资源。可以通过调整资源使用计划和资源控制图来说明资源平衡的过程。

如果项目全部活动的资源需求都已经确定，那么一旦完成项目计划，就可以从总体上计算项目的资源使用状况。如果资源的需求量超过了资源的可供给量，就要调整时间计划以减少资源的需求。解决这个问题可以通过消耗时差和延迟非关键活动来实现。如果这

两个办法均没有效果，那么只有延长项目的生命周期。

具体上说，在进度计划中考虑资源的影响时，存在以下两种极端情况。

(1) 工期受限的进度计划即项目工期限定，但资源无限制。当项目完工期非常重要时，项目经理将采取一切可采取的措施，如随时增加人员、付加班工资等以保证项目按时完工。这种情况就可以看作项目工期限定而资源无限制的情况。

(2) 资源受限的进度计划即资源有限，但项目工期无严格限制。当项目经理不能获得更多的资源，如不能让工人加班、不能雇佣更多的人工时，项目需要一个更长的期限来完成。这种情况可以认为是资源有限而项目工期无严格限制的情况。

通常情况下，项目的受限情况介于两种极端情况之间，那么可以先假定其中一个不受限制来制订进度计划；然后再进一步考虑另外一个条件。

案例分析

案例 1

宾夕法尼亚电力公司(Pennsylvania Electric)的总部设在宾夕法尼亚州的约翰斯敦，该公司经营着一家拥有 6 950MW 发电能力的发电厂，为方圆 17 600km^2 的 54.7 万用户提供服务。发电部门的规划小组负责规划所有的维护和资本项目。在 20 世纪 80 年代初，该小组使用手工的计划方法绘制图表。现在，则采用计算机化的计划过程，更为快捷，也可以进行“如果这样将会如何”之类的分析，并比以前那种单纯重视关键路径的方法监控效果更好。在对内部进行计划工作的过程中，该小组每年还节约服务费 10 万美元。

计算机系统的一个特殊性在于它的资源约束单元，该单元可以为所有工作建立劳动力需求。在测试新软件的试验性程序中，该小组发现有一项工作可以进行比以往情况少 40%的投入，且仍能准时完工，这一发现为公司节省了 30 万美元。在另一次应用过程中，该小组发现一个涡轮机安装有误，可以在任务清单上加上检验工作而不会使项目遭到拖延或者预算超支。

在将劳动力工时逐项活动输入程序以后，实际的过程就得到了监控，并且进度和成本偏差都会得到管理层的高度注意。这可以使管理层采取挽回进度的调整措施，减慢项目进程，或者争取更多的支援以使项目重新回到进度计划上来。显然，总会有一些计划之外的紧急情况必须在有所预计的基础上进行处理。但有了这种软件，管理层就可以了解不同的行动将会对基准计划产生何种影响，并据此最大限度地利用现有资源来处理各种紧急情况，使其对计划产生最小的影响。

思考题

1. 结合案例，假设宾夕法尼亚电力公司(Pennsylvania Electric)建造一座发电厂需要哪些项目资源，并编制资源需求甘特图。

2. 分析宾夕法尼亚电力公司(Pennsylvania Electric)引入计算机系统对于确定项目资源、资源单价和控制项目流程等方面相比传统的手工方法的优势。

3. 分析本案例中“劳动力”这一特殊的项目资源具有什么样的特点？应如何有效利用、

有效控制和调节这一特殊的资源？

案例 2

美国东部的一个金融服务公司发现，公司内部重要的战略型大项目，总是远远落后进度计划并超过预算。在项目的开始和进行过程中，预算就已经开始超支，进度基准计划也开始落后，延迟变得非常严重，以致公司需要从项目管理顾问公司聘请专家以获得帮助。顾问公司在调查公司的运转情况后确信，造成特定项目和公司项目管理实践中出现问题的主要根源是未能准确预测资源需求，即"没有足够的全职人力资源来为项目分配"。

项目中最大的问题是目前太多的项目团队成员同时在两个或多个项目中工作，这是明显的多任务处理情况。不幸的是，项目的领导在没有考虑资源可用性的情况下，就制订了要求过高的进度计划。由于过多的外界责任，没有人愿意直接承担项目中的工作，只能修改配置，造成所有人在工作中都落后于进度计划。正如一位顾问所说："项目中出现了问题，但没有人能及时解决它们。"这些遗留下来的小问题最终变成了大问题，进度持续延迟，员工士气也降到最低点。

根据识别出的问题，顾问所做的第一步是让高层领导重新检查项目团队的工作分配情况。首先，将核心团队成员从其他工作中解脱出来，让他们能全职投入项目中；然后，项目其他支持成员也从多任务处理中解脱出来，并以全职或基本全职的形式参与项目。公司还根据顾问提出的其他建议做出了相应的变更，最后的结果是项目进度和活动历时估计与实际的资源需求和可用性相一致。简而言之，因为最后实现了资源平衡，特别是为项目团队确定了准确反映资源管理和进度计划编制关系的全职工作分配后，项目回归正常轨道。

思考题

1. 结合案例谈谈项目资源规划中的多任务如何能处理得更好？
2. 结合案例思考项目资源规划中的人力资源分配要注意哪些问题？

练习题

1. 请简要论述资源规划的主要依据有哪些？
2. 简要分析在工期受限和资源受限的不同情况下，资源规划编制方法的差异。
3. 资源规划工具主要包括哪几种，简述每种工具的具体特点。
4. 如何理解项目资源及其类别？
5. 如何确定资源单价？
6. 结合实际阐述专家判断法的利弊。
7. 简述资源规划编制的方法。

3 项目成本估算

➢ 学习目标

通过本章学习，掌握项目成本估算的作用，了解项目成本估算的一般过程。本章包括项目成本估算的概念、项目成本估算的注意事项、项目成本估算的主要内容和一般过程、成本估算常用的技术和方法等内容。

"大挖掘"行动

1959 年波士顿开放了第一条中心要道高速公路，在当时被人们称为工程界奇迹和有远见的城市规划。这条高速公路设计成穿过市中心、高架 6 车道样式，计划每天承载 7.5 万辆机动车。然而，到 20 世纪 80 年代初，这条中心要道每日负荷流量超过 20 万辆，接近预期最大流量的 3 倍。结果导致公路每天有 10 多个小时都处于非常繁忙的状态，这可能是美国最糟糕的城市拥挤现象。高出国家平均水平 4 倍之多的交通事故发生率也增加了市民的苦恼。显然，这条随时可能断裂、越来越危险的中心要道，已经超过了它的实际负荷能力。

中心干线/隧道(CA/T)项目的出现使这个问题迎刃而解，它就是波士顿人所熟知的"大挖掘"行动。CA/T 项目主要由两部分构成：①直接在现有的路面下，以 8～10 车道的地下高速道路取代原来的高架式道路，以 14 车道的双架桥交叉口穿过查尔斯河；②将波士顿南部海港的隧道扩展成 I—90 公路，一直延伸到洛根机场。这个项目构想起于 20 世纪 80 年代初，一直进行了近 20 年。

"大挖掘"行动中出现了很多艰巨的技术挑战。项目高峰时期曾使用 5 000 名工人，其中包括一条长 8 英里(1 英里＝1 609 米)的高速公路的建设，车道总长度达 161 英里，几乎一半处于地下。它需挖 1 600 万立方码(1 立方码＝0.765 $米^3$)土方，足够填满新英格兰的大型足球场 16 次，它还使用了 380 万立方码混凝土。另一个大的挑战是在既不扰乱交通秩序也不损害当前高速公路体系和运输流量的情况下进行项目施工，即当工人正在原来的中心要道下挖掘隧道的时候，不会对高架公路上的交通流量有丝毫影响。

该项目在几年里一直备受争议，主要原因是它不断上升的成本和经常变更的预算。项目于 1983 年启动，原计划于 1998 年完工，联邦政府唯一的一次资助占原始预算额 25 亿美元的 60%。而实际上，自项目开始之后预算就一直在上升，而进度也一再被延长。

成本预算从最初的 25 亿美元，逐步提高，最后的成本预算高达 145 亿美元，最终预期完工时间是 2005 年底，比原计划晚了 7 年。成本估算和随之而来的费用预算进行得如此糟糕，以至于在2000年，该项目的一名联邦审计员认为“大挖掘”行动正式破产。他认为成本失控的主要原因是失败的项目管理。尤其是该项目管理的承建人没有执行他们的报价，却没有因此而受到惩罚，结果导致巨大的成本超支。由于强烈的公众监督和项目本身的敏感性，管理层也停止追踪或公开承认上升的成本，唯恐政治对抗会导致项目夭折。事实上，纳税人共识(Taxpayers for Common Sense)，一个非党派监督团体，也指责该项目的经济状况非常糟糕，管理层因为无法在短期内填补巨额的成本空白而拒绝了一家咨询公司价值2.6亿美元的预算合同。公众对项目拖延和成本超支的强烈抗议，迫使项目经理递交了辞呈。

波士顿人对“大挖掘”行动的矛盾感情不足为奇。尽管这项工程在技术上是个奇迹，它无疑能提高人们的生活水平，减少一氧化碳的排放量，提高“绿色”城市的知名度，但是，项目的财务困境迫使政府官员默默取消了主要部分的开通仪式。人们对项目的指责不断，对成本估算和控制失败原因的猜测更是层出不穷。马萨诸塞州收费高速公路管理局正在计划一个1.5亿美元的诉讼案，它认为大部分成本超支应该归咎于项目管理公司的疏忽和管理能力的不足。

问题逐渐浮出水面：CA/T项目的原始估算成本是真实的数据，还是经过“加工”以迎合政治现实？官方是否故意低估项目成本？如果是的话，纳税的民众将不会再被类似的项目迷惑，因为CA/T项目就是先进的技术手段、差劲的成本估算和松懈的成本控制相结合的产物。

3.1　项目成本估算概述

项目成本估算是项目成本管理的重要组成部分，其实质是分析和确定实现项目的所需成本。成本估算是决定一个项目是否可行的第一步，通过成本估算可以判断项目能否盈利。项目成本估算过程为项目提供了合理的预算基准计划，也确定了完成项目所需要的相应资源，并按照资源在项目进程中的参与程度进行分阶段预算。成本估算和项目预算是密切相关的，一般来说，可以将项目各个部分的成本估算结果整合成一个全面的项目预算文件，以实现对项目进程的跟踪和对项目成本的控制。

3.1.1　项目成本估算的概念

项目成本估算是指根据项目的资源需求和计划以及各种项目资源的价格信息，估算和确定项目各种活动的成本和项目总成本的一项成本管理工作。当项目涉及承包合同的时候，应注意区分项目造价与项目成本估算之间的区别。中国造价工程师协会明确界定了项目造价和项目成本估算之间的不同，项目成本包括由项目业主支付的各种费用；而项目造价多数是承包商承包项目的合同价格。简单来说，项目造价中既包括项目成本，也包括项目承包商的盈利部分。

3.1.2　项目成本估算的作用

承包商进行成本估算的主要原因是为了掌握项目的成本状况，为成本控制提供一个测

量基础。成本估算的作用主要包括以下 6 个方面。

(1) 作为成本控制的基础

成本估算可作为控制项目支出的一个参照基础，这个参照基础被称为基线(Baseline)。一般的成本控制过程包括四个步骤:对项目未来的执行情况进行估算;对实际进行的项目任务进行监测;对比实际情况和估算情况，计算偏差;根据偏差的大小采取具体行动控制项目成本支出。

在进行成本控制的最后一步时，一般有三种基本行动。第一，如果偏差为零或者非常小，可以忽略不计，那么就继续项目进程，不采取任何行动;第二，如果偏差很大但是可以通过估算的基准计划进行恢复，那么采取恢复到正常估算的行动;第三，如果偏差非常大，不能采用原始估算进行恢复，那么就需要对原始估算进行修订，这种情况下，可能是项目所处的经济环境发生较大变化导致项目成本失控，或项目执行过程中管理和资源配置出现问题而导致出现较大偏差，也可能是原始估算的制订不符合实际而导致较大偏差，具体情况需要具体分析。

(2) 判断评估项目的可行性

当一个承包商开始对一个项目进行成本估算时，他首先需要确定这个被评估的项目是否值得去完成。因此，承包商需要准备一份成本估算，并将它同回报估算进行比较，如果比较的结果表明估算项目可以盈利，说明该项目可行。此外，估算的精度也随着项目的深入展开而逐渐加强，项目进入不同的阶段(项目建议和启动阶段、设计和评估阶段、实施和控制阶段)，估算精确度也逐渐提高。

(3) 获得投资

在承包商获得立项批准之后，必须为项目筹集资金。而融资方要判断一个项目是否值得投资、项目能否提供足够的回报，也需要比较项目成本估算和未来回报，之后在比较的基础上做出是否投资的决定。由此来看，承包商成本估算的成功与否直接决定着项目的成败。承包商给投资方出示的成本估算精度同申请立项时的估算精度基本相同。

(4) 管理现金流

承包商在获得资金并开始工作之后，必须对项目进行管理。而且，项目团队要保证项目进程开始时，现金的支出率低于融资者的借款限额，即一定要做到量入为出，否则项目现金流的断裂会导致项目停工，甚至完全失败。例如，一个工作非常积极的项目经理没有注重对成本预算的控制，尽管项目经理顺利并提前完成了项目，但却造成了公司因为项目超额支出而严重透支，对公司财务构成了严重威胁。因此，任何一个没有达到成本控制目标的项目都不会是一个成功的项目，虽然这些项目可能提前完成。衡量项目是否成功的指标体系是一个多角度的复合体系，任何一个方面存在问题，都表明项目的执行存在问题。

(5) 人力资源分配

人力资源是项目进行中使用的一种重要资源，能否合理、有效地分配所拥有的人力资源将对项目进程产生重要影响，而分配人力资源的重要依据是根据项目成本估算形成的人力资源计划，也就是通过精确的成本估算对人力资源进行合理分配，做到人尽其才。

(6) 估算工期

具体工作任务的工期是通过将工作内容的估算(工作量)与资源的可获得性相比较而确立的。因此，成本估算是时间估算的一个先决条件。估算时间与估算成本有着类似的目的。

3.1.3 项目成本估算的类型

根据估算精度的不同，项目成本估算可分为多种估算类型，每种估算类型都对应着特定用途。表 3－1 和表 3－2 列出了根据不同标准进行分类的估算类型。在表 3－1 中，随着项目进程的进展，估算精度不断提高；在表 3－2 中，随着工作分解结构的不断细化，估算也愈加精确。如果不同的成本估算比较平均，那么估算误差就可以相互抵消。

表 3－1 依据项目进程的估算分类

估算类型	精确度的范围/%	估算目的
建议估算	±50	评估开始工作的可行性，可行性研究
预算估算	±20	评估开始工作的可行性，系统设计
批准估算	±10	获取投资，分配资源
控制估算	±5	度量进展，分配资源
报价估算	±2	准备投标报价

表 3－2 说明，要得到与项目进程上相应的估算精确度，承包商只需要在目前的工作分解结构中寻找相应的工作分解层次进行估算就可以了。例如，预计估算对应的 WBS 最低层是工作包级，那么只要工作包级的估算精度达到 100%，就可以保证预计估算在项目级的估算精度为 20%。要使上述结论成立，必须假设同一个项目中方向一致的误差在一起会相互加强。例如，如果所有的项目活动都被低估了 20%，那么整个项目的精确度就会被低估 20%。从 WBS 的结构来看，项目层面比工作范围的层次要高，项目层面上的绝对误差比工作范围的绝对误差对整个项目的影响更大。

表 3－2 依据工作分解结构的估算分类

估算类型	WBS 中估算的最低层面	估算的精确度/%			
		项目	工作范围	工作包	活动
建议估算	工作范围	±50	±100		
预算估算	工作包	±20	±40	±100	
批准估算	工作包范围	±10	±20	±50	±150
控制估算	活动	±5	±10	±25	±75
报价估算	任务	±2	±4	±10	±30

从表 3－2 中可以发现，要得到越来越精确的估算就需要在更低的分解层面上增加投入；要使在项目层面上的精确度加倍，在更低分解层次上，需要估算的工作元素数量是上一层工作元素数量的 4 倍，即需要 4 倍的投入。

一般情况下，项目估算主要包括初步项目成本估算、技术设计后的成本估算和详细设计后的成本估算等几种不同精度的项目成本估算。在项目初级阶段，由于项目的许多细节尚未确定，所以只能对项目成本进行粗略的估计；而在完成了项目的技术设计之后，就可以进行更详细的项目成本估算；在项目的各种细节都已经确定之后，则可以完成详细的项目成本估算。因此，项目成本估算在一些大型项目的成本管理中都是分阶段做出精确度不同

的成本估算，而且是逐步细化和精确的。

3.1.4 项目成本估算的构成

项目成本的构成是指项目工作包中的成本构成部分，是项目完成过程中耗用的各种费用的总和，项目成本通常是由一系列的项目成本细目构成的。

1. 项目定义与决策工作成本

项目定义与决策是每个项目都必须经历的一个项目工作阶段，项目定义与决策的好坏对项目设计与实施和项目建成后的经济效益与社会效益都会产生十分重要的影响。

为了科学地定义一个项目以及在各种可选择的方案中做出最优决策，项目的实施人在项目实施的初始阶段必须进行各种调查研究工作，收集和掌握第一手信息资料，进行必要的项目可行性研究，并根据研究报告的结论，结合以往的项目经验，最终对项目的具体实施方案进行抉择。在完成以上工作的过程中，需要有相应的人力成本和资源成本的支出，这些支出就构成了项目定义和决策工作成本。

2. 项目设计与计划工作成本

根据项目的可行性研究报告，项目相关负责人经过分析、调研、论证和试验等环节后，项目就进入设计与计划阶段。任何一个项目都要开展项目的设计工作，不管是工程建设项目、新产品开发项目，还是科学研究项目都需要开展项目设计工作。具体而言，一个工程建设项目的设计包括初步设计、技术设计和施工图设计；新产品开发项目的设计是对新产品的设计；科学研究项目的设计环节是对整个项目的技术路线和实验方案等方面的设计。项目的另外一个前期准备工作是项目计划工作的开展，具体包括项目集成计划和项目工期、成本、质量、范围和风险应对等方面的专项计划工作。这些项目的设计与计划工作同样会形成成本的支出，因而这些成本也构成了项目成本的一个重要组成部分。另外，对于一个具体项目而言，如果项目负责人能够利用掌握的技术资源，在以往的项目经验和专业人员建议的基础上制订切实可行的项目计划，并且对项目的各阶段有一个清晰的认识，那么这在一定程度上保证了项目的顺利开展。好的开始是成功的一半，好的项目设计和计划对于项目能否成功也非常重要。

3. 项目采购与获得的工作成本

项目采购与获得的工作成本是指为获得项目所需各种资源(包括人力、材料、设备)，项目组织者开展的一系列的询价，选择供应商、广告、承发包、招投标等具体工作。例如，任何一个项目所需资源的采购与获得都需要开展询价、供应商选择、合同谈判与合同履约管理等工作，这些工作都需要成本的支出；对于项目需要的承发包工作，从发标、广告、开标、评标、定标、谈判到签约和履约同样也需要成本支出，上述成本构成了项目采购和获得工作中的成本支出，即项目采购和获得的工作成本。

4. 项目实施与作业成本

在项目实施与作业工程中，为完成项目而投入的各项资源形成的成本支出统一被称为项目实施与作业成本。实际上，在项目的发起阶段，承包商已经开始识别同项目相关的所有可能成本了，并编制发起建议书，以进行项目成本估算。虽然一个简化的成本估算模型只需要一个最后的概要数字，但是大部分客户希望对项目如何标价进行更为详细地了解，以掌握全部相关成本的详细列表。例如，一个建筑商可能只向潜在客户透露建筑总成本，但是客户很可能会要求了解分解成本，以确定哪些成本用在哪些部分，以此来判断承包商

的估算成本数额的合理性。项目实施与作业成本具体包括以下几个部分。

(1) 人工成本

人工成本也称劳动力成本，是指项目雇佣人员和支付工资所耗费的成本。当一个项目中涉及的人员类型增多时，人工成本的估算也随之变得复杂。例如，项目可能需要技术型工人、半技术型工人和体力劳动型工人等，而即使同属于技术型工人，可能由于承担工作的不同，或者由于技术水平的不同，承包商支付的人工成本会有所差异。一般来说，项目成本估算至少要考虑以下几种因素：雇佣员工数量、薪水、每小时工资率以及其他日常开支，如养老金、医疗保险费等。要对人工成本进行合理的初始估算，还需要估计员工在项目中工作的实际时间。

(2) 材料成本

材料成本是承包商或项目团队为完成项目而花费在具体设备和原材料上的成本，比如木材、油漆、石料、绝缘材料、金属材料、计算机、软件工具等。对于建筑项目而言，材料成本相当高，在总成本中占有很大比例。而对于其他项目而言，材料成本可能相对较低，如一个编程项目的材料可能只需要购买一些相应的专业计算机软件。同样，对于另外一些项目，如服务项目或者咨询项目，材料成本可能更低，甚至没有。有些材料成本可以反映在日常开支中。例如，大型机械设备的使用费可以按照“预先支付”的方式预先提取。

(3) 分包成本和顾问

当承包商或项目团队缺少某项专门技术或没有完成某个具体项目任务的资源时，他们需要雇佣分包商或顾问完成这些任务并支付报酬。反之，当分包商为项目提供资源(包括咨询服务和专业技术)时，其费用就应该纳入初始成本估算并反映在项目预算中。例如，分包成本可能是雇佣一个营销专员来设计促销计划的费用，也可能是工业设计师设计具有吸引力的产品包装的费用。

(4) 设备和工具租金

有时承包商可能需要只为某项目使用的专用仪器、工具或机械设备等。如果某种设备只能在一个或几个项目中使用，而设备的价格又比较昂贵，那么租用设备比购买设备更符合节省成本的原则。这时，承包商租用设备或仪器的租金就应纳入成本估算中。例如，在扩展时期，石油公司会定期派遣由少数人构成的小组到主要分包商的总部工作，由此产生的所有设备租金和场地租金都属于项目的成本。

(5) 差旅成本

如果在项目期间需要出差(不是本地出差)，就应计算差旅费(如机票费)、住宿费和必要的伙食费等。除此之外，承包商或项目团队还需准备一定量的意外开支准备金，以便在项目期内发生意外事件时使用。这包括在项目成本估算完成之后所遗漏项目的费用、由于第一次没做好需返工的费用，或者由于项目持续多年，项目进行期间人工费(工资)或材料上涨而逐年增加的成本。

一般情况下，由某项具体工作人员及其相关成本的负责人进行成本估计工作。这个方法能得到该负责人的认可，并避免了由一个人进行整个项目的全部成本估算所带来的偏差。在包括几百人的大项目中，每个人都参与成本估算是不现实的，在这种情况下，每层相关组织或分包商要指定一个有经验的人去做本部门承担的工作的成本估算。如果承包商或本部门过去做过类似项目并保留了各种实际成本的档案，这些历史数据就可以指导目前的项目成本估算。

成本估算应是积极的和符合现实的，把所有预测要发生的或可能出现意外的情况都包括到意外开支准备金的“虚报”是不现实的。一方面，如果过于谨慎，使成本估算过于保守，项目的全部估算成本很可能超过客户所愿支付的资金，并高于其他竞争承包商的估算成本，最终会导致承包商建议书的落选。另一方面，成本估算也不能过于乐观导致对意外情况估计的不足，从而估算了较少的意外准备金，那么将形成成本估算风险。项目实行过程中，一旦发生意外情况，而估算费用又没有留足，承包商将面临赔钱，或者不得不尴尬地要求客户增加项目费用来弥补超支资金的情况。这两种方式都将导致承包商违约，并让其承担由此带来的经济损失，降低从项目承包中得到的利润，甚至导致亏损。

3.2 项目成本估算的影响因素及主要依据

3.2.1 项目成本估算的影响因素

影响一个项目成本估算的因素有很多，而且不同领域中项目的限制因素并不相同，但是不同的项目也有一些共同的影响因素，一般包括以下几个方面。

1. 耗用资源的数量和价格

项目成本本身(或称为狭义的项目成本)受到两个因素的影响，第一是项目各项活动所消耗和占用的资源数量，第二是项目各项活动所消耗与占用的资源价格。这表明项目的成本管理必须要管理好整个项目消耗和占用资源的数量以及价格这两个要素。

通过降低项目所消耗和占用的资源数量或价格，都可以直接地降低项目的成本。在这两个要素中，资源消耗与占用的数量是第一位的，资源的价格是第二位的，因为通常资源消耗与占用数量是一个内部要素，是相对可控的；而所消耗与占用的资源价格是一个外部要素，主要是由外部条件决定的，是一个相对不可控因素。

2. 项目工期

在项目的实现过程中，各项活动所消耗或占用的资源都是在一定的时点上或在一定的时期内发生的，所以项目的成本与工期直接相关，而且随着工期的变化而变化。这种相关与变化的根本原因是项目所消耗的资金、设备、人力等各种资源都具有自己的时间价值。此处的时间价值是指消耗或占用资源本身的价值量(指用货币单位表示的数量)中所包含的时间价值，即等额价值量的资源在不同时间消耗或占用的价值之间的差别。这种资源消耗或占用的时间价值，也是由于时间作为一种特殊的资源所具有的价值造成的。

项目所消耗或占用的各种资源都可以看作对货币资金的占用。其中对于人力资源和材料的消耗所花费的资金(人工费和材料费)，从表面上看是一种花费，实际上也是一种资金的占用，因为这些花费最终都将通过项目的运营而获得补偿。因此项目的全部成本实际上都可以看作在项目实现过程中所占用的货币资金。这些项目所占用的货币资金，不管是自有资金还是银行贷款，都有其时间价值，且时间价值的根本表现形式就是资金占用应付的利息。这种资金的时间价值既是构成项目成本的主要要素之一，又是造成项目成本变动的原因之一，因为资金的时间价值是随着项目工期(时间)的变化而变化的。

3. 项目质量

一个项目的实现过程就是项目质量的形成过程，在这一过程中为达到质量的需求，需要开展两个方面的工作：第一是质量检验与保障工作，第二是质量失败的补救工作。这两项工作都要消耗资源，从而都会产生质量成本。因此，从这个意义上讲，项目质量对项目成本的影响，根本上还是来自所消耗的资源。

4. 项目范围

任何一个项目的成本从最根本上取决于项目的范围，即项目究竟需要做些什么事情和做到什么程度。从广度上说，项目范围越大，项目的成本就会越高，项目范围越小，项目的成本就会越低。从深度上说，如果项目所需完成的任务越复杂，项目的成本就会越高，而项目的任务越简单，项目的成本就会越低。

对成本估算结果产生影响的因素很多，不可能完全把握，但其中有些因素更为常见也更为重要一些，如资源价格的变化。对这一问题最为常见的解决方法是以一定比例增加所有成本估算，更为有效的一种方法是确定哪些投入在项目成本中占据重要比重，然后对其中每一种投入的具体情况估计其价格变动的方向和速度。

确定占据重要地位的投入相对而言比较容易，例如，一个 3 年期的项目，假设没有考虑价格变动时估算为 300 万元，其中人工费用占比 40%，即 3 年 120 万，假设在 3 年内均匀投入，即每年 40 万元。显然人工费用在项目成本中占据重要地位，需要估计其日后的价格变动趋势，假设所涉及工作人员的工资和补贴等费用每年上涨 5%，则可以预期第 2 年的人工费用将是 42 万元，第 3 年的人工费用将是 44.1 万元，3 年共计 126.1 万元。对于其他费用也可以进行类似估算调整。

这种预算调整还可以更为细致地进行，例如，区分各种不同工作人员的人工费用，考察时常常会发现不同工作人员的工资（及其他）的上涨速度是不同的，因此在调整时可以用不同人员不同预期工资上涨率的方式使预算更为精确。

这种预算调控过程精确到何种程度往往取决于管理者能够容忍多大程度的估算误差，例如，上例中管理人员认为可以容忍 7%的误差，如果不进行以上调整，人工费用的增加如上所述，误差会达到 6.1 万元，占人工费用的 5%，那么只给予了其他影响因素 2%的误差限度，一旦其他方面出现问题，则很容易使预算误差超过所允许的范围，因此这一影响因素在进行估算时理应加以考虑。

在影响成本估算的其他因素中，还存在人为的因素，例如，高层的管理人员为了向上级证明项目的合理性，往往倾向于低估成本，而直接参与项目工作对项目成败负责的工作人员为了安全保险起见，则倾向于高估成本。

综上所述，要实现对项目成本的科学管理，必须通过开展对项目的资源耗用和价格、工期、质量和范围等要素的集成管理。如果只对项目资源的耗用量和价格这两个要素进行管理，无论如何也无法实现项目成本管理的目标。

3.2.2 项目成本估算的主要依据

实际工作中，成本估算的主要依据包括工作分解结构、项目范围说明书、资源需求、资源单价、项目历时时间估算、历史信息、账目表等内容。

1. 工作分解结构

工作分解结构将被用来组织成本估算，并确保所有识别的工作已经被估算。成本估算必然以工作分解结构中的具体工作任务为基础，通过掌握总体项目的具体情况，才能有效进行成本估算。

2. 项目范围说明书

项目范围确定的结果是项目正式的范围说明书。范围说明书是项目管理过程中确定项目主要可交付成果的一份重要书面文件，范围说明书对项目将要进行的具体事项和不同阶段的任务进行了明确的说明，是项目管理的指导性文件。项目范围说明书一般包括项目目标、项目可交付成果、技术规范三个方面的内容。

(1) 项目目标

项目目标是确定项目成功所必须满足的某些数量标准。项目目标一般包括成本目标、进度目标和质量目标。项目目标由性质、衡量单位和数量三个要素构成，例如，某项目的成本不能高于 100 万元人民币，某项目的施工日期不能多于 60 个工作日。在制订项目目标时，应尽可能将目标数量化，以便判断承包商的工作是否达到了预期目标。未能数量化的目标是比较笼统的，很难对其是否完成工作进行准确的判断，例如，“要使项目达到高质量，使客户满意”这样一个目标就非常难以判断，什么样的结果是高质量？客户如何才能满意？这些都无法准确判断。

(2) 项目可交付成果

项目可交付成果是为完成项目必须做出的、可以测量的、可实际验证的事项，这些成果可以是一份主要的、具有归纳性层次的产品清单。清单产品的交付标志着项目的完成。例如，一个软件开发项目的主要可交付成果可能包括可运行的计算机程序、用户手册等。一个工程建设项目的主要可交付成果可能是一条公路、工程验收资料等。

(3) 技术规范

技术规范主要描述了项目的各个部分在实现过程中采用的通用技术标准和特殊标准，包括设计标准、操作规范、竣工验收方法、调试方法等内容。为了达到上述要求，需要开展质量管理方面的工作，一是质量的检验和保障工作，二是质量失控的补救工作。

3. 资源需求

资源需求是指用来说明需要的资源类型和所需的数量。

(1) 资源需求的种类

在项目估算时，按照工作分解结构中的每项任务来具体分析完成项目所需资源，确定项目的资源类型。例如，在项目论证阶段，需要由专业人员对项目的可行性进行信息收集和信息分析；在项目筹备阶段，需要设计人员，如软件设计人员、机械工程师等进行参与，完成相关图纸和工作流程的设计，同时也需要计算机、专业测量工具和专业软件等设备及相关资源。

以某大型超级市场的建设项目为例，表 3－3 列出了该项目需要的资源种类清单。

表 3－3　某大型超级市场建设项目的资源需求种类

资源编号	资源名称	资源编号	资源名称
1—1	建筑材料	2—2	储存用设备
1—2	建筑设备	2—3	营业人员
1—3	施工人员	2—4	结算系统设备
1—4	工程师/技术人员	3—1	外部装潢材料
2—1	经营用设备	3—2	其他

(2) 资源需求数量及使用时间

在确定资源需求类型后，根据具体项目的消耗定额或经验数据，估算资源需求量。下面以一般性工程项目为例，说明确定资源需求数量的相关步骤。

第一步：工作量计算。工作量的多少是选择具体施工方案、安排资源的依据。

第二步：确定具体施工方案。相同工作可以采用多种施工方案完成，不同的施工方案有不同的资源需求种类和数量，相应的成本也会产生较大差异。在具体选择中，要根据项目的具体要求(如质量要求、时间进度要求等)来选择具体施工方案。

第三步：估计工作人员需求量。在计算出工作总量和确定了具体的施工方案后，结合相关指标可以估算出直接劳务需求量。

第四步：估算施工材料需求量。计算公式为某材料的投入量＝工作量×单位工作材料消耗定额。

第五步：估算施工设备需求量。根据时间进度、工作量和设备的工作能力估算出需要设备的数量。

第六步：确定资源使用时间。结合项目进度计划，估算出项目所需的各种资源的需求时间。

4. 资源单价

资源单价是用于计算项目成本，通过了解每种资源的单价，可以计算出成本费用，如通过燃料煤每吨的成本费用和每月的需求量可以算出一段时期项目燃料煤的总费用。如果对资源的单价不清楚，则需要对单价进行估算。确定资源单价的过程通常可以分为三个步骤：确定资源单价的构成、询价和预测资源单价。

首先，确定资源单价的构成。在项目估算中，通常按资源的类别将资源单价分为人工单价、材料单价和机械设备使用单价三个类别。人工单价指一个劳动力在一个工作日的全部人工费用，具体包括工资和相应福利费、保险金等。材料单价由材料原价、供销部门手续费、包装费、运输费、其他杂费等构成。机械设备使用单价包括折旧费、修理费、操作机械人工费和燃料费等。

其次，询价。当项目所需资源是从项目组织内部获得时，资源单价可根据组织的内部成本资料进行分析后确定。但项目所需资源来源于项目组织外部时，则需要对所需资源进行询价，获得相关资源价格信息，以用于项目成本估算。

询价的渠道有很多，例如，向材料设备的制造商询问价格；向制造商的代理人或相应中介公司询问价格；向经销商询问价格或直接进行市场调查询问价格等。不同渠道有不同的成本支出和时间约束，具体采用何种渠道需要项目估算人员根据实际情况具体确定。

最后，预测资源单价。从对项目所需资源进行询价到实际购买材料或将项目分包施工一般有一段较长的时间间隔，在此期间，由于市场供求、材料制造或者政治、经济等相关因素的影响，资源价格可能会有一定的波动，因此，项目成本估算单价的确定需要在询价的基础上，综合考虑其他影响价格的因素，运用一定的方法预测在项目具体实施时的资源单价，以保证成本估算的准确性，避免成本估算和实际成本支出之间出现较大偏差。

5. 项目历时时间估算

项目历时时间估算是对项目各个有机部分和总体实施时间的估算，对任何预算中包含了资金附加成本(即利息)的项目，项目历时时间估算将影响其成本估算。在项目的实施过程中，各项活动所消耗或占用的资源使用时间的长度与项目成本的多少有直接的关系，使

用时间越长，产生的费用也就越高。

项目施工中对于资源的消耗和占用的各种资源都可以看作对货币资金的直接消耗。其中，人力资源和材料消耗所花费的资金实际上都是对项目资金的占用，这些花费最终也都将通过项目的运营获得补偿。因此，项目施工过程中消耗资源形成的全部成本都可以看作是在项目实现过程中所占用的货币资金。

6. 历史信息

历史信息是所有涉及项目策划、实施、评估等事件的总汇。通常历史信息的来源主要有项目文档、商业成本估算数据库、项目队伍的知识三个方面。项目文档保存的是对以前项目结果的详细记录，这些记录详细到可以帮助进行成本估算，在许多领域，保留项目记录是非常必要的。商业成本估算数据库通常是获取历史信息的一个重要渠道，通过商业成本估算数据库的商品数量、规格、单价、月出货量、月进货量等信息，可估算项目总费用中一部分的商业费用。项目队伍的知识作为一个历史信息的渠道来源，是依靠项目组成员的个人素质和以往的工作经验来实现对项目某些费用的估算。由于这种估算是依靠记忆来进行的，因此，其可靠性远比文档资料要低得多，只适用于粗略估算。

7. 账目表

账目表通过反映许多信息而成为历史信息和成本估算的来源。账目表包括原材料、库存商品、包装物、生产成本、制造费用、产成品、主营业务成本、工程施工、开发成本、劳务成本等科目。这些信息可以成为历史信息，是成本估算的主要依据。

综上所述，成本估算的主要依据有很多，能否正确、有效利用这些依据是进行成本估算的关键。

3.3　项目成本估算过程

项目成本的估算是项目成本管理的核心内容，它为项目成本估算及项目成本控制提供了基础。项目成本估算管理过程如图 3－1 所示。

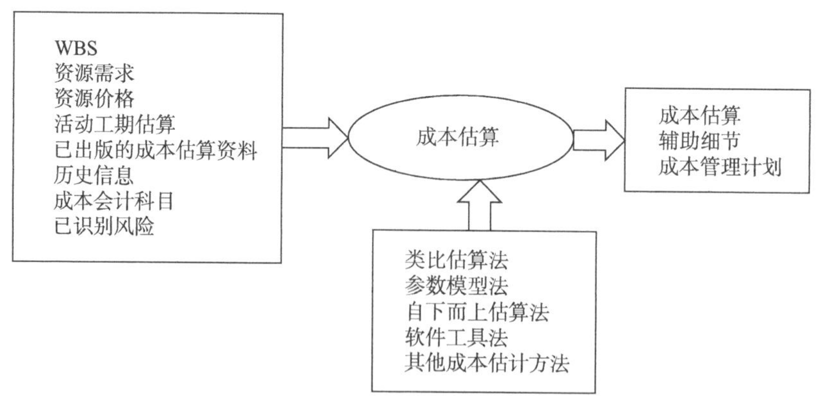

图 3－1　项目成本估算管理过程

项目成本估算过程包括：影响项目成本各因素的输入、成本估算过程及其采用的工具和技术、成本估算输出。

3.3.1 影响项目成本的因素

(1) 工作分解结构(WBS)

WBS 用于成本估算的组织安排,并确保所有已识别工作均已得到估算。

(2) 资源需求

关于资源需求,即描述项目需要投入的资源种数(包括人力、设备、材料、资金等)、项目资源投入的数量和时间等。

(3) 资源价格

进行资源估算的人员或单位必须知道每项资源的单价(如每小时的人工成本,每立方码散装材料的成本等),才能计算项目成本。如果不知道资源实际价格,则价格本身也需要进行估算。

(4) 活动历时估算

项目估算包括融资成本(即利息)时,活动所需时间估算将会影响项目成本估算。

(5) 估算资料出版物

市场上可以买到的成本估算的数据。

(6) 历史信息

许多资源成本的相关资料往往有多个来源渠道。例如,项目档案,即参与项目的一个或多个组织可能保留以往项目结果的记录,有助于成本估算;市场出售的成本估算数据库,也可获得历史资料;项目团队知识,即项目团队个别成员可能记得以前的实际或估计数据,等等。

(7) 会计科目表

会计科目表描述了实施组织将财务信息记入总分类账中时的科目代号结构。项目成本估算必须纳入正确的会计科目范畴。

(8) 风险

项目团队在进行成本估算时应考虑有关风险的资料,因为风险(包括威胁或者机会)对成本能产生较大的影响。项目团队应将每项活动成本估算中的风险影响列入考虑范围。

3.3.2 估算过程所采用的工具和技术

(1) 类比估算

类比估算又称自上而下估算,指利用过去类似项目的实际成本作为当前项目成本估算的基础。当对项目的详细情况了解甚少时(如在项目的初期阶段),往往采用这种方法估算项目的总成本。类比估算是一种专家判断。

类比估算的成本通常低于其他方法,但其精确度也较差。此种方法在有些情况下最为可靠,例如,以往的项目在实际上而不只是在表面上相似;进行估算的个人或集体具有所需的专门知识等。

(2) 参数模型法

参数模型法指在数学模型中运用项目特点(参数)来预测项目成本。所建模型既可以是简单模型(如民房施工每平方米居住面积成本),也可以是复合模型(如某软件开发成本模型采用 13 个独立的调整因数,其中每个因数又有 5~7 个点。)

参数模型无论在成本还是准确性上,彼此相差都很悬殊。有些情况下参数模型可能比

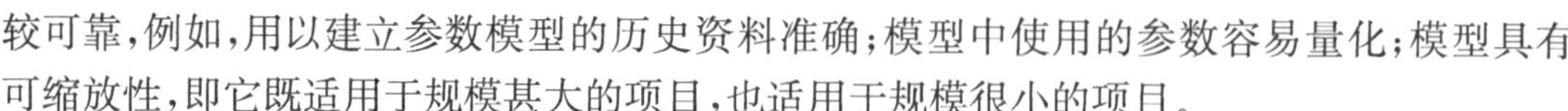

较可靠，例如，用以建立参数模型的历史资料准确；模型中使用的参数容易量化；模型具有可缩放性，即它既适用于规模甚大的项目，也适用于规模很小的项目。

(3) 自下而上估算

自下而上估算指先估算个别活动或工作包的成本，然后将个别估算汇总，得出项目成本总和。

自下而上估算的成本准确性取决于个别活动或工作包的规模和复杂程度；较小的活动规模增加了估算过程成本，但也提高了估算的准确性。项目管理团队必须在提高准确性和增加成本两者之间权衡利弊决定取舍。

(4) 计算机工具

项目管理软件、棋盘式电子表格程序、模拟统计工具等电脑化工具被广泛用作成本估算的辅助手段。此类产品可以简化以上提到的各种工具的使用，从而便于迅速考虑多项成本估算方案。

3.3.3 项目成本估算输出成果

(1) 成本估算

成本估算是指完成项目活动所需资源可能成本的定量估计。所有项目计价资源的成本均应列入估算范围，其中包括但不限于人工、材料、物资以及诸如通货膨胀津贴或成本储备等特殊范畴。

成本估算一般用货币单位表示，以便项目内部与项目之间的比较。在有些情况下，估算人员可采用计量单位估算成本，例如，以工时或工作日进行成本估算，以促进适当的管理控制。成本估算通常考虑适当的风险应对规划，如应急计划。通过在项目进行过程中逐步细化，成本估算得以反映新增加的各项细节。在有些应用领域，已经具备了此种细化应在何时进行以及细化到何种精确度的指导准则。

(2) 辅助细节

成本估算的辅助细节应包括：所估算工作的范围描述，通常以援引工作分解结构方式提供；估算根据的文字记载，即估算如何进行的说明；所作假设的文字记载；关于可能结果变化范围的记载。辅助细节的形式与数量因应用领域而异，例如，保留下来的笔记，即便十分粗糙，仍有助于更透彻地理解估算是如何进行的。

(3) 成本管理计划

成本管理计划描述了成本偏差应如何管理(例如，大问题与小问题应区别对待)。根据项目利害关系者的需要，成本管理计划既可采用正式形式，也可采用非正式形式，既可十分详尽，也可极其简要。它是项目计划下属的一个组成部分。

3.4 项目成本估算中各项成本的计算方法

成本估算就是编制一个为完成项目各项活动所需要的资源成本的近似结果，涉及计算完成项目所需各项资源成本的近似值。根据项目资源的构成，对资源成本各个组成部分进行分解，分别进行估算。

3.4.1 投资建设成本

投资建设成本是指建设单位在项目建设期与筹建期间所花费的各项费用，包括固定资产投资、无形资产投资、开办费估算、预备费估算等。

1. 固定资产投资

固定资产投资是指为形成项目固定资产所花费的全部费用，包括建筑工程投资、安装工程投资和工程建设其他费用。常用的固定资产投资估算方法主要有扩大指标估算法、详细估算法这两大类。

(1) 扩大指标估算法

扩大指数估算法是套用原有同类项目的固定资产投资额来进行拟建项目固定资产投资额估算的一种方法。该方法最大的优点是计算简单。不足之处在于：一是估算值准确性较差；二是需要积累大量有关的基础数据，并要经过科学系统地分析与整理。扩大指标估算法主要包括单位生产能力投资估算法、指数估算法、比例估算法。

① 单位生产能力投资估算法

单位生产能力投资估算法是指根据同类项目单位生产能力所耗费的固定资产投资额(如铺设每公里铁路的固定资产投资，形成每吨煤生产能力的煤矿固定资产投资，形成每千瓦发电能力的电站固定资产投资等)来估算拟建项目固定资产投资额的一种估算方法。其计算公式如下：

$$I_2 = CFX_2I_1/X_1 \tag{3.1}$$

式中 I_2——拟建项目所需固定资产投资额；

CF——物价换算指数；

X_2——拟建项目生产规模；

I_1——同类项目实际固定资产投资额；

X_1——同类项目生产规模。

运用该方法时，应当注意拟建项目的可比性，项目的其他条件也应大体相似，否则误差可能很大。

② 指数估算法

指数估算法，亦称生产规模估算法，是指根据同类项目实际固定资产投资额来估算拟建项目固定资产投资额的一种估算方法。其计算公式如下：

$$I_2 = CF \cdot X_2\left(\frac{I_1}{X_1}\right)^n \tag{3.2}$$

式中 n——生产规模指数($0<n\leqslant 1$)，根据不同类型企业的统计资料加以确定。

国外化工项目的统计资料表明，n 的平均值大约在 0.6，故又称此法为 0.6 指数法。该法仅适用于同类型的项目，且规模扩大的幅度不宜大于50倍。生产规模指数应视项目的具体情况加以确定：当依赖加大设备规格来扩大生产规模时，取 $n=0.6\sim0.7$；当依赖增加相同设备数量来扩大生产规模时，取 $n=0.8\sim1.0$；对于高温高压工业项目，一般取 $n=0.3\sim0.5$。

运用该方法进行投资估算时，同样应当注意拟建项目与同类项目的可比性，其他条件也应大体相似，否则误差可能很大。

③ 比例估算法

比例估算法是指根据已有的同类项目主要设备投资占整个项目固定资产投资总额的

比例等统计资料，估算拟建项目固定资产投资额的一种估算方法。其计算公式如下：

$$I=K\sum_{i=0}^{n}Q_iP_i \tag{3.3}$$

式中 I——拟建项目的固定资产投资额；

K——拟建项目主要设备占其总固定资产投资的比例，根据同类企业的经验数据获得；

n——设备种类数；

Q_i——拟建项目中第 i 种设备的数量；

P_i——拟建项目中第 i 种设备的单价(到厂价格)。

设备投资在项目固定资产投资中所占的比例较大，且与其他投资呈正相关关系，因此，运用该法也可得出拟建项目的固定资产投资额，但准确性差一些。

(2) 详细估算法

扩大指标估算法计算简单，便于操作，但得出的估算值误差较大，在指定项目成本计划时一般不宜采用，而应采用详细估算法进行固定资产投资估算。详细估算法是指先将构成固定资产投资的各个组成部分分别加以估算，然后汇总得出固定资产投资总额的一种估算方法，主要包括建筑工程投资估算、设备购置费估算、安装工程投资估算、工程建设其他费用估算。

① 建筑工程投资估算

建筑工程投资一般根据项目建筑面积与相应的概算指标加以估算。其计算公式如下：

$$\text{建筑工程投资}=\text{项目建筑面积(平方米)}\times\text{每平方米造价} \tag{3.4}$$

式中，项目建筑面积根据其生产能力来确定，每平方米造价根据有关部门制定的概预算编制文件或经验数据来确定。

运用公式(3.4)时应当注意，不同类型的建筑物或构筑物，其单位造价是不同的，应分别加以估算，并与相应的每平方米造价相乘，最后汇总得出总建筑工程投资。

② 设备购置费估算

从不同渠道购置的设备，其购置费用的计算方法是不同的。国内制造设备的购置费用计算较为简单，就标准设备而言，其购置费用的计算公式如下：

$$\text{设备购置费}=\text{设备出厂价}+\text{运杂费} \tag{3.5}$$

对于非标准设备，其购置费用的计算公式如下：

$$\text{设备购置费}=\text{设计费}+\text{生产成本}+\text{计划税金}+\text{计划利润}+\text{运杂费} \tag{3.6}$$

式中的设计费、生产成本由建设单位与供货厂家根据预计支出额加以确定，运杂费的确定方式同上，计划税金与计划利润根据下列公式计算：

$$\text{计划利润}=(\text{设计费}+\text{生产成本})\times\text{成本利润率} \tag{3.7}$$

$$\text{计划税金}=(\text{设计费}+\text{生产成本}+\text{计划利润})\times(1-\text{税率})\times\text{税率} \tag{3.8}$$

式中的成本利润率、税率均取同行业平均水平。

③ 安装工程投资估算

安装工程投资一般根据设备购入价与相应的安装费率或设备质量与相应的安装费加以估算，其计算公式如下：

$$\text{安装工程投资}=\text{设备购入价}\times\text{安装费率} \tag{3.9}$$

$$\text{安装工程投资}=\text{设备质量(吨)}\times\text{每吨设备安装费} \tag{3.10}$$

式中，设备购入价、设备质量通过向生产厂家或贸易公司了解而得。安装费率、每吨设备安装费根据国家有关规定或经验数据加以确定。

④ 工程建设其他费用估算

对工程建设其他费用，国家都有规定的收费或取费标准，例如，供水费按照日用水量和每单位用水量增容费来计算。在估算工程建设其他费用时可根据项目的具体情况和有关部门的规定分项估算。

2. 无形资产投资

根据《企业财务通则》的规定，无形资产是指可供企业在生产经营中长期使用，但没有具体实物形态的特殊性资产。无形资产投资直接形成项目投产后的无形资产，并在项目投产后的前几年内逐年摊销。从不同的角度来考察，无形资产可以划分为不同的类型。

根据期限来划分，无形资产可划分为两大类：有期限无形资产，即其有效期限为法律所规定，如专利权、商标权等；无期限无形资产，即其有效期限在法律上无规定，如商誉等。

无形资产所包括的内容较多，取得的形式也多种多样，因而其计价较为复杂。我国在对无形资产进行投资估算时，通常按照取得无形资产时的实际成本计价。具体计价方法为以下四种。

(1) 投资者作为资本金或合作条件投入的无形资产，按照评估确认或者合同、协议约定的金额计价。

(2) 从企业外部购入的无形资产，按照实际支付的金额计价。

(3) 自行开发的无形资产，按照实际支出计价。

(4) 接受捐赠的无形资产，按照所附单据或者参照同类无形资产市价计价；商誉只有在企业合并接受投资和从外购入时，方可作价入账，否则不能作为无形资产入账。

决定无形资产价格的主要因素包括：买方使用无形资产可以获得的收益的大小，时间的长短；无形资产的开发、研究费用；出让无形资产所损失的利润；类似的、替代的无形资产的价格；无形资产的寿命期，如专利的有效期等。在项目评估阶段，投资者尚缺乏详细的资料，难以对无形资产做出准确的估算，需聘请有关方面的专家，在综合各种因素的基础上做出大致的估算。首先对无形资产进行鉴别，看其是否符合相对应的无形资产的条件，然后再用一定的方法进行估价。目前除土地使用外，其他无形资产的估价方法比较被认可的有两种，即收益现值法和现行市价法。

3. 开办费估算

开办费是指企业在筹建期间所发生的各种费用，主要包括生产职工培训费，在注册登记和筹建期间起草文件、谈判、考察等发生的各项支出，销售网的建立和广告费用，筹建期间人员工资、办公费、培训费、差旅费、印刷费、律师费、注册登记费以及不计入固定资产和无形资产购建成本的汇兑损益和利息等项支出。企业在筹建期间发生的下列各项费用不应计入开办费，应当由投资者负担，包括：为取得各项固定资产、无形资产所发生的各项费用支出；筹建期间应当计入资产价值的汇兑损益和利息支出等各项费用支出。开办费形成项目投资后的递延资产，并在项目投产后的前几年内逐年摊销。

开办费一般根据所评项目筹建期间的支出、项目特点以及同类项目的经验数据加以估算。

4. 预备费估算

预备费是指在投资估算时用以处理实际与计划不相符而追加的费用，包括基本预备费

和涨价预备费两部分。

基本预备费主要包括:用于进行初步设计、技术设计、施工图设计和施工过程中,在批准的建设投资范围内所增加的建设费用;因一般自然灾害所造成的损失和预防自然灾害而采取必要措施所支付的费用;在上级部门组织验收时,验收委员会(或小组)为鉴定工程质量而必须开挖和修复隐蔽工程而支付的费用等。涨价预备费主要用于因项目建设期的投入物价格上涨而需要增加的费用。对投资项目进行评估时,一般以当时当地的材料、设备、工资等的价格和标准作为估算的依据。在项目的实施过程中,这些费用也可能会发生变化,即投入物的价格可能上涨,为此设置该项费用。

不同类型项目的复杂程度不同,预备费的比例也不同。预备费的计算可考虑两种方法。一是分别计算基本预备费和涨价预备费,前者根据项目的具体情况,如投资估算的粗略程度,不可预见因素的多寡等来确定计算比率;后者可根据当时的物价上涨指数来考虑。二是两项预备费合在一起,取一个比率计算,一般可取固定资产投资、无形资产投资和开办费总和的10%~20%,当然,有些特殊的项目也可以取更高的比率。

固定资产估算表最终如表3-4所示。

表3-4 固定资产估算表

序号	工程或费用名称	估算价值						占固定资产投资的比例/%	备注
		建筑工程	设备购置	安装工程	其他费用	合计	其中外汇		
1	工程费用								
2	其他费用								
3	预备费用								
3.1	基本预备费								
3.2	涨价预备费								

注:工程或费用名称可根据本部门的要求分项列出。

3.4.2 资金占用成本

流动资金是指企业在生产过程中处于生产和流通领域,供周转使用的资金。企业流动资金从货币资金形态开始,依次经过供应过程、生产过程和销售过程三个阶段,并再回到货币形态,周而复始。在现实经济生活中,企业的流动资金同时以货币形态和实物形态按比例分配于各个阶段。

1. 流动资金占用成本

项目的流动资金按其在生产过程中的作用,可以分为3项。

(1) 储备资金。即为保证正常生产需要而用于储备原材料、燃料、备品、备件等的资金。

(2) 生产资金。即在正常生产条件下处于生产过程中的生产品占用的资金。

(3) 成品资金。即产成品入库后至销售前这段时间中产成品占用的资金。

除此之外,还有应收应付账款、现金等组成的流动资金。

2. 流动资金估算

不同类型的项目需要的流动资金差异较大,一般可根据项目的类型与同类项目的经验数据加以估算,按项目具体情况,可采用扩大指标估算法或分项详细估算法。

(1) 扩大指标估算法。参照同类生产企业流动资金占销售收入、经营成本、固定资产投资的比例以及单位产量占用流动资金的比例来确定流动资金。流动资金的需要量有销售收入资金率法、总成本资金率法、固定资产价值资金率法、单位产量资金率法这 4 种计算方法。

① 销售收入资金率法，其计算公式为：

$$流动资金需要量=项目年销售收入\times销售收入资金率 \tag{3.11}$$

式中，项目年销售收入为项目达到设计生产能力时的数值，销售收入资金率根据同类项目的经验数据加以确定。一般加工工业项目多采用该法进行流动资金估算。

② 总成本(或经营成本)资金率法，其计算公式为：

$$流动资金需要量=项目年总成本(或经营成本)\times总成本(或经营成本)资金率 \tag{3.12}$$

式中，项目年总成本(或经营成本)为达到设计生产能力时的数值，总成本(或经营成本)资金率根据同类项目的经验数据加以确定。一般采掘项目多采用该法进行流动资金估算。

③ 固定资产价值资金率法，其计算公式为：

$$流动资金需要量=固定资产价值\times固定资产价值资金率 \tag{3.13}$$

式中，固定资产价值根据 3.4.1 中方法得出，固定资产价值资金率根据同类项目的经验数据加以确定。某些特定的项目(如火力发电厂、港口项目等)可采用该法进行流动资金估算。

④ 单位产量资金率法，其计算公式为：

$$流动资金需要量=年产量\times单位产量资金率 \tag{3.14}$$

式中，单位产量资金率根据同类项目经验数据加以确定。

(2) 分项详细估算法。对于项目占用的储备资金、生产资金、成品资金，分别按年需用额及周转天数估算定额流动资金，按项目占用的应收应付账款、现金等估算非定额流动资金。

按分项详细估算法估算流动资金后，可列流动资金估算表。需要分项详细估算流动资金时，可采用下列计算公式：

$$流动资金=流动资产-流动负债 \tag{3.15}$$

式中，流动资产=应收账款+存货+现金；流动负债=应付账款。

流动资产和流动负债各项的计算公式如下：

$$应收账款=\frac{年经营成本}{周转次数} \tag{3.16}$$

式中，周转次数=360/最低周转天数(最低周转天数按实际情况并考虑保险系数分项确定)。

$$存货=外购原材料(燃料)+在产品+产成品 \tag{3.17}$$

$$现金=\frac{工资及福利费用\pm年其他费用}{周转次数} \tag{3.18}$$

$$应付账款=\frac{年外购原材料及动力费}{周转次数} \tag{3.19}$$

分项详细估算表最终如表 3-5 所示。

表3-5 流动资金估算表 单位:万元

序号	项目	最低周转天数	周转次数	投产期	达到的设计能力生产期
1	流动资产				
1.1	应收账款				
1.2	存货				
1.2.1	原材料				
1.2.2	燃料				
1.2.3	在产品				
1.2.4	产成品				
1.2.5	其他				
1.3	现金				
2	流动负债				
2.1	应付账款				
3	流动资金(1—2)				
4	流动资金本年增加额				

3.4.3 生产制造成本

生产制造成本由生产成本和期间费用两部分组成。生产成本也称制造成本,是指企业生产经营过程中实际消耗的直接材料和工资、福利、设备折旧等制造费用。

1. 直接材料

直接材料包括企业生产过程中实际消耗的原材料、辅助材料、设备配件、外购半成品、燃料、动力、包装物、低值易耗品以及其他直接材料。

(1) 外购原材料成本估算。原材料成本是总成本费用的重要组成部分,其计算公式为:

$$原材料成本=全年产量\times单位产品原材料成本 \tag{3.20}$$

式中,全年产量可根据测定的设计生产能力和投产期各年的生产负荷加以确定;单位产品材料成本是依据原材料消耗定额和单价确定的。

工业项目生产所需要的原材料种类繁多,在评估时,可根据具体情况,选取耗用量较大的、主要的原材料为估算对象,依据国家有关规定和经验数据估算原材料成本。

(2) 外购燃料动力成本估算。燃料动力成本估算公式为:

$$燃料动力成本=全年产量\times单位产品燃料动力成本 \tag{3.21}$$

式(3.21)中有关数据的确定方法同外购原材料成本估算。

2. 制造费用

制造费用是指企业各个生产单位(分厂、车间)为组织和管理生产所发生的各项费用,包括生产单位(分厂、车间)管理人员工资、职工福利费、折旧费、维护费、修理费、物料消耗、低值易耗品摊销、劳动保护费、水电费、办公费、差旅费、运输费、保险费、租赁费(不包括融资租赁费)、设计制图费、试验检验费、环境保护费以及其他制造费用。

(1) 直接工资

直接工资包括企业直接从事产品生产人员的工资、奖金、津贴和补贴等。

(2) 职工福利费

职工福利费包括直接从事产品生产人员的职工福利费等。

(3) 设备折旧费

折旧就是固定资产在使用过程中，通过逐渐损耗(包括有形损耗和无形损耗)而转移到产品成本或商品流通费的那部分价值。

根据国家有关规定，计提折旧的固定资产范围包括：企业的房屋、建筑物；在用的机器设备、仪器仪表、运输车辆、工具器具；季节性停用和在修理停用的设备；以经营租赁方式租出的固定资产；以融资租赁方式租入的固定资产。根据国家有关规定，结合我国的企业管理水平，将企业固定资产分为三大部分，22 类，按大类实行分类折旧。在评估时，可分类计算折旧，也可综合计算折旧，要视项目的具体情况而定。我国现行固定资产折旧方法，一般采用平均年限法、工作量法和加速折旧法等方法。

① 平均年限法。平均年限法亦称直线法，即根据固定资产的原值、估计的净残值率和折旧年限计算折旧。其计算公式为：

$$\text{年折旧额}=\text{固定资产原值}\times(1-\text{预计净残值率})\div\text{折旧年限} \tag{3.22}$$

式中，固定资产原值是根据固定资产投资额、预备费、投资方向调节税(现在已经停征)和建设期利息计算求得。

预计净残值率是预计的企业固定资产净残值与固定资产原值的比率，根据行业会计制度规定，企业净残值率按照固定资产原值的 3%～5%确定。特别情况，当残值率低于 3%或高于 5%时，由企业自主确定，并报主管财政机关备案。在项目评估中，由于折旧年限是根据项目的固定资产经济寿命期决定的，因此固定资产的残余价值较大，净残值率一般可选择 10%，个别行业如港口等可选择高于此数。

关于折旧年限，国家有关部门在考虑到现代生产技术发展快速，世界各国实行加速折旧的情况下，为能适应资产更新和资本回收的需要，对各类固定资产折旧的最短年限做出如下规定：一是房屋、建筑物的折旧最短年限为 20 年；二是火车、轮船、机器、机械和其他生产设备的折旧最短年限为 10 年；三是电子设备和火车、轮船以外的运输工具以及与生产、经营业务有关的器具、工具、家具等的折旧最短年限为 5 年。

若采用综合折旧，项目的生产期即为折旧年限。在项目评估中，对轻工、机械、电子等行业的折旧年限，一般可确定为 8～15 年；有些项目的折旧年限可确定为 20 年；对港口、铁路矿山等项目的折旧年限可超过 30 年。

例 3-1 10 万元的汽车预计使用 5 年，残值为 0，则每年应计算 2 万元的折旧。即在第一年末，汽车的价值是 8 万元；第二年末，汽车的价值是 6 万元；以此类推。

例 3-2 10 万元的汽车预计使用 5 年，残值率为 5%，则每年应折旧多少？

10×(1－5%)/5＝1.9(万元)，即每年折旧额为 1.9 万元。

② 工作量法。工作量法计提折旧主要用于交通运输和大型专用设备。交通运输企业和其他企业专用车队的客货运汽车，按照行驶里程计算折旧费，其计算公式为：

$$\text{单位里程折旧额}=\text{原值}\times(1-\text{预计净残值率})\div\text{总行驶里程} \tag{3.23}$$

$$\text{年折旧额}=\text{单位里程折旧额}\times\text{年行驶里程} \tag{3.24}$$

例如，10 万元的汽车预计行驶里程为 10 万千米，则每行驶 1 千米提取 1 元的折旧。也就是说在行驶1万千米后，汽车的价值是9万元；在行驶2万千米后，汽车的价值是8万元，以此类推。

大型专用设备，可根据工作小时计算折旧费。其计算公式为：

$$每工作小时折旧额=原值\times(1-预计净残值率)\div总工作小时 \tag{3.25}$$

$$年折旧额=每工作小时折旧额\times年工作小时 \tag{3.26}$$

③ 加速折旧法。加速折旧法又称递减折旧费用法，指在固定资产使用前期提取折旧较多，在后期提取较少，使固定资产价值在使用年限内尽早得到补偿的折旧计算方法。加速折旧的方法主要有双倍余额递减法和年数总和法等。

双倍余额递减法是以平均年限法确定的折旧率的双倍乘固定资产在每一会计期间的期初账面净值，从而确定当期应提折旧的方法。其计算公式为：

$$年折旧率=2/折旧年限\times100\% \tag{3.27}$$

$$年折旧额=年初固定资产账面原值\times年折旧率 \tag{3.28}$$

实行双倍余额递减法的固定资产，应当在其固定资产折旧年限到期前两年内，将固定资产净值扣除预计净残值后的净额平均摊销。

例3-3 某企业一项固定资产的原值为100万元，预计使用5年，预计净残值为5万元，按双倍余额递减法计算折旧，每年折旧额计算如下：

双倍直线折旧率＝2/5×100%＝40%

第一年应提折旧额＝100×40%＝40(万元)

第二年应提折旧额＝(100－40)×40%＝24(万元)

第三年应提折旧额＝(100－40－24)×40%＝14.4(万元)

从第四年起改按平均年限法计提折旧。

第四年、第五年的折旧额＝[(100－40－24－14.4)－5]/2＝8.3(万元)

年数总和法又称合计年限法，是将固定资产原值扣除预计净残值后的净额乘一个逐年递减的分数计算每年的折旧额，这个分数的分子代表固定资产的尚可使用年限，分母代表使用年限的逐年数字总和。采用年数总和法的关键是每年都要确定一个不同的折旧率。其计算公式为：

$$年折旧率=\frac{(折旧年限\ N-已使用年数\ i)}{折旧年限\ N\times(折旧年限\ N+1)\div2}\times100\% \tag{3.29}$$

$$年折旧额=(固定资产原值-预计净残值)\times年折旧率 \tag{3.30}$$

例3-4 某项固定资产原值为50 000元，预计使用5年，预计净残值为2 000元，采用年数总和法计算各年折旧额，如表3-6所示。

表3-6 年数总和法年折旧额计算

年份	尚可使用年限/年	年折旧率	原值－净残值/元	年折旧额/元	累计折旧额/元
1	5	5/15	48 000	16 000	16 000
2	4	4/15	48 000	12 800	28 800
3	3	3/15	48 000	9 600	38 400
4	2	2/15	48 000	6 400	44 800
5	1	1/15	48 000	3 200	48 000

(4) 修理费

与折旧费相同,修理费也存在于制造成本、管理费用、销售费用之中。在进行项目经济评价时,可以单独计算修理费。修理费包括大修理费用和中小修理费用。在现行财务制度中,修理费按实际发生额计入成本费用中,若当年发生额较大时,可计入递延资产在以后年度摊销,摊销年限不能超过5年。但在项目评估时无法确定修理费具体发生的时间和金额,则一般按照折旧费的一定比例计算。该比例可参照同类行业的经验数据加以确定。

(5) 摊销费

摊销费是指无形资产和开办费在一定期限内分期摊销的费用。无形资产的原始价值和开办费也要在规定的年限内,按年度或产量转移到产品的成本之中,这一部分被转移的无形资产原始价值和开办费,称为摊销。企业通过计提摊销费,回收无形资产及开办费的资本支出。

摊销方法为不留残值,采用直线法计算。无形资产的推销关键是确定摊销期限。无形资产应按规定期限分期摊销,即法律、合同或者企业申请书分别规定了法定有效期和受益年限的,按照法定有效期与合同或者企业申请书规定的受益年限孰短的原则确定;没有规定期限的,按不少于10年的期限分期摊销。

开办费按照不短于5年的期限分期推销。无形资产和开办费发生在项目建设期间或筹建期间,应在生产期分期平均摊入管理费用中,在经济评价时,也可单独列出。

(6) 利息支出估算

利息支出是指筹集资金而发生的各项费用,包括生产经营期间发生的利息净支出,即在生产期所发生的建设投资借款利息和流动资金借款利息之和。建设投资借款在生产期发生的利息计算公式为:

$$每年支付利息=年初本金累计额\times年利率 \tag{3.31}$$

式中,为简化计算,还款当年按年末偿还,全年计息。

流动资金借款利息计算公式为:

$$流动资金借款利息=流动资金借款累计金额\times年利率 \tag{3.32}$$

3. 期间费用

期间费用是指在一定期间发生的与生产经营没有直接关系和关系不密切的管理费用、财务费用和销售费用等。

(1) 管理费用是指企业行政管理部门为管理和组织经营活动发生的各项费用。包括公司经费、工会经费、职工教育经费、劳动保险费、董事会费、咨询费、顾问费、交际应酬费、税金、土地使用费、技术转让费、无形资产摊销、开办费摊销、研究发展费以及其他管理费用。

(2) 财务费用是指企业筹集资金而发生的各项费用,包括企业生产经营期间的利息净支出、汇兑净损失、调剂外汇手续费、金融机构手续费以及筹资发生的其他财务费用。

(3) 销售费用是指企业在销售产品、自制半成品和提供劳务等过程中发生的各项费用以及专设销售机构的各项经费。包括应由企业负担的运输费、装卸费、包装费、保险费、委托代销费、广告费、展览费、租赁费(不包括融资租赁费)和销售服务费用、销售部门人员工资、职工福利费、差旅费、办公费、折旧费、修理费、物料消耗、低值易耗品摊销以及其他经费。

3.4.4 人力成本

1. 工资估算

工资的估算可以采取以下两种方法。

其一,按项目定员数和人均月工资额计算的月工资总额。其计算公式为:

$$月工资成本=项目定员数\times人均月工资额 \tag{3.33}$$

其二,按照不同的工资级别对职工进行划分,分别估算同一级别职工的工资,然后再加以汇总。一般可分为5个级别,即高级管理人员、中级管理人员、一般管理人员、技术工人和一般工人等。若有国外的技术和管理人员,要单独列出。

2. 福利费估算

职工福利费主要用于职工的医药费、医务经费、职工生活困难补助以及按国家规定开支的其他职工福利支出,不包括职工福利设施的支出。内资企业一般情况下福利费不应大于应付工资的15%。

3.5 项目成本估算的方法与技术

项目成本估算实际上是一种预测工作,进行项目成本估算的理想做法是,完成某项目所需费用可根据历史标准或者参考类似的项目进行估算。但对许多工业项目而言,由于项目和计划变化较大,把以前的活动与现实对比难度较大,尤其是特殊的项目,因其独特性,也无从获取类似估算的资料。所以,成本估算具有一定的难度。但随着项目估算中的硬件技术不断成熟和完善,已经开发了越来越多的成本估算方法。

3.5.1 专家判断法

专家判断法是在项目成本估算精确度要求不高的情况下使用的一种方法。这种方法也称为类比估算法,是一种通过比照已完成的类似项目的实际成本,去估算新项目成本的方法。通常有三种具体的形式。

(1) 专家个人判断法是指专家依靠个人的知识和经验对成本预测值进行判断。这种方法的主要优点是不受外界的影响,没有心理压力,可以最大限度地发挥个人的创造力,但也容易受到自身知识面、知识深度和现有的资料以及对预测问题是否有热情的影响。

(2) 专家小组法是指成立项目成本估算专家小组,进行调查研究,然后通过召开座谈会、讨论会等形式共同探讨,提出项目资源计划方案,在意见比较一致的基础上,确定项目成本的方法。但是专家小组法也有缺点,表现为参加人员容易受心理因素的影响,如屈服于权威和大多数人的意见,受劝说性意见的影响,可能不愿公开修正已发表的意见等。

(3) 德尔菲法是专家会议法的一种发展,它以匿名的方式通过几轮函询征求专家们的意见。这种方法是专家们互不见面、互不知名,由一名协调者来汇集专家的意见,整理并编制出项目成本估算的方法。德尔菲法的结果要比专家个人判断法、专家会议法的预测结果更准确一些。

专家判断法的精度一方面取决于用来作为参照的以前完成的项目与新项目的相似程度,另一方面取决于项目成本估算的专家具有必备的专业技能。优点在于,估算是基于实

际经验和实际数据。缺点在于,由于项目的独特性、一次性等特点,多数新项目与已经完成的项目不具备可比性,缺乏真实的同类项目的成本数据。

3.5.2 因素估算法

因素估算法是一种比较传统、比较科学的估算方法。它以过去为根据,利用数学知识预测未来。它的基本方法是利用规模-成本图。如图 3-2 所示,图上的线表示规模和成本的关系,图上的点是根据过去类似项目的资料描绘的,根据这些点描绘出的线体现了规模和成本之间的基本关系。图 3-2 中画的是直线,但也有可能是曲线。成本包括不同的组成部分,如直接材料、直接人工和辅助费用等,这些都可以有不同的曲线。项目规模确定以后,就可以利用这些曲线找出成本各个不同组成部分的近似数字。

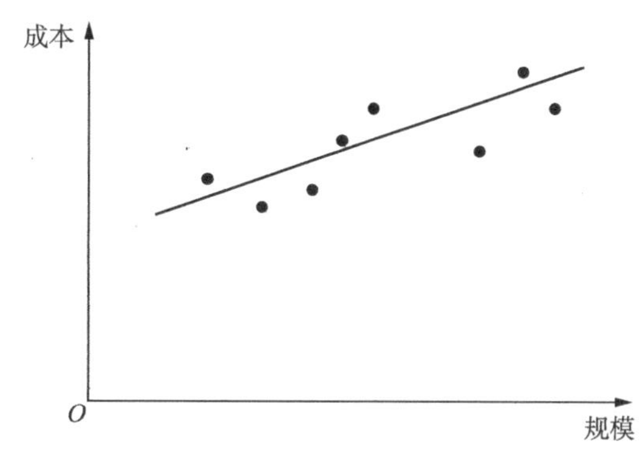

图 3-2 规模-成本图

在编制规模-成本图时,确定这些点要有一个"基准年度",目的是消除通货膨胀的影响,图中的点应该是经过调整的数字。例如,以 1999 年为基准年,其他年份的数字都以 1999 年为准进行调整,然后才能描点画线。项目规模确定之后,从线上找出相应的点,但这个点是以 1999 年为基准的数字,还需要调整到当年,才是估算出的成本数字。此外,如果项目周期较长,还应考虑到今后几年可能发生的通货膨胀、材料涨价等因素。做这种成本估算,前提是有过去类似项目的资料,而且这些资料在同一基础上,才具有可比性。

3.5.3 自上而下估算法

自上而下估算法比较适合项目信息详细程度有限时(项目的早期阶段如规划阶段、项目建议书阶段、可行性研究阶段)采用。这种方法的基础是收集上层和中层管理人员的经验和判断以及可以获得的关于以往类似活动的历史数据。上中层管理人员估计项目整体的成本和构成项目的子项目的成本,再将这些估计结果给予低一层的管理人员,在此基础上低一层的管理人员对组成项目的子项目或子任务的成本进行估计。然后继续向下一层传递他们的估计,直到最底端的基层。

该方法主要有 4 个步骤。

(1) 由项目中上层管理人员收集类似项目成本的相关历史数据。

(2) 项目的中上层管理人员通过有关成本专家的帮助对项目的总成本进行估算。

(3) 按照工作分解结构图的层次把项目总成本的估算结果自上而下传递给下一层的管理人员,在此基础上,下层管理人员对自己负责任的子项目或子任务的成本进行估算。

(4) 继续向下逐层传递他们的估算,一直传递到工作分解结构图的最底层为止。

过程示意图如图 3-3 所示。

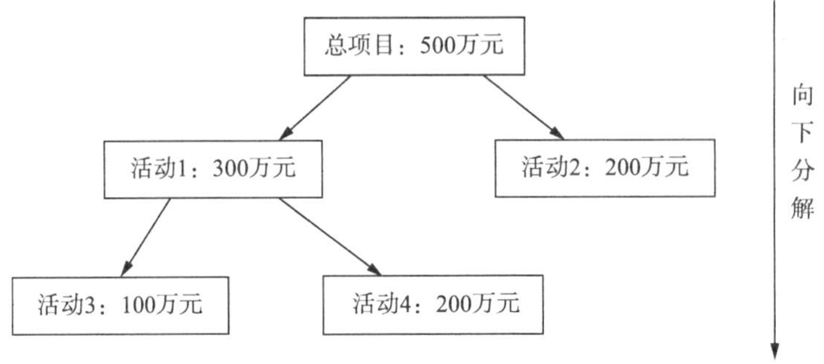

图 3-3 自上而下估算法示意图

这种过程和层级计划过程相似，估算和项目一样被分解为更丰富的细节，按照 WBS 过程从最上层或者最为综合的层级一层层向下分解。这种估算方法的缺点是，当上中层的管理人员根据他们的经验进行成本估计时，分解到下层可能会出现基层人员认为成本不足以完成相应任务的情况。这时，基层人员并不一定会表达自己的意见，和上中层人员理智地讨论以得出更为合理的估算分配方案。一般基层人员很难提出上中层人员的判断不合理的看法，往往只能沉默地等待上中层人员自行发现其中的问题而进行纠正，这有时会使得项目的进行出现困难，甚至失败。其优点是总体估算精确度较高，上中层管理人员的丰富经验往往使得他们能够比较准确地把握项目整体的资源需要，从而使得项目的估算能够控制在有效率的水平上。由于过程中总是将一定估算在一系列任务之间进行分配，这就避免有些任务被过分重视而获得过多估算，同时因涉及任务的比较，所以也不会出现重要的任务被忽视的情况。

综上所述，自上而下的估算是将成本从工作分解结构的上部向下部依次分配、传递，直至 WBS 的最底层。自上而下的估算实际上是以项目成本整体为估算对象，因 WBS 的上部成本已包括了下部组成部分的成本，故成本估算停留在 WBS 的上部层次，不再具体详细估算底层部分的成本。

3.5.4 自下而上估算法

自下而上估算法比较适合在项目详细设计完成后采用。这种方法是先估算各个工作单元的费用，然后自下而上将各个估算结果汇总，得出项目费用总和。采用这种方法的前提是确定了详细的工作分解结构(WBS)，项目内容明确到能识别出为实现项目目标必须要做的每一项具体工作任务，对这些较小的工作单元能做出较准确的估算。当然，这种估算本身要花费较多的费用，项目管理团队必须决定是否值得为提高准确性而增加费用。

这种方法的优点是相比高层管理人员，直接参与项目建设的人员更为清楚项目涉及活动所需要的资源量，而且由于估算出自日后要参与项目实际工作的人员，也可以避免引起争执和不满。自上而下的估算很常见，而自下而上的估算相当少见。要求其在子任务级别上更为精确，关键在于要保证所涉及的所有任务均被考虑到，这一点比进行自上而下的估算分配时更为困难。并且，当进行估算的人员认为上层人员会以一定比例削减估算时，他们会过分估计自己的资源需要。这种情况下，形成的总体估算结果自然较高，这又会使得高层人员认为需要加以削减，证实估算人员的怀疑，从而导致所有参与者陷入一个怪圈。

3.5.5 WBS 全面详细估算法

WBS 全面详细估算法即利用 WBS 方法，先把项目任务进行合理的细分，达到可以确认的程度，如某种材料、某种设备、某一活动单元等，然后估算每个 WBS 要素的费用。采用这一方法的前提条件或先决步骤为以下 3 点。

第一，对项目需求做出一个完整的限定。

第二，制定完成任务所必需的逻辑步骤。

第三，编制 WBS 表。

项目需求的完整限定应包括工作报告书、规格书以及总进度表。工作报告书是指实施项目所需的各项工作的叙述性说明，它应确认必须达到的目标，如果有资金等限制，该信息也应包括在内。规格书是工时、设备以及材料标价的根据，它应是项目人员和用户了解工时、设备以及材料估价的依据资料。总进度表应明确项目实施的主要阶段和分界点，应包括长期订货、原型试验、设计评审会议以及其他任何关键的决策点。如果可能，用来指导成本估算的总进度表应含有项目开始和结束的日历时间。

一旦项目需求被勾画出来，就应制订完成任务所必需的逻辑步骤。在现代大型复杂项目中，通常是用箭头图来表明项目任务的逻辑程序，并以此作为下一步绘制 WBS 表的根据。

在大型项目中，成本估算的结果最后应以下述的报告形式表述出来，包括 5 个方面。

(1) 对每个 WBS 要素的详细成本估算。还应有一个各项分工作、分任务的费用汇总表以及项目和整个计划的累积报表。

(2) 每个部门的计划工时曲线。如果部门工时曲线含有“峰”和“谷”，应考虑对进度表做适当改变，以达到工时的均衡性。

(3) 逐月的工时费用总结。当项目费用必须削减时，项目负责人能够利用此表和工时曲线做权衡性研究。

(4) 逐年费用分配表。此表以 WBS 要素来划分，表明每年(或每季度)所需费用。此表实质上是每项活动项目现金流量的总结。

(5) 原料及支出预测。它表明供货商的供货时间、支付方式、承担义务以及支付原料的现金流量等。

采用这种方法估算成本需要进行大量的计算，工作量较大，所以计算本身也需要花费一定的时间和费用。但这种方法的准确度较高，用这种方法做出的报表不仅仅是成本估算的表述，还可以用来作为项目控制的依据。最高管理层则可以用这些报表来选择和批准项目，评定项目的优先性。

3.5.6 参数估算法

参数估算法又称参数模型法，是利用项目特性参数去建立数学模型来估算项目成本的方法。模型可以是简单的，也可以是复杂的。如果建立模型所用的历史信息精确、项目参数容易定量化，并且模型就项目大小而言是灵活的，那么，在这种情况下参数模型是最可靠的。参数估算法重点集中在成本动因(即影响成本最重要因素)的确定上，这种方法并不考虑众多的项目成本细节，因为项目的成本动因决定了项目的成本变量，并且对项目成本有举足轻重的影响。参数估算法能针对不同项目成本元素分别进行计算。例如，软件研制的

人工时数(需要多少个工时)、软件的大小(有多少行代码)等都是软件开发项目的成本动因。这种方法的优点是快速并易于使用,它只需要一小部分信息,即可据此得出整个项目的成本费用。另外,参数估算法的准确性在经过模型的校准和验证后,至少可以与其他成本估算方法一样准确。其缺点是如果不经过标准的验证,参数估算模型可能不准确,所以估算出的项目成本精度不高,而如果用于校准、验证的历史数据不适用或有问题,则估算出的成本误差也较大。

参数模型法搜集到的数据,可运用建模技术建立模型,如回归分析法等。回归分析法是为了测定客观现象的因变量与自变量之间的一般关系所使用的一种数学方法。它根据现象之间相关关系的形式,拟合一定的直线或曲线,用这条直线或曲线代表现象间的一定数量变化关系。这条直线或曲线在数学上称为回归直线或曲线,表现这条直线或曲线的数学公式称为回归方程。利用回归分析法得到的预测,称为回归预测。在回归预测中,所选定的因变量是指需要求得预测值的变量,即预测对象;自变量则是影响预测对象变化的,与因变量有密切关系的一个或一些变量。在预测中,常用的回归预测法有一元回归预测和多元回归预测。

3.5.7 计算机工具辅助法

随着计算机技术和软件技术的不断发展,出现了很多项目管理软件。利用这些软件,项目管理人员可以通过直接输入项目成本的有关数据或者自定义项目成本函数,非常方便快捷地得到项目成本的估算结果。目前,一些项目管理软件和电子表格软件被广泛用于辅助项目成本的估算。

在实际应用中可将以上几种方法结合起来使用。例如,对项目的主要部分进行详细估算,其他部分则按过去的经验或因素估算法进行估算。

3.6 项目成本调整

由于项目成本受到多种因素的影响,成本估算在使用之前必须适当加以处理和调整,主要可采用学习曲线进行调整。

3.6.1 学习曲线的形成及概念

学习曲线的核心含义,可以用“熟能生巧”来概括。其概念可以追溯到经济学中分工理论的产生,亚当·斯密在《国富论》中曾经提到制针厂的例子,分工使得工作中的每个具体工序由专人负责,因工作专业化而带来工人技术水平的提高。简单来说,在重复工作中,一件产品不仅可以被更好而且在更短的时间里被再次生产出来,而且在后续的工作中,工人的生产水平和技巧会不断提高,耗费的时间也不断缩短。这个解释尤其适用于劳动密集型项目。

学习曲线概念的提出是在 1860 年,一位名为昌西·杰罗姆的钟表商人曾经写道:“生产钟表近来已经变得如此系统化,价格变得超乎寻常的低,全世界都开始惊讶钟表如何能够在不失其优越性能的基础上被廉价地生产出来。”但是,学习曲线最早对实际项目实施产生显著影响是在 1925 年,当时 Wright-Patterson 空军基地的负责人发现随着飞机生产数量的增加，生产单架飞机的时间不断缩短。这一情况不仅降低了飞机制造成本，而且还表明当一个国家处在战争时期时，使用相同的资源能够在更短时间内生产出更多的飞机，这对于一个国家在非常时期的决策可能有非常重要的影响。由于飞机制造行业比其他行业的产品制造需要耗费更多的成本和更长的生产周期，因此，学习曲线在该行业的影响也尤为明显。1936 年赖特在航空科学期刊上首次提出学习曲线的理论，从此该理论不断被研究和发展，并广泛应用于航空工业中的成本估算，以后又逐渐扩散到其他领域。

20 世纪 60 年代，波士顿咨询小组的有关研究表明，每当产品的总产量翻倍时，生产同样数量产品的总生产时间和成本都将下降，而且这种下降的趋势具有连续性和可预期性。同时，波士顿咨询小组还表明学习曲线的影响不仅仅局限于航天领域，在诸如化工、钢铁和电子产品等领域都同样适用。

现今，很多高层管理者普遍认为产品的市场份额同企业的盈利有着直接的关系，即当产品市场份额扩大，企业生产更多产品的同时，也意味着企业盈利能力的增加。利用学习曲线理论分析，一方面，当企业扩大产量时，单位产品成本下降，使得企业可以从每一个产品的销售中获得更多的收益，因而导致企业盈利能力的增长，当然，产品价格稳定是一个潜在前提。另一方面，当占有较大市场份额时，企业可以建立更大的生产基地，固定资产的成本将分散到更多的产品上，因而降低了单位成本。这种生产效率的提高其实正是规模经济导致的直接后果，也可能是某些大公司比小公司具有更高效率的主要原因。

学习曲线，又称经验曲线或生产时间预测曲线，一般而言，当重复生产许多产品时，那些产品的单位成本随着数量的增大呈规律性递减，即当累计产量较小时，平均直接工时较大；累计产量较大时，平均直接工时较小，这种现象为“学习效应”，指当个人或一个组织重复地生产某一产品时，生产单位产品所需的时间会随着产品数量的增加而逐渐减少，然后才趋于稳定。

通常情况下，当一个公司生产一种产品的经验成倍增加时，其再次生产就能节省 10%～30%的成本和时间，即累计生产量与单位劳动时间呈现 10%～30%的反比例关系。学习曲线如图 3-4 所示。

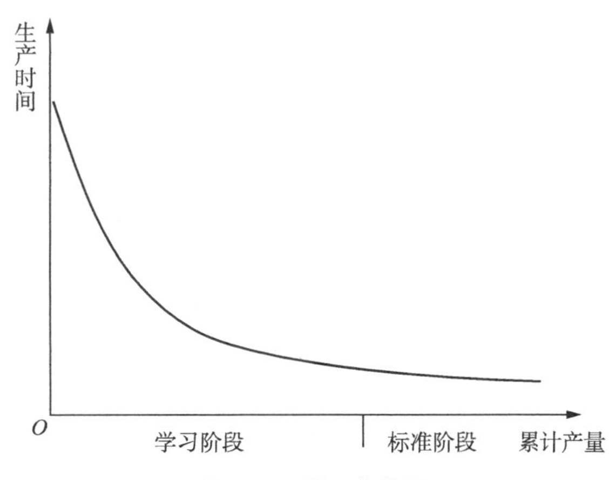

图 3-4 学习曲线图

例如，当生产第二件产品的时间是生产第一件产品时间的 75%，生产第 400 件产品的时间是生产第 200 件产品时间的 75%，生产第 800 件产品的时间是生产第 400 件产品时间的 75%，以此类推，可以预测生产第 1 000 件产品的时间是生产第 500 件产品的 75%，即称

此为75%学习曲线图。根据以上数据，可绘制75%学习曲线图。应特别注意，此例中，时间以固定25%的幅度减少，但理论上，这种减少的幅度并非十分准确。

当然，通过学习也不可能使工作时间无限缩短。实际上，在开始阶段，随着累计产量的增加，会使得生产单位产量的时间不断缩短，这个阶段被称为学习阶段，当生产时间缩短到一定程度后，就会逐渐稳定下来，这个阶段也称为学习的稳定阶段，最终生产时间不再变化。最终稳定下来的单位产量的生产时间就是项目工作人员在现有技术条件之下能够达到的最少生产时间，说明工作人员在该项工作上达到了生产效率最大化。

3.6.2 学习曲线的影响因素

学习曲线是否发挥作用以及对成本产生多大程度的影响受到多方面因素的综合制约，这些因素产生的合力决定了学习曲线影响的程度。

影响学习曲线的一个非常基本的因素是劳动效率，当项目人员重复同一工作的时候，他们将得到更多的经验，从成本估算角度分析，意味着项目成本下降和耗费时间缩短。另外，项目人员在重复某项工作的时候，所需的管理和监督资源也会相应下降，资源浪费和低效率的情况将会减少，这些因素都将导致劳动生产效率的提高。

虽然理论分析表明劳动效率有提高的趋势，但是这种对项目实施有利的情况并不会自动形成，有利结果的形成有赖于对项目的有效管理，其中，人员管理策略在劳动力稳定和实施合适的激励措施方面都非常重要。当员工熟悉业务并提高了工作效率后，留住这些有技术的员工对保持劳动的高效率有着重要影响。当项目团队没有和员工签订合同或者没有及时续签合同时，都将迫使这些员工去寻找其他的工作，这将导致技术员工的流失，从而降低项目团队的工作效率。尤其在一些特殊行业，比如国防业和航空业，工程师被认为是一个团队最宝贵的资源，经常在不同的单位和不同的项目团队中进行流动。

一个国家的宏观经济趋势也对学习曲线有较大影响。当宏观经济不景气时，失业增多，人们工作速度放缓并努力想保住他们现有的工作，技术人员的流动性下降。如果不景气的情况一直持续，公司就会被迫解聘人员或者为技术人员重新分配工作，这些都将降低学习曲线，导致项目团队劳动效率下降。反之，如果宏观经济运行良好，公司或团队为了提高学习曲线，就需要对相关人员进行大量的培训。如果一个员工被要求以更高的效率完成同样的工作，他会要求提高每个小时的工作收入。工资发放原则会对员工形成一种激励效应，正如经济学的结论所述：理性人总是对外在激励做出反应，这种效应可能是正面的，也有可能是负面的。学习曲线和劳动生产率将成为员工要求更高报酬时讨价还价的工具。固定报酬不会激励员工提高生产效率，如果企业要求员工用更低成本生产更多产品，那么员工就会要求额外的工资或相应补贴。工作效率的提高降低了成本，但增加的工资又提高了成本，公司必须在其中进行权衡，即工作效率提高带来的成本降低额度一定要高于员工工资提高带来的成本上升额度。

学习的影响不仅仅局限于直接参与劳动的员工，维护人员、管理者和其他员工也需要提高劳动效率。劳动效率的提高同样也适用于市场、销售、行政管理和其他职能部门。

工作的专业化和工作方法的改进也会影响学习曲线。工作的专业化可以提高单个员工对于一项具体工作的熟练程度。例如，有两个工作人员，他们同时做过一项特殊工作的两个阶段，这两个阶段各不相同。现在，他们每个人都在重复曾经做过的工作并同时又增加了做这项特定工作的经验。在这种情况下，工作方法的改进通常可以大幅度提高工作效

率。可从以下五个方面改进工作方法。

(1) 新的生产过程

生产工作的创新和改进是降低生产成本的重要源泉，尤其是在资金密集型行业，例如，半导体行业的人工成本含量较低，大量研究表明，如果改进相应的生产流程可以得到70%～80%的学习曲线。同样，类似的生产流程的改进也可以在采矿业、钢铁行业和汽车行业中适用。

(2) 生产设备的使用

当初次使用设备的时候，生产的产量通常固定在一个相对保守的数字。经验可以带来增加产量的改进方法。例如，流体催化剂分解装置经过 10 年时间就可以提高 50%的产量。

(3) 资源配置的改变

当生产者经验不断增加时，便可以在实际操作中配置不同的或者不太昂贵的资源。例如，技术水平不高的工人可以替代技术水平高的工人，或者用低成本的自动化设备替代高成本的人工。

(4) 产品标准化

标准化允许工人通过必需的工作重复而不断学习。例如，在福特 T 型车的生产中就有精心策划标准性的策略，因此，从 1909 年到 1923 年，T 型车的价格不断下降，表现为 85%的学习曲线。当市场考虑的重点是灵活和更广阔的产品系列时，标准化同样可通过模块化的生产而得以实现。例如，通过制造一些类型的引擎、传动系统、底盘、座位和人体适应的造型等，汽车制造商可以获得相应的生产经验，由于不同组件的生产过程都是相对独立的，以上这些组件可以被用来组装成不同的模型。

(5) 产品的重新设计

当人们对一个产品非常了解时，生产商和顾客就对这种产品的性能要求有了清楚的理解。这种理解将导致对产品的重新设计，以节约材料、提高生产效率并用成本较低的材料和资源替代，同时推动着这种产品性能的改进。例如，19 世纪初从木制钟表的生产到黄铜钟表的生产；滑雪靴材料的重新设计和制作中对塑料、人工合成纤维和橡胶等材料的采用等。

3.6.3 学习曲线的计算方法

通常可用以下公式计算学习曲线的效用：

$$T_n = T_1 n^r \tag{3.34}$$

式中 T_n——第 n 单位产出所需时间；

T_1——第 1 单位产出所需时间；

N——累计生产量；

r——lg(学习率)/lg2。

因此，生产数量为 N 的产品所需要的总时间 T 为：

$$T = T_1 \sum_{n=1}^{N} n^r \tag{3.35}$$

尽管学习曲线分析能够明显提高对成本的预测能力，但这种方法的应用却存在固有的缺陷和问题。

第一，学习曲线比较适用于有一定人力劳动比例的长期项目，如劳动力密集型环境，因为较长的生产周期及任务的一再重复为持续型的学习提供了机会。对于短期项目和机械化程度较高的项目，学习曲线可能产生不了作用，因为短期项目和机械化程度较高的项目使得人工劳动的重复性相对较少，当人工劳动的重复性所存无几时，就几乎没有学习机会了。

第二，学习曲线中学习率被假定为不变。根据学习曲线的假定，随着产出加倍，平均人工工时以固定比率下降。在实际应用中，人工工时的减少可能并非一成不变。例如，对前100单位学习率为75%，而接下来的400单位学习率可能为80%，随后又可能变为85%。同时对学习曲线进行认真预测几乎是不现实的，因为可观察到的生产率变化数据实际上不仅受到学习影响，而且还受其他有关因素的影响。

第三，当缺乏经验时需要花一定的时间来学习，由此产生了新的成本。而且，由于缺乏经验，很可能在工作初期出现废品或者返工的情况，那样的话，学习不仅是一个耗时的问题，也涉及资源耗费的问题，对应的成本会更高。因此当所进行的项目涉及某种不熟悉的业务时，采用学习曲线会陷入被动。

3.7 成本估算不准确的原因

虽然项目管理能力不断完善，现实中仍然存在许多问题会影响成本估算的合理性与准确性。创新型项目就是难以指定成本估算的典型代表。但是，即使是结构化、程序化程度很高的项目，比如建筑项目，也可能遭遇成本超支的灾难。成本超支的一般化原因主要包括以下几个方面。

(1) 初始估算偏低

较低的初始估算在带来好处的同时，也形成了日后项目成本超支的隐患。形成偏低估算的原因一般是对项目范围的误解所造成的。有时初始估算偏低很可能是故意的，当项目申请者认为高层管理者不可能支持估算过高的项目成本计划时，为了使项目通过批准，他们会按照高层管理者同意的既定约束进行成本估算。当然，偏低的成本估算也有可能是由于估算错误或者疏忽造成的。不论是哪一种原因，都会导致成本超支。初始估算偏低的另一个原因可能是忽略了项目同其他组织的关系。如果不考虑组织环境，只是单纯地列出项目活动的成本支出，这样其实是假设项目团队能够在一段不切实际的时间内完成任务。

偏低的估算也有可能是企业的低估倾向所造成的。例如，在有些组织中，所有项目的参与者都了解成本超支属于技术性的失误，并不会结束一个项目经理的职业生涯。因此，为了获得项目的批准，项目经理们普遍低估项目成本，一旦项目获得批准，在项目执行过程中，项目经理再要求追加项目资金，结果导致严重的成本超支。政策因素也会导致项目团队或高层管理者对成本过于乐观，从而减少初始成本估算，尤其是这些因素与当初希望的结果相悖时。

(2) 无法预料的技术困难

成本估算中的一个普遍问题是：预先假设项目中遇到的技术困难常常会较少。一般来说，成本估算通常采用假设其他条件不变，项目需要多少成本的估算模式。而实际上，其他条件不变的情况是非常少的，特别是经济形势和经济环境总是发生变化的。要提高项目估算的有效性，就必须严格发掘潜在的技术难题、初始运转问题或其他技术风险，这样才能使预先假设的情况同实际情况相吻合，从而对项目成本有一个全面的估算。同时，由于新技术、创新措施和技术进步经常伴随着设计和测试上无法预料的风险，而且这些风险有时候会导致巨大的财产损失，甚至是悲剧性的生命损失，所以无法预料情况的出现更会导致成本估算的偏差。

(3) 缺乏项目范围定义

当范围定义不完善时，往往会使成本估算者不能清晰掌握所需要估算项目的特征、目标等信息，缺乏对项目的透彻理解，因而很容易导致成本估算失败和成本超支。所以，成本估算和预算过程必须严格遵守范围说明书和工作分解结构的要求。倘若这些工作步骤没有被严格执行，则任何对项目成本的合理估算都不可能是准确的。

(4) 规格变更

项目管理中影响成本估算和控制的一个重要因素就是中途规格变更，许多项目都出现过这种情况。例如，IT项目就经常由于增加新特征、重要改变和更新处理等要求而变得面目全非。当一个项目的项目范围和规范发生突然变化时，项目就会出现严重超支的现象。事实上，在很多公司，尤其是那些习惯中途调整项目范围的公司，其初始估算成本很可能是毫无实际意义的。

(5) 外部因素

通货膨胀等经济因素可能导致项目成本超支，甚至超支数倍。事先没有考虑无法预料的世界性原材料短缺或金融危机所做出的成本估算，也会很快变得没有实际意义。例如，由于钯库存过量，福特汽车公司遭遇厄运，2001年财政年度亏损10亿美元。钯是用来制作催化式排气净化器的，它的作用是排除引擎排气装置中的污染物，俄国是钯的主要来源国。为了让工程师在技术上实现突破，以开发钯消耗量较低的催化式排气净化器，福特购买了几年的钯需求量。随后，钯的价格却突然下降，导致公司丧失当年利润，这也是福特公司决定裁掉35 000名员工(福特员工总人数的10%)的原因之一。还有其他的外部因素，如政治问题，它有可能影响项目的实施过程。这种现象经常出现在政府项目中，尤其是那些军事采购项目，因为这些项目会受到政府监督委员会和多种因素的干预以及遭遇众多的中途变更要求，从而造成成本超支的情况。

案例分析

案例1

辛·科尔被任命为好佳传感器公司(Preferred Sensor Company)一个新建传感器制造流程的项目经理。传感器产品具有很高的价格敏感性，好佳公司已经在计量方面做了很多工作，所以能够根据定价方式的变化精确地预测出销售数量的相应变化。

公司总裁非常信任自己公司传感器的敏感度模型，并坚持认为所有会影响传感器制造成本

的项目都应该按照敏感度模型的分析运作，并且应该收集各种数据以计算各自的投资回报率，因此，像辛·科尔这样的项目经理必须承受巨大压力并提交现实估算，以保证项目取舍的决策能够快速地做出。在传感器的革新过程中曾经撤销过几个在可行性分析阶段表现不佳的项目，还解雇了一位项目经理，因为他高估了一个新型传感器项目的成本。

辛·科尔面临的难题是如何才能编制出一个精确反映该项全新制造过程成本的估算。辛·科尔是一位经验丰富的管理人员，对自己估测项目成本的能力充满自信。然而，同事最近被解雇的事实使他有点投鼠忌器，该传感器制造流程只对原有四个阶段中的一个做出了改动，所以他能够对整个流程的大部分工作获得颇为详细的信息。不幸的是，唯独该项被改动的流程阶段中，有很多工作不是十分清晰。辛·科尔还认为该项革新会对另外三个阶段产生轻微的影响，但是这些影响也没有得到清楚的界定。该项目所要革新的这个流程阶段几乎占据了整个制造成本的50%。

思考题

在这些情况下，辛·科尔究竟应该采取从上至下估算法和从下至上估算法中的哪一种才是明智之举呢？为什么？哪些因素在这里起着比较大的作用？

案例2

微技术设备部(MTD)是蒙罗电子公司的一个小部门，现在正处于关键的十字路口。因为它们资源有限，所以必须决定选择由哪块市场进入。过去5年中，MTD进入手表市场、计算器市场和微芯片市场都失败了。资源的限制使他们只能在这三个市场中做跟随者，在领先企业的夹缝中生存。不赔不赚一般就是MTD所能期待的最好结果。

MTD管理者必须决定进入什么市场。从技术生产上来讲，微芯片已经没有市场，因为它不可能同摩托罗拉、英特尔，或由主要PC生产商形成的联盟竞争。手表也没有市场，因为瑞士、日本、德国生产的手表质优价廉，很有竞争力。唯一可行的办法就是跻身中低价位的计算器市场。

MTD保持了5%的计算器市场份额。即使MTD的规模减少，这个份额也不足以支持它发展。为了能成功地在中低市场中竞争，除了同竞争对手的销售价格相当外，MTD至少需要25%的市场份额。

MTD的总经理意识到需要向其上属公司蒙罗筹资，为了说服蒙罗可以在计算器的中低价位市场成功竞争，必须拟订一个计划。不仅每天的运营需要资金，大量的市场开拓和广告也需要资金。有消息说蒙罗要卖掉MTD部门，MTD总经理想让MTD扭转局面，使之盈利，他能期望的最长期限只有3年。

现在有一些因素可以帮助MTD拟订计划。

A. 所有主要的竞争对手都处于相同的学习曲线上。

B. 现在，每个计算器售价38美元。根据生产领先者的学习曲线数据，从现在开始3年中，计算器的价格将降到31美元。

C. 领先者现在的市场份额是20%，并希望在以后3年内每年生产100万个计算器。

D. MTD大约已生产了100万个计算器。但其中80万个是给军事客户的。

E. 股东对市场领先者的报告表明，迄今为止，他们已经生产了500万个计算器。利用这个消息，MTD画出了下表的学习曲线。

学习曲线

累计产量/个	每件所需工时/时	累计总工时/时
200 000	174	5 714
400 000	125	8 602
600 000	104	10 860
750 000	93	12 327
1 000 000	81	14 496
1 500 000	67	18 168
2 000 000	59	21 300
2 500 000	53	24 081
3 000 000	49	26 611
4 000 000	42	31 137
5 000 000	38	35 158
6 000 000	35	38 817
7 000 000	33	42 200
8 000 000	31	45 365

思考题

1. 案例中的学习曲线比例为多少?

2. 忽略销售价格中的利润,如果 MTD 要想在第 3 年底赶上领先者,MTD 应该向蒙罗筹资多少?假设每年的广告费为 1 000 万美元。

3. MTD 的计划有可能成功吗?如果可能,成功时一定会发生什么事?

案例 3

小约翰·林戈德刚从本地大学毕业,获得了工业管理学学士学位并加入了他父亲的公司,成为高级运营副总。父亲要小约翰慢慢地熟悉工作,决定考察他在项目里是如何表现的。公司销售收入的 20%来源于地面上游泳池设备的销售,但林戈德公司并不安装游泳池。老约翰要求小约翰决定他们是否应该加入该行业。小约翰决定给父亲留下深刻印象,完成项目的最简单方法是亲自估算该公司安装游泳池的成本,然后再考虑一些竞争者的要价,这样就能得出进入该行业是否能盈利。

小约翰认为工作分解结构(WBS)的方法也许可以帮助他估算成本。另外,这种工具也可以转交给现场监理以评估各个工作人员的业绩。基于 12.33 个工时的完工时间和每工时 15.00 美元的人工费,小约翰计算出总成本为 185.00 美元。小约翰发现,平均来说,林戈德竞争对手对类似的游泳池安装要价 229.00 美元。小约翰认为是可以盈利的。他决定在第二天上午向父亲说明他的结论。鉴于他从未安装过游泳池,他决定把估算提高 10%,"只是为了以防万一"。

思考题

1. 结合上述工作分解结构表,谈谈编制时的重点。

2. 小约翰提出的方法有道理吗？
3. 老约翰将会考虑这个决策的哪些方面？

练习题

1. 列举成本估算的方法，比较各方法的适应范围及特点。
2. 概述影响成本估算精度的因素。
3. 给成本估算下一个定义，并解释成本估算的意义。
4. 如何理解学习曲线？如何认识学习曲线法的局限性？
5. 简述成本估算的主要依据。
6. 说明用详细估算法中的实物法估计工程施工成本的步骤。
7. 一般是哪些估算问题导致了项目成本的超支？
8. 一个公司运行在85%的学习曲线上，若生产第一件产品的时间为300h，则生产第100件产品所需的时间为多少？

4 项目成本预算

学习目标

通过本章的学习，掌握项目成本预算的概念、项目成本预算的注意事项、项目成本预算的主要内容、项目成本预算的一般过程、项目成本预算的制订方法等。

火星探路者

1997 年 7 月 4 日，在美国东部时间 13 时 7 分，位于加利福尼亚州的帕萨迪纳控制中心的电脑接收到从火星传来的信号，“火星探路者”飞船在火星阿瑞斯平原成功着陆！

“火星探路者”飞船于 1996 年 12 月 4 日顺利启程，开始了近 5 亿千米的火星之行。经过整整 7 个月的飞行，它终于在 1997 年 7 月 4 日成功着陆，开始实地探测火星的光荣使命。

1976 年，美国 NASA 花费了 6 年时间和 30 亿美元进行了两次海盗号火星登陆太空行动。21 年后，美国 NASA 又把火星探路者和漫游者飞行器再次送上了火星，而这次的成本只有 1.75 亿美元。比上一次花费的成本足足降低了 94%，如果除去通货膨胀的原因，这一成本还会更低。当然，科技技术的进步也为成本的降低提供了很大的帮助。但成本降低的最主要原因，是负责这一项目的项目经理抛弃了以往的绩效结果设计，采用了成本设计，即这个项目是在控制成本的前提下进行的。

为了节约项目成本，项目经理首先提出了项目的目标，删去了其他没有意义的目标。当时制订的目标主要有：

(1) 实现成功着陆；

(2) 顺利回收工程遥感勘测信号；

(3) 获得并传输单一的局部概况图像；

(4) 在火星表面成功调动漫游者号，并进行 7 个索尔(即火星日)的工作；

(5) 完成 30 个索尔的登陆车太空行动，实现各项工程、科学和技术目标；

(6) 成功进行阿尔法质子 X 射线分光计对火星岩石和土壤样本的测量。

项目经理认为，只要实现了以上目标，这个项目就成功完成了。所以，为了实现达成目标和对成本进行有效控制这个双重目的，项目经理和自己的组织成员展开了广泛的讨论，大家在讨论过程中提出了很多具有创造性的方法，比如：

(1) 确定一整套缩减范围的备选方案，以便在成本超出固定预算时实施；

(2) 开发工作实行成本封底，没有任何增加资金的余地；

(3) 太空飞行、飞行过程和地面系统的设计都是以现有的硬件和系统能力为基础的;

(4) 数目占总预算额27%的项目现金储备被严密封存起来,并在项目的整个过程中严格地按照制订好的时间阶段计划逐步释放出来;

(5) 太空行动的设计者、建造者同时还要分别负责测试、操作的任务,这样可以节省文书工作、时间和劳动力成本,并且还可以有效降低错误发生的风险;

(6) 使用现有的NASA设施,而不用设计全新的系统,这样可以节省开发新系统的成本;

(7) 设计过程中选择风险较高的"单线"方法,并使用更为可靠的部件来降低相应的风险;

(8) 主要的外购部件中70%的合同采取固定价格,而不是按照成本加成的方法定价;

(9) 创造性地使用资源,比如充分利用闲置资源以及严格实行会计管理。

经过了这一系列的成本控制措施,不仅大大降低了项目成本,项目风险也得到了有效控制。1997年7月4日,火星探路者和漫游者飞行器成功登陆火星,并传回了26亿字节的科学和工程数据、16 000幅登陆车的照片图像、850万个环境测量数据,16项土壤、岩石化学实验和10项飞行器技术实验的结果。

在此案例中,负责此项目的项目经理无疑非常优秀,毕竟一个如此浩大的探测工程,不是随意一个项目经理都可以胜任的。他不仅懂得发挥项目组织成员的作用,还能让大家在讨论的过程中提出切实有效的解决方案,从而不仅成功地控制了项目成本,还大大降低了项目风险。他在控制成本的过程中,采取的对现有资源的充分利用、对工作环节的无缝衔接、对成本绩效的有效跟踪、对风险的预测和控制等各种措施,正是他成功控制项目成本的保障。

4.1 项目成本预算概述

4.1.1 项目成本预算的概念

项目成本预算是一项制订项目成本控制标准的项目管理工作,具体包括:根据成本估算向项目各项具体工作和活动分配预算定额;确定项目成本控制的基线(项目预算定额)等。项目成本预算是编制项目各项活动的预算定额、制订项目成本控制标准、规定项目不可预见成本的划分和使用规则的综合项目管理工作。

项目成本预算的制订过程是估算、分析和结合以往经验的综合工作。预算的核心目标是支持项目和组织的目标,且不能造成最后制订的预算计划同项目或组织的目标发生冲突。项目预算工作实际上是针对项目中将要发生的成本所编制的一个计划,该计划需要确定资源分配情况、识别项目目标并进行进度计划的编制,编制出的进度计划可以保证工作团队实现项目目标。有效的预算需要综合考虑部门目标与公司总目标的相互关系,将宽泛、战略性的任务与具体、基于实际需求的问题相结合。有效的预算由多种数据汇集而成,并需要相关人员进行深入的沟通、交流。项目预算编制过程中最重要的是项目预算计划和项目进度计划的协同编制,有效的预算可以保证项目的顺利进行。项目预算作为项目计划的基础核心之一,必须按照工作分解结构的具体活动来编制。工作分解结构为制订项目进度提供了基础条件,而项目预算对必要资源进行分配,以保证项目进度计划的成功。

项目成本预算通常包含两层含义:第一层含义是指制订项目成本计划以及项目成本控制标准的管理工作;第二层含义是指项目成本预算工作所产生的结果,即项目成本预算书。通常项目成本预算的制订,一种情况是由项目业主自行实施项目所做的项目成本预算,此时的项目成本预算不包括项目成本的利润,甚至不包括各种经营性税金。因此,只要根据项目成本的预算和项目具体的条件与环境情况进行应对项目风险的管理储备,即可确定出整个项目的总预算,然后根据具体活动的不确定性情况分配项目的管理储备金,做出整个项目的预算。另外一种情况是由专门的承包商实施项目,多数需要通过承发包过程,由项目业主与承包商共同协商形成项目成本的承发包价格,然后根据项目合同价格,再分别做出项目业主和项目承包商各自的项目预算。

制订项目预算涉及许多重要问题,包括项目团队和组织为成本估算、预算计划、现金流入和流出以及期望收益而进行数据的收集。不同的项目团队有不同的数据收集和分配方法,有些项目组织不考虑时间,根据收入和费用进行线性分配,而另外一些项目团队则使用精密的信息收集系统。

4.1.2 项目成本预算的意义

市场经济的快速发展,为企业提供了难得的发展机遇,同时也给企业带来了更多的管理问题。当今的管理,传统的程序性管理逐渐减少,在以不确定管理为主的项目管理中更为突出。作为项目管理的重要组成部分,项目成本预算对项目的成功与否起到举足轻重的作用。项目管理者使用了很多方法来实现成本削减,但其中最为重要的是依据了成本预算可以使项目成本降低的哲学理念。项目成本预算不能百分之百准确地预测未来的成本发生情况,但能使管理当局有充分的准备,从容应付将来的不确定情况,为整个项目管理打下坚实的基础。

4.1.3 项目成本预算的特征

项目成本预算是每个项目成功的关键因素,在项目管理中,项目组织者们必须认真把握每个工作任务的每一项活动,并逐一预算出该项工作的成本支出。根据事前收集的信息所形成的项目预算成本不可能完全准确,实际预算出的成本与实际发生的成本相比较,可能偏高,也可能偏低,而且在实际的项目施工过程中,由于很多不确定性的因素,也会导致项目发生与计划不一致的变化,例如,突发的山洪会导致项目进程的拖延和项目中额外成本的增加。但无论如何,项目成本预算作为事先确定的一种控制机制,总是在整体上指导着项目的实施。

(1) 事先确定性

成本预算的特性之一就是投入资源的事先确定性,即为了完成项目,项目负责人员需要事先确定在预期时间内投入资源的种类和数量。预算的实质是一种资源分配的计划,它通过一系列的研究及决策活动,判定项目中各种活动的资源分配,并通过既定资源分配,确定项目中各活动之间的关系和重要程度。成本预算的首要目标是保证项目最核心部分的成功实施,通过预算的资源分配让管理人员理解核心部分的重要性。在预算的指导下,管理人员可以清晰地了解项目的未来实施情况,在环境、能源、运输、技术等资源和条件能够得到保证的条件下,项目预算就是为项目的顺利完成进行的计划安排。

(2) 计划性

项目计划中,整体项目工作分解为不同的分项任务,而后分项任务进一步分解为具体工作包,按照 WBS 工作过程而不断展开,形成一种系统结构。对工作分解结构的每一种组成部分进行相应的成本估算就可以形成预算,这和对项目计划进行估算成本得到的结果是一样的,所蕴含的系统结构也相同。实际上项目预算是项目计划的另一种表现形式。

(3) 约束性

为了完成一个项目计划,首要任务是获取完成项目所需要的各种资源。一方面,高级管理人员对项目的批准可以保证项目团队得到所需资源,预算则是制订分配资源的计划,预算分配的结果可能并不能完全满足所涉及的管理人员的利益要求,这时预算实际上对相关项目人员是一种约束,他们只能在已经制订的预算约束范围内行动。另一方面,也正是预算约束的模式表达了公司的政策和倾向,预算约束的内容向管理人员传递了决策者对于项目的认识。项目预算也反映了对项目所包含活动的支持力度,这也表明了项目的重要程度。高级管理人员在制订预算的时候都希望能够尽可能"正确"地为相关活动确定预算,既不过分慷慨,以避免浪费和管理松散,也不过于吝啬,以避免项目无法完成或者项目质量低劣。

(4) 控制性

项目预算是一种控制机制。项目预算结果可以作为一种比较标准来使用,即一种度量资源实际使用量和计划量之间差异的基线标准。由于管理者的任务不仅是完成预定的目标,而且是必须尽可能有效率地完成目标,即尽可能在完成目标的前提下节省资源,这才有可能实现经济效益的最大化。所以,管理者必须小心谨慎地控制资源的使用数量。由于进行预算时不可能完全预计到实际工作中所遇到的问题和所处的环境,所以在项目实施过程中总会出现对预算计划的偏离,这就需要在项目进行中不断根据项目进度来检查所使用的资源数量,如果出现了对预算的偏离,就需要对相应偏离的模式进行考察,以确定是否会有突破预算约束的情况发生,这样管理者可以更为清楚地掌握项目进展和项目资源的使用情况,尽可能避免突发事件的发生,造成项目失败或者形成效益低下的项目。

此外,成本预算在整个计划和实施过程中也起到非常重要的作用。预算和项目进展中资源的使用紧密相连,根据项目预算结果,管理者可以实时掌握项目的进度。如果预算和项目进度没有联系,那么管理者可能就会忽视一些危险情况。例如,有可能在某个时点,项目成本已经超过了项目进度所对应的预算计划但没有突破总预算约束。在项目的实施中,应该不断收集、报告有关进度和费用的数据,并对未来问题和相应费用进行预测,使管理者可以随时对比预算进行成本控制,并在必要时对项目预算计划进行修正。

4.1.4 项目成本预算的核心目标

成本预算的核心目标是为了保证整体项目的顺利完成。如前所述,成本预算过程必须将资源使用情况与组织目标的实现紧密联系起来,否则计划或控制过程就会失去其本来的意义。预算应该以实现最终项目目标为基础,否则,项目管理人员就会忽视最终目标,资金在工作完成之前就耗用殆尽(而按照时间跨度推算却符合预算要求)。同样的,有时预算可能会在某段特定时间内超支,但从工作完成的角度看却属于合理情况,此时,管理人员就会对事件的真实状况产生误解。项目管理人员必须定期收集并报告相关数据,否则预算工作就无法体现其在识别和报告当前问题或预测未来危机等方面的价值。

一般来说,在管理实践中无法找出一种适合于任何项目的万能预算方法。不同的情况

需要不同的预算制订策略，可以将决定项目预算计划的因素归纳为以下四个方面：①项目的行业性质、业务特点；②项目的组织架构与决策程序；③项目的财务会计体系；④项目团队内的管理文化等。

成本预算不只是自上而下的单向过程，它应涉及项目团队内部几乎所有的部门与主要人员，需要项目团队上下各部门的双向沟通与协调，并在不断调整中达成预算的一致目标。成本预算不只包括在项目初试阶段的预算制订工作，应当贯穿项目始终，预算的执行和修正都是预算工作的重要内容。如果只是强调预算的制订，而忽略了项目实施过程中预算的执行以及当出现突发情况时对预算的修正，那么预算管理就没有真正发挥作用。预算管理的根本目标是保证项目最终目标的实现，要尽可能准确完善地制订预算以及对项目实施中的预算进行调整，所以预算计划并不是不能修改的，项目团队应该在项目进展过程中对项目运营情况随时进行监控，从而及时、有效地调整初始的成本预算计划。这样就可以将当初预算确定时未能预测的市场或内部环境的变化因素及时纳入成本预算的考虑范围之内，有助于成本预算的完善，增加预算的有效性。

4.1.5 项目成本预算的依据

项目成本预算在项目成本管理中不是一个孤立的部分，它是在项目估算的基础上进行的。因此，它主要依据成本估算文件、工作分解结构文件和项目进度计划表做进一步的加工。

(1) 项目成本估算文件

项目成本估算文件起着承前启后的作用，既是项目成本估算后所形成的结果文件，又是确定项目成本预算总额以及项目预算的各项工作的依据。项目估算文件是项目成本预算的起点。

(2) 项目工作分解结构文件

项目成本预算的第二项依据是项目的工作分解结构文件。它是在确认需要分配成本的所有活动基础上形成的工作分解结构文件。在项目成本预算工作中，要依据这一文件，进一步分析和确定项目各项工作与活动在成本预算中的合理性以及项目预算总额的分配。

(3) 项目进度计划表

为了将成本分配到项目的各项工作和各个时间段中，进度信息是必不可少的。项目进度计划是有关项目各项工作起始与终结时间的文件。依据该文件可以安排项目的资源与成本预算方面的工作。项目的进度计划是根据项目业主或客户的要求，根据项目管理团队的实际情况由双方共同协商确定的，它规定了项目的目标和具体完成时间。项目进度计划的目的是为了控制项目时间以避免不必要的时间资源浪费，项目进度计划表用表格形式清楚表明每一项活动所需要的时间和每项活动所需要的资源，如果说前两个依据是内容(空间)依据的话，那么，项目进度表就是项目预算编制的时间依据。

4.1.6 成本估算与成本预算的联系与区别

成本估算和成本预算既有区别，又有联系。成本估算的目的是估计项目的总成本和误差范围，而成本预算是将项目的总成本分配到各项工作上。成本估算的输出结果是成本预算的基础与依据，成本预算则是将已批准的估算(有时因为资金的原因需要砍掉一些工作来满足总预算要求，或因为追求经济利益而缩减成本额)进行分摊。

尽管成本估算与成本预算的目的和任务不同,但两者都以工作分解结构为依据,所运用的工具与方法相同,两者均是项目成本管理中不可或缺的组成部分。项目成本估算和成本预算的联系与区别如表 4-1 所示。

表 4-1 项目成本估算和成本预算的联系与区别

联系与区别	成本估算	成本预算
含义	编制一个为完成项目各项工作所需经费的近似估计	把整个项目估算的费用分配到各项活动和各部分工作上,进而确定测量项目实际执行情况的费用基准。又称制订费用计划
依据	工作分解结构、资源要求、资源单价、活动历史估算、历史信息、账目表	工作分解结构、成本估算、项目进度计划
工具与方法	类比估算法、参数模型法、自下而上估算法、计算机工具	参数模型法、自上而下预算法、自下而上预算法、计算机工具
成果	成本估算、辅助细节、成本管理计划	成本基线、成本预算表

4.2 项目成本预算编制

4.2.1 项目成本预算编制的原则

在项目管理中,由于其本身是非程序性的管理工作,项目成本预算不准确的情况经常出现也是必然的。一家著名管理咨询公司的副总裁乔治·迪尔曼说,他曾经的一个客户对自己每一个工程项目的预算都比按成本估算分解的成本要少 20%,结果,必然会使实际支出要超出预算。

对于这种普遍存在的项目成本预算不准确的情况,乔治·迪尔曼解释说,"这些客户从来就不相信自己可以准确地对项目工期和预算做出合理判断,管理工作本身不需要项目负责人做到准确无误、丝毫不差,因为这项工作需要纠正或调整。"但是,随着经济环境的变化和管理的发展,这种观点已不能适应新的情况了,管理首先是单纯的现场管理,然后发展到事中的经营管理和财务管理,再到事前的预算管理、事中的经营管理和财务管理及事后的考核控制结合的全面管理阶段。因此,管理当局需要预算管理,项目管理团队也需要对项目进行事前的项目成本预算管理。随着项目管理理论和实务的发展,项目管理专家们认为,项目经理要实现预期目标,必须对项目做出最为合理的预算。准确的成本预算是每个项目成功的前提条件。为制定准确的成本预算,必须遵循下列 4 项原则。

(1) 项目成本预算应以项目的目标为中心

管理会计中,仅考虑与决策相关的成本即相关成本,相关成本是指决策时必须认真考虑并加以计算的未来成本。项目成本预算在进行预算时应该以项目目标为中心,全面考虑与实现该项目目标有关的成本费用。例如,有一台闲置设备,可以用于项目管理,也可以对外出售,那么,在这种情况下就必须以对外出售的价格减去相关税费作为项目预算的成本费用总额。项目的目标不同,项目的成本费用也不一样,同样一种设备对于这个项目可能是成本费用,但对于另外一个项目可能就是废品。

(2) 项目成本预算应围绕项目进度进行

资源在投资与再投资过程中产生的时间价值与项目的进度相关。一般情况下，项目的进度越快，项目成本费用越高，项目成本预算的时间价值的重要性相对越弱；项目进度越慢，则时间价值的重要性越强，对项目成本预算的影响越大。

(3) 项目成本预算应考虑宏观经济政治环境

任何经济活动都不能脱离所运行的环境，项目管理也不例外。例如，项目是国家限制的，那么可能公关的成本费用要更多；若项目可能造成的环境污染相当严重，那么未来的或有成本费用也需要在进行项目成本预算时加以考虑；当整个宏观经济处于高通货膨胀时期，项目成本预算时必须考虑这一因素，否则，获得的利润可能已经不值钱了。

(4) 项目成本预算应有一定的弹性

项目在执行的过程中，可能会有预料之外的事情发生，包括国际、国内政治经济形势变化和自然灾害等，这些变化可能对预算的执行产生一定的影响。因此，编制项目成本预算，要留有充分的余地，使项目成本预算具有一定适应经济政治环境条件变化的能力，即具有一定弹性的项目成本预算，其依据主要有成本估算、工作分解结构、项目进度计划等。

4.2.2 项目成本预算编制的基本过程

计划是通过调查研究，预见将来，制定目标，统一组织和指导内部各单位、各类人员和各项经济资源的活动。项目成本估算或规划就是所用资源计划的一个综合体现，预算是用数字来表示所估算的整个综合成本，形成以工作分解结构为基础的目标成本体系，可以说是一种数字化和货币化的计划。项目成本预算是把估算的总成本根据工作分解结构和工程项目进度计划分配到各个被分解的工作细目，建立基准成本以衡量项目成本预算执行情况的一个过程。项目成本预算过程如图 4-1 所示。

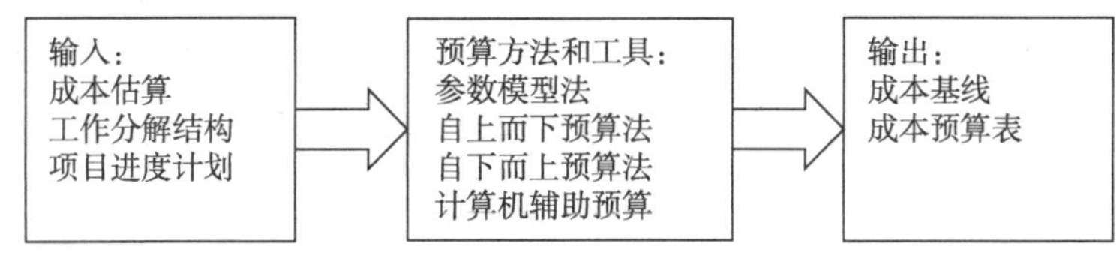

图 4-1 项目成本预算过程

项目成本预算编制分为两个步骤：首先，将项目成本估算得到的结果分摊到项目工作分解结构中的各个具体对应的工作包；其次，编制每个工作包的预算计划，以保证在任何时点都准确地计划预算支出的数量。

(1) 分摊总预算成本

编制人员首先需要将项目总成本分摊到各成本要素中，如人工、原材料和分包商等，然后再将各成本要素分配到工作分解结构中具体的工作包，并为每一个工作包确定总预算成本，有两种方法可以建立具体工作包的总预算成本。一种是自上而下法，即在总项目成本(即人工、原材料等)之内按照每一工作包的工作范围进行分配，以项目总成本的一定比例分摊到各个工作包中；另一种方法是自下而上法，它是依据与每一工作包有关的具体活动而进行成本预算，然后再将各具体工作包的预算支出汇总形成项目总成本的预算方法。在提交项目建议书时通常已经预先估计了项目总成本，但并没有对项目总成本做具体计划。

在项目开始实施之后，要详细说明具体活动并制订网络计划。一旦对具体活动做了详细的说明，那么就可以对每一项活动进行时间、资源和成本的估算。将工作包的总预算成本进行加总就构成全部工作包活动的成本总和，即总预算成本。

图 4－2 表明了把 500 万元的项目总成本分摊到工作分解结构中的各个工作包的情况。图中分摊到各个工作包的具体成本数额表示各工作包的总预算成本，表示为完成与工作包相关的全部活动的总费用支出。无论是自上而下法还是自下而上法实质上都是以确定具体工作包的费用支出来编制总预算计划，两种方法的区别只是在汇总预算成本时选择不同的方式，但本质上都是以每一工作包的费用支出作为编制预算计划的基础，这样就保证了所有工作包的预算总和不能超过项目总预算成本。

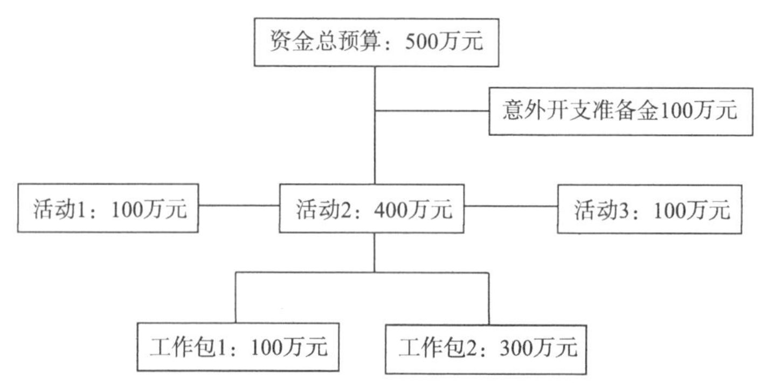

图 4－2　项目成本预算分配图

（2）制订累计预算成本

项目经理在将项目总成本分配到具体工作包后，每一工作包就被估算出相应预算成本，再将每个工作包的总预算成本分配到整个工期中去，每期的成本估算是根据组成该工作包的各个活动的进度确定。当每一工作包的总预算成本分摊到工期的各个区间，就能确定在任何一段时间内用了多少预算。累计预算成本指到某期或某一时点为止按进度完成的工程预算值。累计预算成本将作为分析项目成本绩效的基准。

整个项目的累计预算成本或每一工作包的累计预算成本在项目的任何时期都能与实际成本和工作绩效进行对比。对项目工作包来说，仅仅将消耗的实际成本与总预算成本进行比较容易引起对项目工作进展的误解，因为只要实际成本低于总预算成本，成本绩效看起来总是符合标准的。例如，一个项目的总成本预算是 100 万元，如果在项目未完工之前项目的实际总成本低于 100 万元，就简单认为项目成本得到了控制，那么当各个分工作包的成本超支累计到一定时点时，实际总成本将超过总预算成本，而项目仍旧没有完成，在这种情况下，必然需要追加成本。所以在每个时点，只有项目的进度和当时的累计预算成本都达到目标，才能确认项目成本控制没有超标。

为了避免成本超支的事情发生，需要使用累计预算成本指标而不是总预算成本指标作为标准来与实际成本进行比较，如果实际成本超过累计预算成本时，就可根据实际情况及时采取补救措施。对于那些包括很多工作包或活动的庞大项目，可使用项目管理软件来辅助进行预算管理。

以下是某机场项目成本预算实例。

机场项目总预算为 1 602 亿元，核心计划的成本预算为 1 553 亿元，以付款当日价格或最终价格计算。其中机场核心计划成本预算的 2/3 以上由政府承担，包括直接斥资建造的工程项目以及对机场管理局和地铁公司的注资；其余 1/3 的款项则通过私人参与筹集，形式有为机场及机场铁路建设提供的商业借贷和为新机场批出的主要专营权、航空货运处理、飞机燃料供应、航机膳食、维修，还包括西区海底隧道的专营权。

第二条跑道及有关设施的成本按付款当日价格计算估计为 49 亿元，其中 6 亿元用于兴建额外的政府设施，包括空中交通管制和气象设备以配合第二条跑道的运作。

与机场及机场铁路有关的物业发展也可让私营机构参与。

根据上述资料，可以将成本预算的结果分配到机场项目的 WBS 中，形成费用分解结构图，如图 4-3 所示。

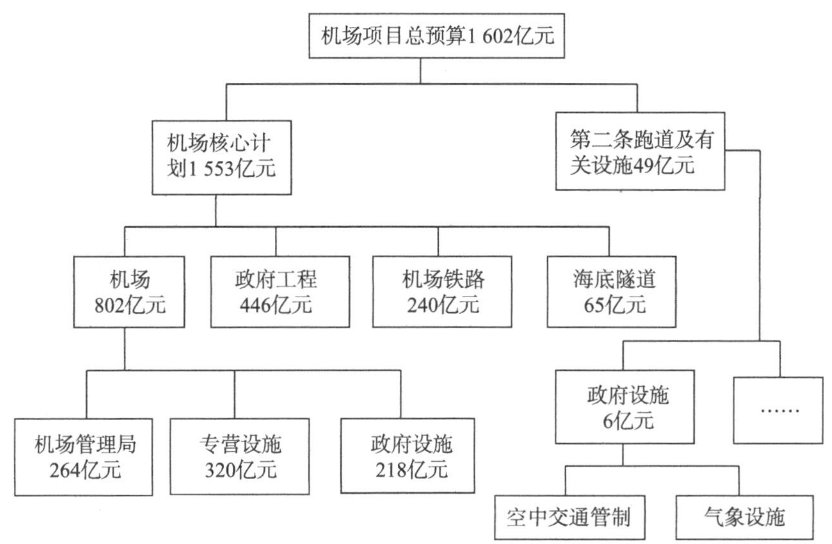

图 4-3 机场项目费用分解结构图

在项目成本预算编制步骤的基础上，填写预算单，完成成本预算。在做项目预算时，预算单上需要包括下列四项内容。

(1) 劳动力。人是项目管理中的首要因素，人比项目中不可或缺的设备和工具更为重要。对于这部分费用，首先要估计项目中所需的各类人才，估算他们完成项目工作所需的时间，再根据各类人员的工资率，即可获得人员成本。

(2) 分包商和顾问。当项目团队缺少某项专门技术时，可以雇佣分包商或顾问来执行些任务。为此必须支付一定的费用。

(3) 专用设备和工具。有时，某一项目可能需要一些专用的仪器、设备和工具，但这些专用器具并不常用，可以通过租用来获得。

(4) 原材料。为了项目的需要，项目团队需要购买各种原材料。建筑等工程项目，原材料占了项目费用的较大比重。但 IT 项目中，原材料所占的比重就较小。

以上仅是预算单中所包括的部分内容。实际中还需要考虑更多的因素。为了防止遗漏，可以尝试编制项目预算表，如表 4-2 所示。

表 4－2　项目预算表

项目名称：	日期：自　　至		制表人：	
项目	时间		数量/单位	预计成本
	开始	结束		
A. 人员 a. 项目团队成员 b. 承包商 c. 分包商或顾问				
B. 原材料 a. b. c.				
C. 租用器具 a. b. c. d.				

当填完最后一项费用时，把它们自上而下加起来，就可得出该项目的总费用。为了使估算更为标准，需要做一些调整，可准备一定量的不可预见费，以备项目执行期间发生意外情况时使用。还要考虑通货膨胀率，这对规模大、建设周期长的项目尤为重要。

4.2.3　成本预算总额的确定

成本预算总额的确定是将批准的项目成本估算进一步具体化，具体到各成本要素中去，并为每一个工作活动建立预算成本，进而确定项目总成本的过程。在确定成本预算总额时可以将目标成本管理与项目成本过程控制管理相结合，即在项目成本管理中采用目标成本管理的方法确定预算成本。

预算成本的确定方法可以分为四种，分别为利润导向法、成本节约率调节法、按实计算法和经验确定法。

1. 利润导向法

利润导向法是从项目成品的销售价格出发扣减目标利润和相关税费后得到预算成本的方法。这种方法适合在项目产品有一个公开透明的市场情况下使用。

例如，某公司建造某项目的合同价为 1 000 万元，计划利润为 120 万元，预计税金为 30 万元，企业管理独立费为 80 万元，则项目的预算成本为 770 万元。

2. 成本节约率调节法

成本节约率调节法可以称为技术节约措施法，是指以项目成本估算值乘技术节约措施后的成本率为某项预算成本。项目预算成本的公式如下：

$$项目预算成本=项目成本估算值\times(1-技术节约措施计划节约率) \tag{4.1}$$

式中，技术节约措施计划节约率是根据技术条件而确定的。

例如，某公司正在为某项目编制成本预算。按照施工计划的工程质量要求、现有的技术水平和生产条件所计算的消耗费用为 900 万元，技术节约措施计划节约率为 20%，则项目的预算成本为 900×(1－20%)＝720(万元)。

3. 按实计算法

按实计算法就是以项目的实际资源消耗分析测算为基础，根据所需资源的实际价格，详细计算各项活动的预算成本。这种方法适合于可以把工程项目分解为具体的各项活动的项目。每一项活动又可以分为直接材料费的预算、直接人工费的预算、其他直接费用的预算、制造费用的预算和其他间接费用的预算。预算步骤如下所示。

(1) 直接材料费的预算成本，可由材料部门计算。

$$\text{直接材料费的预算成本} = \sum \text{各类材料的预算用量} \times \text{实际价格} \tag{4.2}$$

式中，实际价格是指实际的购买价格(不包含增值税)。

(2) 直接人工费的预算成本，可由劳动人事部门计算。

$$\text{直接人工费的预算成本} = \sum \text{各类人员预算用量} \times \text{实际水平的工资率} \tag{4.3}$$

(3) 其他直接费用的预算成本，可由项目管理部门的生产部门和材料部门会同其他相关部门一起计算。

(4) 制造费用的预算成本，可由固定资产管理部门计算。其中，最主要的是机械使用的预算成本。

$$\text{机械使用的预算成本} = \sum \text{各类机械的计划台班数} \times \text{规定的台班单价} \tag{4.4}$$

(5) 其他间接费用的预算成本，由项目经理部的财务成本人员计算。

4. 经验确定法

经验确定法是假定“历史会重演”，研究过去的资料，从而总结经验以确定现在的预算成本。可先汇总整理必要的历史资料，以某指标作为标准，比如建筑面积，然后用相应的预算成本率乘预算的建筑面积得出预算成本。经验确定法适用于掌握较充分的同类项目的成本数据。

例如，某工程项目的历史资料如表 4-3 所示。

表 4-3 某工程项目历史资料

年度	建筑面积/米^2	当年实际成本/元
2001	5 000	600 000
2002	3 000	400 000
2003	6 000	800 000
2004	2 000	300 000
2005	7 000	1 000 000

假如 2006 年类似项目的建筑面积为 4 800 米^2，首先，计算历史年度的实际成本的简单加权平均率=(600 000+400 000+800 000+300 000+1 000 000)÷(5 000+3 000+6 000+2 000+7 000)=134.78；然后，计算年度的预算成本=4 800×134.78=646 944(元)。

当然，考虑到越临近预算年度的数据应该越有价值，可以增加修正系数。如把 2001 年到 2005 年的修正系数定为 0.5、0.6、0.7、0.8、0.9 再进行计算。首先计算历史年度的实际成本的复杂加权平均率=(600 000×0.5+400 000×0.6+800 000×0.7+300 000×0.8+1 000 000×0.9)÷(5 000×0.5+3 000×0.6+6 000×0.7+2 000×0.8+7 000×0.9)=136.59；然后计算预算年度的预算成本=4 800×136.59=655 632(元)。

5. 降低项目成本的可能途径

以上方法中，确定预算成本时需要预测项目成本降低额或降低率，可从以下几个角度

来考虑成本的降低。

(1) 管理降成本。正确选择项目实施方案,合理进行项目实施安排,做好人力、物力、财力等资源的整合和运用,加快项目进度,缩短工期获取时间价值。

(2) 技术降成本。科学技术是第一生产力,在实施工程项目时,精心研究并推广新产品、新技术、新结构、新材料、新机器及其他技术革新措施;组织相应的技术团队,提高经济效益;加强项目执行过程的技术监督,提高项目质量,避免返工损失。

(3) 提高劳动生产率降成本。合理安排人力资源,科学地制定奖励和惩罚制度,设计有激励措施的薪酬制度,积极开展员工的职业教育和培训,努力提高生产率。

(4) 提高机械使用率降成本。机器设备因时间的流逝而折旧,即使不用也会降低价值,因此,要加强管理,充分利用设备,保证设备有较强的工作能力,提高机械使用率,降低成本。

(5) 节约材料费用降成本。改进供应链的管理,优化供应链,严格实行收支两条线,加强对废料的综合回收利用。

(6) 节约管理费用降成本。实行扁平式的管理模式,减少非生产人员,制订合理的费用定额,控制费用支出。

(7) 改进项目设计降成本。可开展价值分析,完善项目设计,提高功能成本比,降低成本。

4.2.4 项目成本的分解

项目成本的分解是依据项目各工作活动的进度,将项目预算成本分配到工作活动及项目整个工期中各阶段的过程。项目成本预算总额确定后,可以在工作分解结构的基础上,根据管理的需要,按照各项活动的进度,用参数模型法、自上而下法、自下而上法、计算机辅助法等科学的方法分解成本。项目成本的分解可以依据成本要素、项目管理层次和项目进度计划等分解形成成本体系,这也可为成本控制提供依据。

(1) 按项目成本要素分解

按成本要素分解项目成本,即将总成本分解为直接材料费、直接人工费、其他直接费用、制造费用和其他间接费。以工程项目为例,项目成本分解为直接费和间接费,直接费再分解为直接材料费、直接人工费、其他直接费;间接费再分解为制造费用和其他间接费。

(2) 按项目管理层次分解

按项目组成分解成本,即将总成本分解到项目的各个管理层次,从总成本到子项目、最后到工作活动上。以工程项目为例,总成本可以分解到多个单项工程中,每一个单项工程成本又可以分解成多个任务的成本,每一项任务又可以分解为多个工作活动的成本。

(3) 按项目进度计划分解

根据项目进度计划要求,将项目成本按时间分解到各年、季度、月、旬或周,以便将资金的使用和资金的筹集配合起来。既要满足项目建设的需要,同时尽可能减少资金占用以减少资金成本。在实践中,将工程项目分解为既能方便地表示时间,又能方便地表示成本支出预算的活动是不容易的。通常情况下,如果项目分解程度很高,对时间的预算可能就会很琐碎。因此,在编制网络计划时应充分考虑进度控制对项目划分的要求,同时也要考虑成本支出预算对项目划分的要求,做到两者兼顾。

(4) 综合分解

综合分解是根据项目管理的需要,同时运用几种标准进行分解。以上三种编制成本预算的方法并不是相互独立的。在实践中,往往是将这几种方法结合起来使用,从而达到扬长避短的效果。例如,把按成本要素分解项目总成本与按项目管理层次分解项目总成本两种方法相结合，先按项目成本要素分解，然后按子项目分解。这种分解方法实际上是总成本按项目管理层次分解后被“深加工”检查各子项目的成本预算是否完整。还可将按项目管理层次分解与按进度计划分解结合起来，一般是纵向按项目管理层次分解，横向按进度计划分解。

4.2.5 项目成本预算的调整

由于项目成本预算的不确定性，因此有必要对已编制的预算成本进行调整，以使成本预算既先进又合理，这个过程就是项目成本预算的调整。项目成本预算的调整分为初步调整、综合调整和提案调整三个层次。

(1) 初步调整

在编制项目预算时，无论事先进行了多么充分的准备，或借助了包括工作分解结构、项目进度计划、成本估算等在内的尽可能详细的预算依据材料，也总会出现各种工作上的疏漏或不足，所以想要在预算编制工作中做到一劳永逸是不现实的。造成这种结果的原因是多方面的，一方面是因为一个项目必然涉及多项因素，任何一个因素发生变化，都会影响具体的项目工作，进而对预算编制产生影响；另一方面是因为编制预算工作人员的能力和经验也存在一定的局限性，在预算编制过程中可能遗漏了某项工作或增添了某些不必要的工作，这些都将导致成本预算的偏差。因此，解决初始预算编制工作中的预算偏差，进行预算调整，以制订更加准确的项目成本预算就显得非常重要。

初步调整是预算调整中的第一个环节，初步调整主要是指初始预算编制出来以后，为了促使预算更加准确，常常会对一些可能不够准确的地方进行再调查，并根据实际情况进行修正。例如，在项目预算编制中，有些设备和产品的价格可能是依据前两年或前三年的价格记录推算而来的，通常情况下变动可能不大，但不能排除某些特殊环境导致价格出现较大波动，如过去的石油价格一直比较稳定，但由于这两年欧佩克进行限产导致石油价格上涨，这时就不能简单地参考过去的价格进行预算编制。从这个方面考虑，在调查后进行初步调整是很重要的。

(2) 综合调整

项目所处的环境通常或多或少地发生着变化。例如，伊拉克战争的爆发使石油价格上涨进而使项目成本增加；国家为了抑制经济过热而采取的金融政策使得项目融资成本大幅度上涨；山洪的爆发造成道路施工的拖延；某项目需要进口某种特殊设备，但出于该国局势发生了不利于我国的变化，使得该国突然拒绝颁发设备出口到我国的许可证，从而导致该项目由于缺少设备而影响进度。总之，由于项目所处的环境发生了变化，项目预算也必须做出相应的调整，这就是所谓的综合调整，但这种综合调整不像初步调整那样明确，很多情况下是项目经理凭借自身经验根据对政治和经济等的直觉和判断而做出的预算修正。综合调整一般是在对预算进行初步调整后的基础上再变动一定比例的百分数来完成。

(3) 提案调整

提案调整又称收尾调整。是在工程收尾时，由专业技术人员会同多层管理人员提出的调整。

提案调整是由专业技术人员组织的，项目经理、项目管理团队和项目客户参与的调整。当预算编制人员编制的项目预算已经接近尾声，并认为合理可行时，就可以把预算结果提交审议。这是一个非常关键的阶段，需要说服项目经理、项目团队和主管单位，最后还要求得到客户的肯定，使多数人认为该预算是适当的和周密的。当然，提交的提案难免会遭到质疑和反对，此时要有相关人员进行初步调整和综合调整。这是一个提交与质疑的多方博弈过程，直到最后获得普遍赞同。

在项目预算调整时，经常用到项目预算调整表。工程项目预算调整表如表4-4所示。

表4-4　工程项目预算调整表

<table>
<tr><td>项目号</td><td></td><td>项目名称</td><td colspan="4"></td></tr>
<tr><td>性质</td><td></td><td>开工日期</td><td colspan="4">工程进度</td></tr>
<tr><td colspan="2">版本：第　版</td><td>预算上版金额</td><td>占总价的百分比/%</td><td>财务调整后的金额/元</td><td>占总价的百分比/%</td><td>调整说明</td></tr>
<tr><td colspan="2">工程合同总价</td><td></td><td></td><td></td><td></td><td></td></tr>
<tr><td rowspan="20">工程成本</td><td rowspan="4">施工队工程款</td><td>某某施工队</td><td></td><td></td><td></td><td></td></tr>
<tr><td></td><td></td><td></td><td></td><td></td></tr>
<tr><td></td><td></td><td></td><td></td><td></td></tr>
<tr><td>施工队款小计</td><td></td><td></td><td></td><td></td></tr>
<tr><td rowspan="3">材料</td><td>主材</td><td></td><td></td><td></td><td></td></tr>
<tr><td>辅材</td><td></td><td></td><td></td><td></td></tr>
<tr><td>材料小计</td><td></td><td></td><td></td><td></td></tr>
<tr><td colspan="2">1.管理人员直接工资</td><td></td><td></td><td></td><td></td></tr>
<tr><td colspan="2">2.赔补费</td><td></td><td></td><td></td><td></td></tr>
<tr><td colspan="2">3.协调费</td><td></td><td></td><td></td><td></td></tr>
<tr><td colspan="2">4.业务费</td><td></td><td></td><td></td><td></td></tr>
<tr><td colspan="2">5.差旅费</td><td></td><td></td><td></td><td></td></tr>
<tr><td colspan="2">6.劳务费</td><td></td><td></td><td></td><td></td></tr>
<tr><td colspan="2">7.租赁费</td><td></td><td></td><td></td><td></td></tr>
<tr><td colspan="2">8.汽车费</td><td></td><td></td><td></td><td></td></tr>
<tr><td colspan="2">9.搬运费</td><td></td><td></td><td></td><td></td></tr>
<tr><td colspan="2">10.其他管理费</td><td></td><td></td><td></td><td></td></tr>
<tr><td colspan="2">11.税金</td><td></td><td></td><td></td><td></td></tr>
<tr><td colspan="2">工程费用小计</td><td></td><td></td><td></td><td></td></tr>
<tr><td colspan="2">工程成本小计</td><td></td><td></td><td></td><td></td></tr>
<tr><td colspan="2">工程毛利</td><td></td><td></td><td></td><td></td><td></td></tr>
<tr><td colspan="3">工程总经理审核</td><td>市场部经理审核：</td><td>技术资料室：</td><td colspan="2"></td></tr>
<tr><td colspan="3">财务室审批</td><td colspan="4">公司总经理批准</td></tr>
</table>

编制时间：　　年　　月　　日

4.2.6 项目成本预算的误区及防范

项目管理上的误区指管理当局为了实现项目管理的目标而选择的必经道路上存在的隐蔽风险。管理当局的目标是无可非议的，为实现目标所进行的项目成本预算等管理活动也是正确的，但却存在潜在危险。

项目成本预算的优点：它可以对一个项目纷繁复杂的工作采用一种共同标准——货币尺度加以控制，便于对整个工作分解结构进行综合比较和评价；它采用简单的预算表来反映预算的结果，便于项目管理团队理解和运用；它的目标直接指向项目的利润，增收节支，提高项目的经济效益；它有利于明确项目管理团队内部的责任并作为考核的依据。

然而，项目成本预算也有缺点：存在管得过细的风险，按预算项目详细地分别列出费用数额，可能会束缚项目经理的自主权，整个管理团队如铁板一块，缺少创造力和活力；存在管得过死的风险，预算本身缺乏弹性，实行预算控制又必须编制各种环环相扣的预算表，一个环节出现估计上的错误，就会影响其他环节的预算；存在以预算目标代替项目管理目标的风险，有了项目成本预算后，一切按预算办事，项目本身的目标可能被搁置起来；存在鼓励虚报、保护落后的风险，因为预算是根据历史数据和经验编制的，有可能造成项目管理团队为了轻松完成预算而虚报或多报数据。

运用项目成本预算的目的是加强管理，提高经济效益，但有可能会掉进其本身的陷阱当中。作为项目管理当局，应该尽量避开项目成本预算的陷阱。

按照项目成本预算编制流程的五个步骤可说明面临的陷阱和应该采取的相应措施。

(1) 在确定项目管理的保险储备比例过程中，对于整个项目的不确定性估计可能分析有误，使项目成本的保险储备过大或过小，最终导致整个项目成本管理出现问题或巨大的损失。对于这个工作中的陷阱，首先要按照实际情况用科学的方法进行识别、度量和监控；其次，要根据项目合同类型的选择和综合考虑项目不可预见的费用，避免掉进保险储备过多或过少的陷阱中。

(2) 在项目成本的总预算工作中的陷阱是出现项目总成本预算的数量安排不当的情况。对于这个陷阱，最重要的是要安排好相应的项目成本预算的审计，用外部独立力量进行监督，做好对项目成本预算人为错误的检查，防止项目成本总预算的计算和数量安排不当，避免掉入预算总成本过高或过低的陷阱中。

(3) 在确定具体工作的成本预算额的过程中，项目管理当局可能陷入各个工作分解不当和具体工作的成本预算安排不当的陷阱中。对于这个陷阱，项目管理当局应该采用科学的方法分解整个项目的工作和分析确定各项活动的不确定性，从而避免各项工作活动成本预算安排不当的陷阱。

(4) 在确定项目各具体工作的时间的过程中，可能会掉入时间安排不当的陷阱中。对于这个陷阱，项目管理当局可以用“S”曲线等项目成本预算的安排方法，科学地安排项目时间资源，以达到项目的经济效益。

(5) 在编制项目成本预算表的过程中，可能会掉入生成错误的预算表和错误的输出结果陷阱中。对于这种陷阱，预算人员应该按照相关规定管理和处理各种预算文件及其生成和输出工作，同时在由内部独立人员稽核的情况下，聘请独立的第三方进行审核，从而避免或减少项目成本预算文件错误输出的可能性。

4.3 项目成本预算的方法

项目成本预算的方法是多种多样的，一般常用的是参数模型法、自上而下预算法、自下而上预算法、基于活动的成本预算法、计算机辅助预算法。

4.3.1 参数模型法

参数模型法(Parametric Modeling)是一种建模统计技术，它是先分析项目的相关因素，把项目的相关因素作为参数，建立一个数学模型来进行成本预算的一种比较科学、传统的方法。在考虑相关因素时，要坚持重要性原则，考虑所有相关因素是不可能的，也是不经济的。

利用项目特性计算项目费用，模型可以简单，也可复杂，具体情况应具体分析。在建立模型时需要注意以下的问题：模型本身是否具有可操作性，进入模型的数据应该是相关数据，而不是历史数据或估计数据。这种方法适合于相关因素明确且占比稳定的成本项目。

例如，某软件开发企业的某个软件开发项目的合同总价已经确定，可以用参数模型来估计软件开发的人工成本。通过对历史数据和同行业人工成本的分析，设计人工成本的预算模型如下：

$$S=G\times K \tag{4.5}$$

式中 S——新的软件项目所需要的人工成本；

G——合同总成本；

K——参数(据同行业数据或历史数据)。

4.3.2 自上而下预算法

自上而下预算法(Top-down Budget)实质上是专家评定法，又称类比分析法(Analogous Budget)，这种方法是一个从管理层次的上层一直到下层的预算过程。这种方法主要有以下三项步骤。

(1) 项目管理团队的上层、中层管理人员根据管理经验和判断，收集相关类似的历史数据并简单整理。

(2) 项目的上层、中层管理人员根据所收集到的资料，结合自己的经验和专业判断能力，必要时通过有关专家的帮助对项目的总成本按工作分解结构进行分解。

(3) 把分解后形成的预算成本由上、中层传递给下层管理人员，必要时，进行综合平衡以形成预算体系。

这种预算方法的优点有以下两个方面。

(1) 自上而下预算也许没有全面考虑下层管理人员的实际情况，但它做出的总体预算往往比较准确。上中层管理人员的丰富经验能使他们站在整体的高度把握项目整体的资源需要，从而保证项目成本预算控制在比较准确的水平上。在一般情况下，类似项目的成本往往是比较稳定的，并且即使是看上去相差很大的项目，实际上也有很多方面是相似的，这使得有经验的管理者比没有经验的管理者通常能做出更准确的预算。

(2) 自上而下预算能使资源分配合理。上中层管理人员对活动的重要程度有清楚的认

识，这就避免了有些任务被过分重视而获得过多资源或被忽视而获得过少资源。

但是这种预算方法也存在不可避免的缺点，其具体预算特别是涉及下层管理人员的预算会带有上中层管理人员的主观判断。由于上下层不对等的管理关系，下层管理人员常常宁愿当好好先生，而不愿得罪上司，只能沉默地等待上层管理者自行发现其中的问题进行纠正，这样就会导致项目的消极展开。

4.3.3 自下而上预算法

自下而上预算法（Bottom-up Budget），也称工料清单预算法，它是一种自下而上的预算形式。首先预算出各个活动的成本，再把各个活动的预算自下而上汇总，最后由中高层管理人员根据预算总额进行综合平衡而形成预算体系。

与自上而下的预算方法相比，自下而上预算有以下优点。

(1) 具体的预算更加准确，自下而上的预算方法要求在总体预算时保证把所涉及的所有工作活动都考虑到，对具体活动层次的要求更高、更为准确。

(2) 有更强的执行基础，直接参与项目建设的人员与中高层管理人员相比更为清楚项目涉及活动所需要的资源量，从下层管理人员开始的预算提高了下层管理人员的参与性，避免了自上而下预算法产生消极参与的情况。

与自上而下的预算方法相比，自下而上预算有以下缺点。

(1) 操作困难，这种方法把所涉及的所有工作活动都考虑到，为此该方法工作量更大、更为困难。

(2) 可能削弱中高层的管理权威，很多中高层管理人员认为这是让不懂管理的人来管理，因此很不信任下层管理人员，认为他们会夸大预算；当进行预算的下层管理人员认为上层管理人员会以一定比例削减预算时，他们就会较高地估计自己的资源需求。这样形成一个恶性循环，最终只有经过反复的测算才能使上下层管理人员达成一致，使工作效率大大降低。

(3) 缺乏有效的实际经验，由于这种方法在实际中很少操作，因此没有足够有效的实际经验可供参考和学习。

所以，这种方法对管理团队的综合能力要求非常高，仅适合于配合默契、团队素质极高、沟通协调能力极强的项目管理团队。

4.3.4 基于活动的成本预算法

大部分的项目预算采用基于活动的成本预算法。首先把成本分配给项目中的各个活动，然后按照每个项目活动所使用的资源，把成本分配到各个具体活动中。需要注意的是，项目团队所从事的项目活动是系列离散的任务。因此，基于活动的预算方法的核心理念是项目消耗活动，活动消耗资源。

基于活动的预算法包括以下四个步骤。

(1) 识别消耗资源的活动，将成本分配给这些活动。这一步骤同自下而上的预算方法类似。

(2) 识别与各个活动相关的成本驱动因素。项目人员和材料，这些资源就是关键的成本驱动因素。

(3) 计算每单位成本驱动因素的成本率。例如，人工成本率是每小时的人工成本，若工

人每小时的人工支出是 50 元，则人工成本率为 50。

(4) 将成本率与成本驱动因素的单位数量相乘，把成本分配给各个项目。例如，假设一名高级程序员的成本率是 80 元/时，需要工作 100 个小时，项目的成本即 80 元/时×100 时＝8 000 元。

项目成本有许多来源，即在一个项目中，同时存在多种成本驱动因素，这些成本项目在直接成本和间接成本中都出现过。基于活动的预算是大部分项目预算都采用的一种预算方法，要求尽早识别这些成本驱动因素，才能制订出切实可行的成本控制文件。

表 4－5 是一个项目的部分预算情况。初始预算的目标是识别直接成本和日常开支费用，有些情况可以将日常开支成本进一步分解为更为详细的成本支出计划，以说明各自的预算。例如，调查的日常开支费用是 500 元，这个部分可能包括健康保险、退休补贴以及其他形式的费用，这些费用都可以分解为更详细的项目预算。

表 4－5　项目预算实际案例

活动	预算/元		
	直接成本	日常开支	总成本
调查	3 500	500	4 000
设计	7 000	1 000	8 000
站点清理	3 500	500	4 000
站点建立	6 750	750	7 500
构架系统	8 000	2 000	10 000
测量和布线	3 750	1 250	5 000

表 4－6 反映的是预算表，是实际发生的费用与表 4－5 中总计划费用的比较。由于周期性的更新，该预算可用于偏差报告，包括积极偏差和消极偏差以反映每个活动的基准预算和实际成本之间的差异。此方法将所有相关的项目成本数据列表显示，并帮助制订初始偏差报告。这种预算是一种静态预算文件，既不能反映项目进度，也不能反映项目活动是按阶段进行的，还是遵循网络排序的。

表 4－6　预算计划跟踪和实际活动成本案例

活动	预算/元		
	计划成本	实际开支	偏差
调查	4 000	4 250	250
设计	8 000	8 000	0
站点清理	4 000	3 500	500
站点建立	7 500	8 500	1 000
构架系统	10 000	11 250	1 250
测量和布线	5 000	5 150	150
合计	38 500	40 650	2 150

4.3.5 计算机辅助预算法

在成本预算中可利用某些项目成本管理软件。这种方法能够考虑许多备选方案，方便、快捷，尤其是准确快速。随着计算机硬件技术的发展和软件开发能力的提高，这也是成本预算的一种发展趋势。当然，计算机仅是一种工具，它加快了项目成本预算的速度和准确度，但并不能改变项目成本预算的本质。这种方法适合于有软件和硬件条件的项目管理。

在实际应用中，应将以上几种方法结合起来使用，而不是简单使用某种方法。

4.4 项目成本预算的输出结果

4.4.1 成本基线

成本基线是成本预算的成果之一，是项目从开始到结束的整个生命周期内的成本累计曲线，它描述了项目生命周期中到某个时点为止的累计成本支出。原始的成本预算就是成本基线，也是项目的期望成本。

成本基线是一项与阶段时间相联系的预算计划，主要用于测量和监控项目费用执行情况。成本基线是将按阶段估算的费用汇总后制订的，可以用图形的形式来表示，其中横坐标表示时间，纵坐标表示成本。由于项目的成本会在刚开始的时候缓慢增长，在项目周期中逐渐增加直到一个顶峰，然后随着项目的结束而逐渐停止，所以一般用 S 曲线(S-Curve)来表示。但对大型项目来说，就很难采用这种形式来作图，因为其时间轴的单位不够细，无法准确地表现成本支出情况的起伏变化。当项目进度计划按所有活动的最早开始或最晚开始或两者之间的某个时点开始来安排时，就形成了各种不同形状的 S 曲线，又称为香蕉图，它反映了项目进度允许调整的余地。如图 4－4 所示。

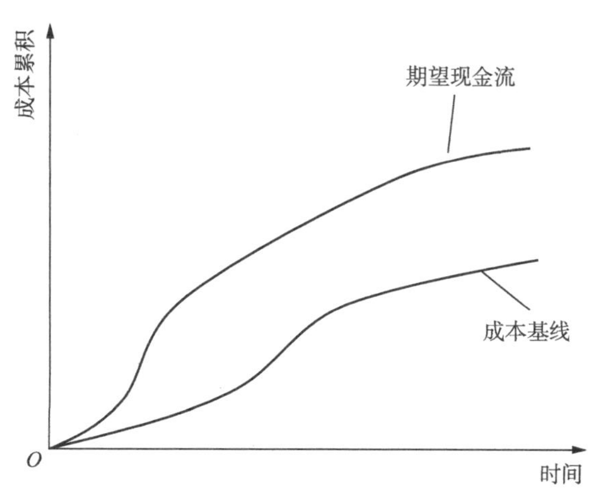

图 4－4 成本基线

香蕉图表明了项目反映变化的安全区间，实际发生成本与预算的差异如果不超出两条曲线限定的范围，都属于正常情况，可以通过调整开始和结束时间使成本控制在计划的范围之内。如果实际成本支出超出这一范围，就要引起重视，查明情况，分析出现成本超支的

原因,并在必要的时候采取有效措施进行纠正。

这里的阶段时间可以按照关键事件之间的时间来计算,也可以按一定的日历时间来计算,还可以按工作包工期计算。如果在进行预算编制时,以工作包工期来衡量阶段时间,那么每期的成本预算就根据组成该工作包的各个活动的进度来确定,当工作包的预算成本确定以后,就能继而确定在什么时间使用了多少预算,这个预算数值通过截至某期的每期预算费用累积而得出,称作累积预算费用,它可作为成本支出绩效的基准。香蕉图不仅可以用于项目的成本控制,还可以在进度控制方面发挥有效作用。

4.4.2 成本预算表

在编制项目成本预算时要填写预算表,完成成本预算的列表。预算表上一般包括下列内容:劳动力、分包商和顾问、专用设备和工具、原材料等,与本章预算单类似,实际中还需要考虑更多的因素,项目预算表示例见本章表 4-2。

案例分析

案例 1

稳重公司有一项为泰山公司生产并安装一台大型机器设备的项目,假如工程造价总额是 1 000 000 元,分成四个阶段(设计、制造、安装、调试)完成此工程项目。工程成本预算首先是按成本要素分解总预算成本,再制订累计预算表,最后绘制时间成本曲线。

(1) 分解总预算成本

分解总预算成本的具体方法有两种:一种是比例分解法,把某项成本要素的总成本按一定比例分解到各个工作阶段;另一种方法是先把总成本在四个阶段进行分解,然后再分解到各个成本要素。每一阶段的总预算成本就是组成各阶段的所有活动的成本要素总和。

把 1 000 000 元的项目成本分解到工作分解结构(即四个工作阶段)中,即设计 200 000 元、制造 400 000 元、安装 300 000 元与调试 100 000 元。制造阶段可以划分成材料 100 000 元、人工 200 000 元和其他直接费 100 000 元;材料部分还可以分解成材料甲 30 000 元、材料乙 30 000 元和材料丙 40 000 元。

可以看出,分解到各阶段的项目成本表示为完成所有与各阶段有关的活动的总预算成本。上述两种方法,都被用来确立每一阶段的总预算成本,且所有阶段的预算总和不能超过项目总预算成本。

(2) 制订累计预算成本

为每一阶段建立总预算成本后,就要把总预算成本分配到各阶段整个工期中去,进一步确定在这一时间内用了多少预算。这个数字用截至某期的每期预算成本总和表示。这一合计数,称作累计预算成本,将作为分析项目成本绩效的基准。

在制订累计预算成本时,最常用的是项目每期预算成本表,项目每期预算成本表如表 4-7 所示。

表 4-7 机器设备项目每期预算成本表 单位:万元

	总预算成本	周									
		1	2	3	4	5	6	7	8	9	10
设计	20	13	7								
制造	40			20	10	10					
安装	30						10	5	15		
调试	10									7	3
合计	100	13	7	20	10	10	10	5	15	7	3
累计		13	20	40	50	60	70	75	90	97	100

(3) 绘制时间成本曲线

此例中,管理人员会认为只要实际总成本低于 1 000 000 元,项目成本就得到了控制。但当某一天实际总成本超过了总预算成本 1 000 000 元,而项目还没有完成时,那该怎么办呢?为了避免这样的事情发生,就要利用累计预算成本而不是总预算成本作为标准来与实际成本作比较。在利用累计预算成本进行成本控制时常使用时间累计成本曲线。对于稳重公司该项目的时间累计成本曲线如图 4-5 所示。

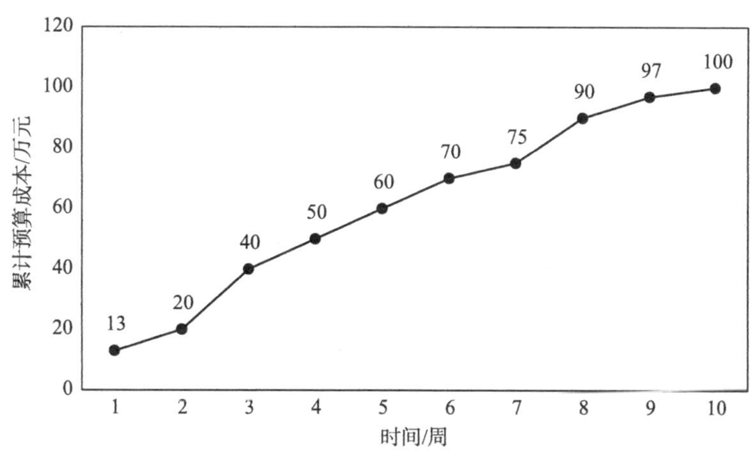

图 4-5 机器设备项目时间累计成本曲线图

对于大型机器备项目,该图表示了每一段工期的分配的预算成本,也表示出了整个项目的每期预算成本及其某个时期的累计预算成本。可以作为控制成本的依据。

思考题

1. 结合该案例思考项目成本预算与项目成本估算有何区别?

2. 从时间成本曲线分析哪段期间是重点控制期间?

3. 假如稳重公司的实际资金量和工程进度与预算的出入很大,稳重公司应从哪些维度分析和解决差异?

练习题

1. 项目成本预算具有哪些特征，结合一个具体项目简要说明？
2. 一般来说，项目成本预算的编制过程中存在哪些误区？
3. 简述项目成本预算的编制原则。
4. 项目成本预算的输出结果包括哪几类？简要说明。
5. 成本预算计划如何编制？有哪些基本方法？
6. 项目成本预算编制的原则、依据是什么？
7. 成本预算的程序分哪几个步骤？有哪些基本方法？

5 项目成本控制

➢学习目标

通过本章学习，学生应该理解项目成本控制的作用，了解项目成本控制的基本概念、成本控制的内容和过程、成本控制的依据、成本控制的途径、成本控制的方法和成本控制的结果等几个方面的内容。

构皮滩的故事

中国水利水电第十四工程局有限公司构皮滩工程项目经理部承担构皮滩水电站前期左岸进场公路工程、左岸1#和2#导流隧洞工程及引水发电系统建筑及金属结构安装工程，累计合同金额为10.09亿元。引水发电系统工程合同金额9.06亿元，其中，水电六局分包进水口及引水隧洞土建及相应金属结构安装，分包合同额为1.52亿元；水电九局分包主变室、5#机尾水隧洞、尾水渠、尾水塔及地面开关站，分包合同额为1.82亿元。其余部分由水电十四局承担施工，合同额为5.73亿元。截至2008年年底，前期进场公路及导流隧洞工程等合同项目已完成审计，引水发电系统工程主要施工任务在2009年完成。

早在1985年，中国水电十四局进行国内第一个项目法施工改革试点时，开启了我国水电建设项目法施工的先河，并参加了闻名全国的鲁布革工程管理经验的总结、试点和推广。随着项目法施工经验的逐步成熟，在成本管理和控制上也取得了一系列的成绩。然而，也可看出，我国现行的水利水电建筑承包市场运行不够有序和规范，成本控制依然是水电施工企业能否在市场竞争中立于不败之地、不断稳步发展的重要因素，依然是项目管理的核心。成本控制水平的高低，直接影响项目的正常运转，而项目运转的成效又直接影响企业在市场上的信誉和生存。所以，迫切地需要实实在在地面对和解决有关成本控制的一系列问题。

(1) 通过技术经济分析完成成本预测

首先在工程开始前先进行工程成本分析，工程成本的分析源于工程技术方案。通过对施工方案的成本分析，力争使该方案做到精细化，具体到工程的细节，选择最优方案，做到成本最低。在构皮滩工程管理过程中，施工技术方案的精细化放在首位，在编制施工技术方案之前，组织各个部门进行讨论，分析工程施工过程中可能出现的状况，仔细结合合同文件分析该方案在成本方面的可行性和操作性。构皮滩工程项目经理部在搞好技术经济分析后，由经济管理部门进行成本分析和策划，对该工程进行成本控制。

(2) 建立竞价机制推动成本控制

在如今市场经济条件下，建筑企业施工已经实现了工序分包和专业化协作，项目部在施工开始准备前，对工程进行工序分解，根据已经选定的施工技术方案进行招投标管理，实行工序分包和专业化协作竞价的制度，过程中严格资审与分包，严格遵循分包商评价程序，严审分包商的各种证件和资信证明；严查其设备、技术、资金、业绩等综合实力。在选择合格的工序分包商后，严格按照集团公司合同管理文本和 FIDIC 合同条件签订和履行规范合法的合同，并且保证重、难、新点和高技术含量工程加强监控。在控制工程进度和质量的同时进一步压缩和节约成本，根据成本预测目标和标准控制工程施工工序中的施工成本。

(3) 加强施工管理和过程控制

施工过程的管理也是成本控制的关键，根据成本控制的目标和标准，对施工过程进行记录，记录应建立在仔细观察的基础上，对记录的内容要求详细又完整。这一过程是施工成本控制的基础。构皮滩工程项目经理部根据工程管理部门记录的内容进行整理和分析，使之系统化、条理化，并对原始资料仔细地审核，使得出的成果能反映施工和管理水平的特征。然后用适当的控制标准与整理后资料相比较，并结合实际施工和管理中的情况，进行施工成本统计分析，对经验和教训进行总结，并对总结的成功经验进行广泛推广；对存在问题的环节及时地监督改正。

(4) 物资管理是成本控制的重点

工程物料消耗和机械设备使用费占工程直接成本的 70%左右，项目责任成本能否得到有效控制，物料消耗和机械设备使用费的控制是关键。

首先是物资采购阶段，由于水电工程施工行业市场竞争激烈，各施工企业往往采取合理低价中标，物资材料价格的弹性相对要大些，能够通过合理控制采购价格给企业带来可观的经济效益。构皮滩电站引水发电系统中(合同金额为 9.06 亿元)，物资材料约占合同总金额的 55%，其中业主提供的主材料(包括钢材、水泥、油料及火工产品)占 39%，剩余部分自购材料约占总成本的 16%左右。所以，通过物资采购比价工作，降低采购成本实现成本控制目标是现实可行的。

其次是物资管理阶段，物资管理的关键则是在“计划管理、定额管理”的前提下进行过程控制，构皮滩工程项目经理部在物资管理方面设置了机电物资部和仓库管理部两个职能管理部门。在构成工程实体的主要材料使用方面，根据设计蓝图标定的工程量，由技术部门核定相应设计工程量，合同管理部门根据定额单耗确定该项工程的材料耗量，通过物资和仓库管理部门对材料领用进行控制。在周转材料的管理中建立“收发台账”，即一种把厂队领用的周转材料计入该队的成本，在使用期限内进行逐月折旧摊销的经营管理方式。同时，构皮滩工程项目经理部制订了《周转材料使用办法》加强对周转材料的管理，制订了周转材料的验收标准，对周转材料的外观要求、防护措施、损坏程度等均做了详细的规定，并严格按照验收标准实施验收程序。

(5) 主材料核销作为成本控制的手段

构皮滩工程引水发电系统工程业主实行统供主要材料，业主根据中标时单价分析表中的定额耗量对承包商实施主材料核销，构皮滩工程投标时采用的定额为电力工业部电水规[1997]123 号文颁发的《水力发电建筑工程概算定额》，鉴于企业施工水平的提高，部分单耗变化较大，在工程总量很大的情况下，细微的变化都会导致主材料耗量和实际使用量的巨大差别，因此项目部根据实际施工水平不断修正定额单耗以及影响耗量的因素，以寻求有力的核销条件。在对工序分包商方面，项目部根据他们实际完成的工程量与材料实际领用量进行分析，找出主材料差值的因素，对该工序分包商亦采取主材料核销，使材料的使用控制在合理的范围之内。

(6) 工程变更索赔是成本控制的重要方面

对于低价中标项目的成本控制，除了采取现代化管理方法外，工程索赔也很重要。构皮滩工程针对工程项目的变更及索赔，成立了由总经济师为组长的索赔领导小组，并制订了相应的索赔管理办法，在施工过程中，注重原始记录和监理签证手续的完善，详细收集整理与索赔项目有关的各种资料，编制完成并按规定时限报送正式索赔文件，理出索赔的重点，加大索赔的力度，转变思路，讲究策略，做好沟通和谈判工作。

项目成本管理中，成本控制和管理的成败决定施工企业在成本竞争时代的成败。在倡导精益化管理的情况下，加强施工企业成本管理显得尤其重要。

5.1 项目成本控制概述

在管理学中，控制通常是指管理人员按计划标准来衡量所取得的成果，纠正所发生的偏差，以保证计划目标得以实现的管理活动。管理首先开始于计划，然后进行组织和人员配备，并实施有效领导，一旦计划实施，就必须进行控制以检查计划实施情况，找出偏离计划的误差，确定应采取的纠正措施，并采取纠正行动。控制具有以下三个特点。

(1) 控制具有很强的目的性。没有目标控制就等于失去了方向，无法评判控制结果的好坏。

(2) 控制的目标通过有效的约束和调节来实现。缺乏约束和调节，受控对象就会偏离目标，出现失控。

(3) 控制是一个过程。控制的过程实际上就是施控主体对受控对象进行影响、约束和调节的过程。

成本控制是一种经济控制。它是根据成本预定目标，对企业生产经营过程中的成本费用支出进行监控，发现偏差，纠正偏差，以达到在预算成本内实现目标的过程。项目成本控制是项目成本管理的一个主要内容，随着项目的进行，通过监控项目支出，采取有效措施将项目的各项耗费控制在预算范围内，是项目成功完成的一个重要指标。

5.1.1 项目成本控制的概念

项目成本控制是指在整个项目的实施过程中，控制项目预算的变更并及时调整以达到控制成本目的的过程。具体是指定期性、经常性地收集项目实际支出的费用，采用一定的方法对费用的计划值和实际值进行动态的分目标、多层次的比较分析，如果发现偏差，要及时采取纠偏措施——包括经济、技术、合同、组织管理等综合措施，防止不正确、不合理的或未经核准的费用变更纳入费用预算计划中，以使项目的费用目标能最大限度的实现。

可以说，项目成本控制的主要任务是监视项目成本支出，寻找其与计划值之间的正负偏差，分析原因和采取措施，确保项目朝着对控制方有利的方向发展。但是项目的成本控制必须与其他控制过程综合考虑，如项目的质量控制、进度控制、范围控制等，不能因为过分强调成本控制而忽视了其他方面，如过分地缩减成本会引起项目质量下降、工程不能按期完工等问题。

项目成本控制具有以下六个特点。

(1) 项目成本控制的被控对象一般存在多种发展的可能性。由于项目本身的复杂性以及外界条件的影响，使得成本控制的控制目标可以朝不同方向发展。如果被控制的对象仅有向一个方向发展的可能性，也就不需要进行控制了。

(2) 项目成本控制对价值运动实施直接控制，而对非价值运动实施间接控制。因此，凡是能用货币表现的生产耗费都是成本管理所要反映和控制的对象，实行直接控制。项目的实施除能用货币表现的价值活动外，还有些活动并不完全与价值活动有关。如人事管理、生产计划、调度等，可实行间接控制。

(3) 项目成本控制贯穿整个实施过程。项目实施中所涉及的任何价值转移，都包括在成本控制的范围之内。

(4) 项目成本控制一般是在事中进行。项目成本控制活动主要是在经济业务进行当中实施，通过成本控制使得项目的发展运行于预先所确定的轨道上，而不至于脱离目标。

(5) 项目成本控制活动需要项目团队各个部门的通力协作。实施成本控制不能只依靠会计部门的努力，成本控制涉及各个部门，制订的各项指标和措施，需要各部门的人员通力合作来完成。

(6) 由于项目管理通常是一次性行为，它的管理对象只有一个项目，且随着项目建设的完成而结束其使命。

项目成本控制的目的就是实现成本计划，降低项目成本，把影响项目成本的各种成本控制在成本计划和成本标准之内，并尽可能地使耗费达到最小，确保项目朝着有利的方向发展。然而除了控制成本支出以外，还必须增加项目预算收入，因为只有在增加收入的同时节约支出，才能提高项目成本控制水平。

5.1.2 项目成本控制的分类

按照不同的分类标准可以将控制分为不同的类型。不同类型的控制，其作用和侧重点也有所不同。

1. 按控制的时间分类

按控制的时间分类，可将控制分为前馈控制、过程控制、反馈控制。

前馈控制，又称事前控制，是指在受控系统运行前，就对其运行过程的状态和输出结果的可能偏差进行监视，以便使受控系统的运行符合控制标准，否则就改变输入或受控系统的运行。在成本控制中，前馈控制是指在项目成本发生以前的成本控制，即对目标偏离的可能性进行预先分析，拟定和采取各种预防措施，以使计划目标得以实现。它的特点是在成本行为发生之前就对成本完成有关修正。比如预计某种材料价格将会在未来上涨，可预先进行大量储备，以防价格上涨导致生产成本上升。

过程控制，又称事中控制、同期控制，是指控制作用发生在受控系统行动之中，即与系统工作过程同时进行。其特点是在运行过程中，一旦发生偏差，马上能加以纠正，目的是保证本次系统行动尽可能减少发生偏差，改进本次而不是下一次行动的质量。过程控制一般包括两项职能：一是技术性指导，即对下属的工作方法和程序等进行指导；二是监督，确保下属完成任务。在过程控制中，由于管理者要即时完成包括比较、分析、纠正偏差等完整的控制工作，所以必须明确计划行动目标，制订相关的标准、制度、规范和政策等。例如，在施工项目成本控制过程中，对材料消耗，要制订数量限额并设专人依据施工预算签发限额领料卡；对人工消耗，实行按定额有计划配置；其他费用开支，财务部门采取定额包干的形式对其核算，实行控制。即便如此，控制工作的效果更多地依赖于现场管理者的个人素质、作风、指导方式以及下属对这类指导的理解程度等因素。因此，过程控制对管理者的要求较高。此外，控制的内容还与被控对象的特点密切相关，例如，控制简单的或是标准化程度很高的工作，严格的管理制度和现场监督可以起到较好的效果；但对于高级的创造性的工作而言，一种良好的工作环境和氛围，更有利于计划的顺利实现和行动目标的达到。

反馈控制，又称事后控制，是指根据控制目标与受控系统的实际运行结果来实施控制。成本的反馈控制，就是把成本的实际值与目标值（计划值）进行对比、寻找偏差，确定解决问题和纠正偏差的方案，使得对计划目标出现的偏离能得以纠正。反馈控制的特点是根据输出信息来调整输入信息，根据过去的行为来调整未来的行为。

反馈控制是一种十分重要而且经常运用的控制方式。在成本控制中，若成本计划本身不先进、不合理，或是生产（施工）过程中某些工料的浪费等，运用前馈和同期都难以控制，需在过程结束后，对结果分析并加以改进。因此大量的成本控制工作必须通过反馈控制来完成。

前馈、过程和反馈三种控制分别作用于受控系统的不同阶段，因此它们之间有着显著的区别。

(1) 馈入信息不同。前馈控制的馈入信息是系统的输入信息；反馈控制是以系统的输出信息为馈入信息；而过程控制则是以系统的执行信息为控制依据。

(2) 目的不同。前馈控制的目的是对系统的输入控制；反馈控制强调系统的输出控制；而过程控制则以系统的作业控制为控制目的。

这三种控制虽然控制作用的时间不同，但三者之间不是截然分开的，它们都具有前后呼应，相互提供成本控制信息的反馈作用。前馈控制会对过程和反馈控制产生影响；而过程控制的执行信息又会给控制部门提供事前决策和事后分析的依据；反馈控制又不断影响前馈和过程控制。它们彼此之间提供的成本控制信息对整个生产（施工）操作过程的成本控制产生积极的影响，形成了交叉递进的成本控制态势，使成本控制更加有效。如图 5－1 所示。

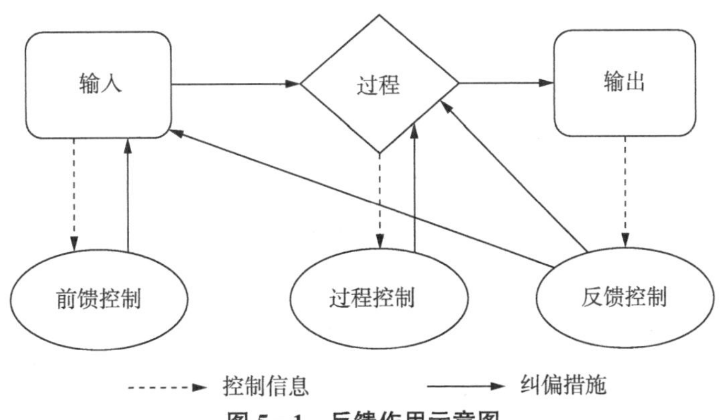

图 5－1　反馈作用示意图

2. 按成本习性分类

按成本习性分类，可将控制分为直接成本控制和间接成本控制。

(1) 直接成本控制。直接成本是指直接构成工程项目的成本，是成本控制的主要方面。对直接成本的控制，主要是对工程项目的各项工序消耗定额成本的控制，如单位项目工程的材料消耗、人工消耗、机械使用台时(或台班)等定额，按标准定额进行控制。

(2) 间接成本控制。间接成本是指不能直接构成项目成本，需要通过分配的方法计入项目成本。对间接成本的控制主要是制订开支限额或费率，采用合理的分配标准进行控制。

5.1.3 项目成本控制的原则

项目成本控制的原则是进行项目成本管理的基础和核心，它体现了企业成本控制的特点。项目成本控制具体而言，应该遵循以下各项原则。

1. 成本最低化原则

项目管理中应讲求效益，要注重降低成本的可能性并使合理的成本最低化。项目成本控制的根本目的在于通过成本管理的各种手段，不断降低项目成本，以达到可能实现最低的目标成本的要求。在实行成本最低化原则时，要注意一方面凡是有利于提高经济效益、降低成本的行为都要给予激励、促进和推广；另一方面凡是不利于提高经济效益和降低成本的行为都应予以调节、约束和限制。

2. 全面控制原则

全面控制原则包括全员控制和全过程控制。

(1) 全员控制。项目成本是考核项目经济效益的综合性指标，它涉及与项目形成有关的各部门、各单位和班组，也与职工个人切身利益有关。因此，有关的各部门、各单位和个人都要肩负成本责任，把成本目标落实到每个部门乃至个人，真正树立起全员控制的观念。

(2) 全过程控制。项目成本的发生涉及项目整个周期。因此，项目成本形成的全过程都要有成本控制的意识。项目成本的全过程控制要求成本控制工作要随着项目施工进展的各个阶段连续进行，既不能疏漏，也不能时紧时松，应使施工项目成本自始至终置于有效的控制之下。

3. 动态控制原则

项目是一次性的，成本控制应强调项目的中间控制，即动态控制，因为项目准备阶段的成本控制只是根据项目计划设计的具体内容确定成本目标、编制成本计划、明确成本基线、制订成本控制方案，以便为今后的成本控制做好准备。而项目收尾阶段的成本控制，由于成本盈亏已基本定局，即使发生了偏差，也来不及纠正了。

4. 目标管理原则

目标管理是进行任何一项管理工作的基本方法和手段，成本控制也应遵循这一原则。目标管理的内容包括：目标设定、分解目标的责任到位、检查目标的执行结果、评价和修正目标，从而形成目标管理的计划、实施、检查、处理、循环。在实施目标管理过程中，目标的设定应切实可行，具体清楚，要落实到各部门、班组甚至个人；目标的责任应全面，既有工作责任，更要有成本责任。目标的检查应及时全面，发现问题，应及时采取纠正措施；目标的评价应公正、合理。

5. 责、权、利相结合原则

成本控制必须首先落实经济责任，并赋予责任者相应的权利，否则责任者就无法履行其分担的义务。同时，只有责任和权利，没有一定的经济利益，责任者就会失去控制成本的动力，因此成本控制必须明确责任，做到事事有人管；必须赋予权力，做到管理有效；必须考虑利益，做到奖惩分明调动各责任者在成本控制中的积极性和主动性。在项目实施过程中，项目经理在肩负成本控制责任的同时，享有成本控制的权力；同时，项目经理要对各部门在成本控制中的业绩进行定期检查和考评，实行有奖有罚。

6. 例外管理原则

例外管理原则是指项目管理人员对于控制标准以内的问题，不必事无巨细，样样控制，而应将注意力集中在成本实际值脱离成本目标值的例外事项上。这些例外事项通常包括四个方面：一是成本与目标值差异比较大的事项；二是经常发生差异的事项；三是可能引起性质严重的事项；四是会对项目的决策产生影响的事项。比如，在成本管理中经常出现的成本盈亏异常现象，即盈余或亏损超过了正常的比例。对例外事项应进行重点检查，深入分析，并积极采取相应措施予以纠正。

5.1.4 项目成本控制的内容

项目成本是指项目从设计到完成期间所需的全部费用的总和。它包括基础投资、前期的各种费用、项目施工过程中的借款利息、管理费及其他费用等。因此，项目成本控制的主要内容包括项目决策成本控制、招标费用成本控制、勘察设计成本控制、项目施工成本控制四个方面，这四个方面也是一般项目成本的四大组成部分。

(1) 项目决策成本控制。决策是项目形成的第一个阶段，其工作的好坏，将对项目建成后的经济效益与社会效益产生重要影响。为了能对项目进行科学的决策，通常要在这一阶段，对项目的可行性，包括市场情况、施工环境、融资情况等进行详细的调查和研究，完成这些工作所支付的资金，构成项目的决策成本，而它的预算和管理也构成了决策成本控制。

(2) 招标费用成本控制。招标费用成本控制指对进行招投标工作支出的费用所进行的控制。不管投资者是自行招标或是委托招标，都需要投入一定的人力和物力，这些人力和物力的开支则构成了招标费用，作为整个项目成本的一部分，招标费用也是十分重要的。

(3) 勘察设计成本控制。根据可行性报告进行勘察；根据勘察资料和可行性研究报告进行各种设计，包括初步设计、施工图设计、复杂设计和其他技术设计等，对这些工作所耗用的费用进行管理和控制。

(4) 项目施工成本控制。项目施工成本控制指在整个项目施工过程中，为完成项目的建筑安装施工所耗用的费用进行管理和控制。项目决策成本控制、招标费用成本控制和勘察设计成本控制在整个项目成本中所占的比重比较小，所以对项目成本的控制主要以项目施工成本控制为主。一般来说，一个项目所涉及的成本主要有机械使用费、材料费、人力资源费和施工管理费等，这些费用共同构成了项目成本的主体。其中，前三项通常被称作直接成本或直接费用，施工管理费则被称为间接成本和间接费用。在项目总成本的四项费用中，施工成本是项目总成本的主要组成部分，在一般情况下，项目施工成本可占到90%以上。因此，可以说项目的成本控制实际上就是项目施工的成本控制。

5.1.5 项目成本控制的作用

项目成本控制的作用主要有以下几方面。

(1) 有利于提高项目本身的成本管理水平。

(2) 有利于项目团队发现更为有效的项目建设方法,从而可以降低项目的成本。

(3) 有利于项目管理人员加强经济核算,提高经济效益等。

5.2 项目成本控制的依据及流程

5.2.1 项目成本控制的依据

1. 成本基线

成本基线是成本预算的成果之一,是项目从开始到结束的整个生命期内的成本累计曲线。它描述了项目生命期的某个时点为止的累计成本。原始的成本预算就是成本基线。成本基线是一项面向阶段时间的预算,主要用于测量和监控项目成本的执行情况,这是将按阶段估算的成本汇总后制订的,一般用 S 曲线表示。当进度计划按所有活动的最早开始或最晚开始或者两者之间的某个时点开始来安排时,就形成了各种不同形状的 S 曲线,又称为香蕉曲线图,它反映了项目进度允许调整的余地。成本累积曲线如图 5-2 所示。

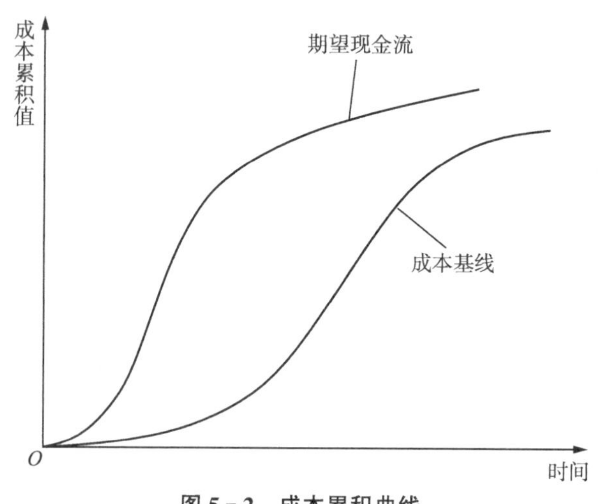

图 5-2 成本累积曲线

香蕉曲线图表明了项目成本变化的安全区间,实际发生成本的变化如果不超出两条曲线限定的范围,都属于正常的变化,可以通过调整开始和结束的时间使成本控制在计划的范围之内。如果实际成本超出这一范围,就要引起重视,查清情况,分析原因,并在必要的时候采取有效的纠正措施。

这里的阶段时间可以按里程碑之间的时间来计算,也可以按一定的日历时间来计算,或按工作包工期计算等。这里以工作包工期为例,每期的成本估计是根据组成该工作包的各个活动的进度确定的,当工作包的预算成本确定以后,就能继而确定在何时使用了多少预算,这个值是通过截至某期的每期预算成本累积而得出的,称作累积预算成本,是到某期为止按进度计划完成的项目预算值,作为成本开销绩效的基准。

同时,香蕉曲线图不仅可以用于项目的成本控制,还可以在进度控制方面发挥有效的作用。

2. 绩效报告

绩效报告提供成本执行方面的信息,关注项目资源在项目周期中是如何使用的,如哪些预算已经完成，哪些尚未完成等，还可以提醒项目团队注意将来可能引起麻烦的问题并对其进行改善。

绩效报告通常需要包括项目范围、进度、成本和质量的绩效信息，不少项目还需要包含风险和采购信息。报告可以是全面完整的，也可以是特殊情况下的特殊内容报告。

绩效报告可以使用多种方法来报告费用信息，较常用的是开支表、直方图和S曲线等，挣值分析数据也常常包含在绩效报告中，任一报告均可全面地或只针对一个例外编写。

3. 批准的变更请求

项目的变更请求既可以是项目业主/客户提出的，也可以是项目实施者（承包者）或其他方面提出的。任何项目的变更都会造成项目成本的变动，所以在项目的实施过程中提出的任何变更都必须经过业主或客户的同意。如果项目实施者不经过业主同意或者仅仅获得项目业主或客户组织中的非权威人士的口头赞同就做了项目的变更和项目成本预算的变更，那么将会面临着因这些变更而收不到付款的风险。

变更请求可以以多种形式出现——口头的或书面的、直接的或间接的、外部的或内部的、强制性的或可选择的。但是，除了紧急情况外，口头变更请求必须在处理之前形成书面文件。

4. 项目成本管理计划

项目成本管理计划是确定当项目实际成本与计划成本发生差异时如何进行管理，是对整个成本控制过程的有序安排，是项目成本控制的有力保证。

成本管理计划说明了如何管理成本偏差（如对大问题和小问题的应对措施各是什么等）。成本管理计划根据项目干系人的需要，可以是正式的，也可以是非正式的；可以是非常详尽的，也可以是只有大体框架的。

5.2.2 项目成本控制流程

项目部是成本控制中心，其成本控制对象是项目部的各个单项工程。一个完整的项目成本控制流程如图5-3所示。

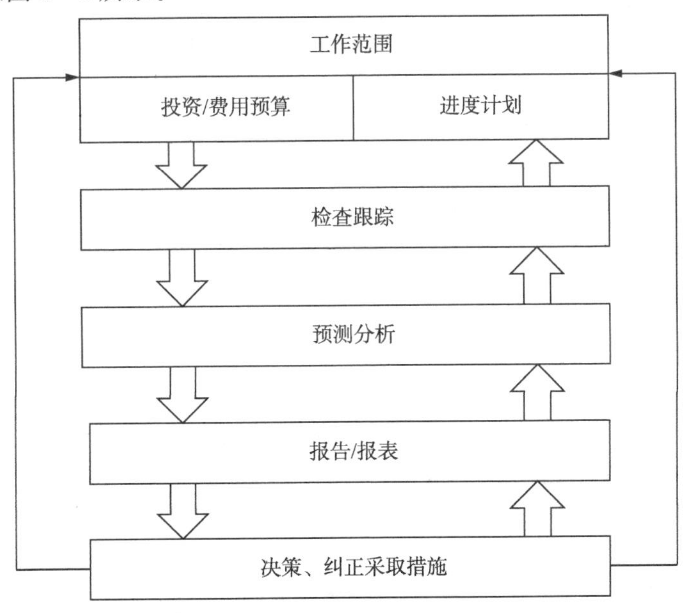

图5-3 项目成本控制流程图

(1) 由合同预算部门会同项目经理共同确立项目成本计划。确定成本计划是成本控制的起点,是成本控制工作的依据。

(2) 项目经理编制目标(责任)成本。

(3) 用目标成本来衡量项目当前的实际成本,实际成本资料由及时、准确的成本核算提供。

(4) 比较目标成本与实际成本,分析偏差产生的原因。将目标成本与实际成本相比较,可以算出成本差异,确定成本是节约还是超支,分析原因,确定责任归属,作为对成本责任单位进行考核和奖惩的依据。

(5) 及时采取纠正偏差的措施。计算和分析成本差异,仅仅指出了问题及其产生的原因,要想控制成本,必须将成本信息反馈到有关责任部门,使其能够迅速采取措施,保证成本目标的完成。为了使成本信息能够及时、准确地反馈到有关责任部门,企业应该建立一个完善有效的内部信息系统。

具体来看,项目成本控制工作首先是从确定工作范围开始的。控制工作范围包括成本预算和工作进度计划。项目具体工作开始实施后,就要进行检查和跟踪工作,然后对检查和跟踪工作的结果进行分析,预测其发展趋势,得出成本进展情况及发展趋势报告。根据成本进展情况和发展趋势报告,采取具体的纠偏措施。

下面以工程项目为例,具体介绍项目成本控制工作的主要流程。

(1) 确定项目的目标(责任)成本

施工企业承揽的工程项目,一般都要成立项目部,由项目经理与上级领导签订责任书,明确自己在工程施工过程中承担的责任,同时确定目标成本。目标成本是对施工图预算所列项目,按照成本项目的核算内容进行分析、归类而得,其中直接成本的人工费、材料费、机械使用费根据分部分项工程量和预算单价(定额)计算求得,直接成本的其他费用、间接成本的施工管理费按工程类别、计算基础和取费系数计算求得。

(2) 编制项目内控成本计划

依据目标成本,首先根据施工图纸计算实际工程量,由项目经理及其他项目组管理人员根据施工方案和分包合同,确定计划支出的人工费、实际需要的机械费;其次,根据定额材料消耗量,确定材料费,一般应有 3%～5%的降低率;根据项目责任合同确定项目现场经费。以上费用综合即为初步确定的项目内控成本计划计算出的内控成本,必须确保项目责任成本降低率的完成。如果达不到降低率的要求,应通过加快工具周转、缩短工期、采用新技术、新工艺等办法予以解决。通过价值工程的方法,在保证质量和安全的前提下,将不同工期条件与项目固定成本进行对比,解决成本与工期之间的和谐性。项目内控成本的制订,必须附有明确、具体的成本降低措施。

(3) 落实责任、实施项目成本的过程控制

成本控制要做到全员参与,树立全员责任意识。一是内控成本编制完成后,应在项目部内部层层分解责任成本,层层签订责任书。明确项目部内各个成员的责任,提高项目部内各个成员的责任意识。二是由各岗位责任人员对每个环节、每道工序实施全过程控制。对成本支出中构成比重大的和可控成本进行重点分析、监督,落实控制措施;对重点材料采用竞标的办法,对能自定的材料、物资和大宗物品采用招投标办法,在保证质量的前提下,降低采购成本;科学施工,严抓质量,避免问题和浪费的产生;减少非生产支出,控制不合理

综合费用的发生，对能避免发生的费用要严格控制，从根本上杜绝。

(4) 项目成本核算

项目成本核算方法一般有表格核算法和会计核算法。前者是各要素部门和核算单位定期采集信息，填制相应的表格，并通过一系列的表格，形成项目成本核算体系；后者是建立在会计核算的基础上，利用会计核算所独有的借贷记账法，按项目成本内容和收支范围，组织项目成本核算的方法。项目成本核算在满足基本会计核算要求的同时，更注重责任成本的核算。要求正确区分相关部门或岗位的责任成本和非责任成本，并建立内部模拟要素市场，实行内部有偿结算。

项目成本核算主要包括人工费、材料费、机械使用和维修费、其他直接费用和间接费用。

① 人工费的核算是根据工资(奖金)发放表、内部结算票据和项目劳资员提供的"单位工程用工汇总表"，编制"工资分配表"，进行分部分项的生产人员工资分配；工资附加费可以采取比例分配法；劳动保护费可按标准直接进入人工费核销。分包劳务成本一般由分包单位按合同内容编制结算单，经项目施工员、预算员及项目经理审签后，再按各公司规定程序报公司批准后进行核算。对跨期完工的项目，可先进行劳务分包成本预估，经项目部审核后计入项目成本，决算时进行会计冲回。

② 材料费的核算是指在施工过程中耗用的、构成工程实体的费用，主要包括主要材料、结构件、其他材料、周转材料的摊销、租费和运输费等。材料费的核算可根据预算材料减去材料计划降低额求得。材料计划降低额的计算分两个方面进行：一是差价，即根据材料预算价和市场采购价的差额计算综合材料采购降低率，然后乘预算材料费，也可以用几种用量大的主要材料的采购降低率来代替综合材料的采购降低率，计算材料价差的计划降低额；二是量差，即根据以往的经验、采用的工艺和方法，先推算出可节约主要材料的用量比例，再乘主要材料的用量，便可计算出主要材料量差的计划降低额。

③ 机械使用和维修费的核算可分为两部分，一部分是使用自有机械的折旧大修费、经常修理费、操作人员的工资及奖金、燃油及电费等，根据使用台数、有关资料及经验测算；另一部分是使用租赁机械，根据机械租赁台数及租赁单价分类计算。

④ 其他直接费用和间接费用的核算中，其他直接费用在发生时直接计入成本。间接费用由项目会计按规定的核算标准和费用划分标准进行成本核算。费用划分标准是：建筑工程以直接费用为标准，安装工程以人工费为标准，产品(劳务、作业)的分配以直接费或人工费为标准。

按预算成本确定的计划成本和按可能支出确定的计划成本对照比较，互相修正，如各成本子项数额不相接近时，要调整计划成本数额。如按预算成本确定的计划成本高于按可能支出确定的计划成本时，以按可能支出确定的计划成本作为最终的计划成本，其超出额可弥补其他成本子项支出的不足；如按预算成本确定的计划成本低于按可能支出确定的计划成本时，要找出原因，其差额需从其他成本子项的节余中弥补，若无法弥补，则从上缴公司的利润中弥补，需向公司打报告，申请核减与差额等额的上缴利润。

计划成本的核算需要实事求是，因为市场经济条件下所承揽的工程项目普遍存在压级压价现象，要实现项目盈利，只有控制成本，但成本支出不可能越低越好，因为实现质量目标所要求的成本支出有一最低额度，成本控制只能是在一定的额度区间进行。

(5) 项目成本分析

首先进行综合分析，将工程实际成本同目标成本、内控成本进行对照检查，计算出绝对数、相对数，以反映成本目标总的完成情况。其次进行成本项目分析，即按施工成本费用构成项目进行分析比较，反映各成本项目降低情况，分析积极、消极因素，促进消极因素向积极因素转化。成本分析主要包括人工费、材料费和机械使用费。

① 人工费分析将项目中的人工费的实际成本与预算成本相比较，再参照劳资部门有关劳动工资方面的统计资料，找出人工费超支的因素及其原因。

② 材料费分析常用的方法为因素分析法，分析重要材料物资因用量、单价变化对材料费的影响。另外，材料费分析还应有材料定额变动的分析、废旧料利用情况的分析、施工工艺变动对材料费影响的分析等。

③ 机械使用费分析将施工机械使用费的内控计划数与实际数相对比，然后进行价格、数量分析，找出施工企业自有及租赁机械使用上的节约或浪费。

(6) 采取相应措施

根据预测分析的结果，提出相应的解决方案，以保证项目成本按计划进行，不至于偏离太远。

(7) 项目竣工进行成本核算

项目竣工时，工程结算收入与各成本项目的支出数额最终确定，项目部整理汇总有关的成本核算资料，报公司审核。根据公司的审核意见及项目部与各部门、各有关人员签订的成本承包合同，项目部对责任人予以奖罚。如果在工程施工过程中成本核算和信息反馈及时，分次进行成本考核并奖罚兑现，效果会更好。

有效控制项目成本的关键有三点。首先核算口径要一致。预算成本、计划成本和实际成本的核算范围和计算不仅要与财务制度规定、项目预算一致，而且要相互一致。每一项目开始前，应统一确定项目目录，据此确定成本核算对象，然后将各种原始资料的记录、核算、上报口径统一明晰，这样预算成本、计划成本和实际成本才有相互对比、考核、分析的基础。其次是最终目标明确。要经常及时地分析项目成本的实际状况，尽早地发现项目成本出现的偏差和问题，以便在情况变坏之前能够及时采取纠正措施。一旦项目成本失控是很难挽回的，所以只要发现项目成本的偏差和问题就应该积极地着手去解决它，而不是寄希望于随着项目的展开一切都会好转。在项目成本控制中发现问题越早，处理得及时，不但会实现对于项目成本的有效控制，而且对项目范围和项目进度的冲击也会越小，项目越能够达到整体的目标要求。最后是在项目施工过程中，项目经理、工程技术人员以及各施工队和施工班组都要承担一定的成本控制责任，形成整个项目的成本控制网络。

5.3 项目成本控制的主要途径

在市场经济中，企业的管理者往往追求企业经济效益的最大化，企业的经济效益通常要通过项目的效益来实现，而项目的经济效益则要通过盈利的最大化和成本的最小化来实现。因此，项目的成本控制不仅在项目控制中，而且在整个项目管理乃至整个企业管理中

都有着重要的地位。下面以工程项目为例，介绍控制项目成本的几个主要途径。

5.3.1 合同造价过程的控制

为了在建设项目中能合理使用人力、物力、财力，取得比较好的经济效益和社会效益，合理有效地确定和控制合同造价就显得尤为重要。合同造价控制是指在投资决策阶段、设计阶段、建设实施阶段把合同造价的发生控制在批准的造价限额之内，不得突破，并随时纠正发生的偏差，保证合同造价控制和投资目标的实现。所以，合同造价控制是工程造价管理的重要工作。

(1) 决策阶段的合同造价控制

项目的决策阶段包括建设项目建议书、可行性研究报告的确定及提出项目投资的控制数。一经批准就成为合同造价的最高限额，不得任意突破。

编制投资控制数的过程中，首先要按照有关文件的规定，检查投资估算的编制依据，保证投资估算具有一定的科学性、可靠性，保证各种资料和数据的时效性、准确性和实用性；其次，要分析投资估算的内容，保证其符合项目的标准、内容、规模、工艺等；最后，再分析和审查对投资估算费用的划分、费用项目、费用系数，使之符合规定的要求及具体情况。

(2) 设计阶段的合同造价控制

在设计阶段，控制的内容一般是设计概算、产品计划价格和施工图预算、建筑安装工程产品计划价格等，使它们能够符合工程造价控制方案的目标要求。设计阶段是合同造价控制的关键阶段。它包括设计概算控制、招标标底控制、技术和经济相结合控制合同造价、推行限额设计控制合同造价，还可以采用工程设计招标、方案竞赛等来选择优秀设计和优秀方案。

(3) 施工阶段的合同造价控制

施工阶段的控制主要表现为施工图的预算控制、承包合同价的控制、施工预算额的控制、资金使用的控制、施工组织设计、施工方案的优选、施工企业的资质、施工人员的作业水平等方面。

(4) 竣工结(决)算的合同造价控制

竣工阶段的控制应注意按合同条款执行，如果需要进行合同价款的调整，必须有充足的理由和根据。分包项目较多的工程竣工决算当中很容易发生施工项目重复计算的情况，如专业分包项目又在总承包项目决算当中出现、建设单位供材款在决算当中重复计算等。

竣工结(决)算额可以与施工图预算和设计概算比较，检查是否达到工程造价控制的目标和投资效果。

(5) 工程变更的控制

由于多方面的情况变化而导致工程量的变化、施工进度变化，往往会造成进度拖延、工程造价增加。因此，对条件变化下的工程变更的控制也有着重要作用。

5.3.2 施工成本开支控制

人工费、材料费、周转材料费、机械使用费、其他直接费和分包成本构成了项目施工成本的主体部分。人工费和材料费可直接计入成本；周转材料费、机械使用费、其他直接费和

施工间接费，能分清受益对象的，按受益对象直接计入成本，不能分清受益对象的，可按一定经济指标摊入成本。如按人工费、直接费或产值比例分摊，分摊的核算和经济指标的选取受人为的影响较大，常常会影响成本核算的准确性和成本评价的公正性。所以，对能直接核算到分项工程的费用应尽量采取直接核算的办法，尽可能减少分摊费用值及分摊范围。

施工成本控制的重点首先是材料费，因为材料费所占成本的比重大，一般占全部工程费的65%～75%，直接影响工程成本和经济效益。控制的主要环节首先是材料的采购和运输，其次是现场的保管和使用。一般做法是要按量价分离的原则，主要做好四个方面的工作。一是控制材料用量，实行限额领料制度，改进施工技术，推广使用降低料耗的各种新技术、新工艺、新材料，在对工程进行功能分析和对材料进行性能分析的基础上，尽量用低价材料代替高价材料等。二是控制材料价格，对于大宗物资要采取公开招标，杜绝采购中的漏洞，小宗物资在保证质量的前提下，货比三家、择优购料。三是合理组织运输，就近购料，选用最经济的运输方式，以降低运输成本。四是要考虑资金的时间价值，减少资金占用，合理确定进货批量与批次，尽可能降低材料的储备成本。

人工费用占全部工程费用的比例较大，一般都在10%左右，所以要严格控制人工费，主要体现在两个方面。一是要控制用工数量，有针对性地减少或缩短某些工序的工日消耗量，从而达到降低工日消耗，控制工程成本的目的。二是要抓住合同环节，现在的项目经理部没有固定的作业人员，都是通过合同雇佣劳务分包项目的劳动力，在签订合同时劳务费用的高低也是决定能否降低人工费用的重要方面。

机械费用的控制要分两种情况。如果使用本企业的机械设备，则应提高机械的利用率和完好率，完善的管理制度和合理的使用率可以提高机械的利用率，加强现场设备的维修保养工作，降低大修、经常性修理等各项费用的开支，避免不正当使用造成机械设备的闲置都可提高完好率；如果机械是租赁的，则要抓住合同环节，在签订合同时，要确定有利于节约机械费的合同价格。

现场管理费的控制包括做好施工平面图设计、制订责任制实行费用包干这两个方面。临时设施费的控制途径有两种：一是尽量减少投入，使用已有建筑物和临时设施；二是做好施工平面图设计并进行合理调整，节约不必要的开支，抓好业务核算，通过核算获得动态的成本实际数据，不断与承包成本及目标成本进行对比，找出偏差，再反馈给可控成本责任者，然后有针对性地制订节约措施，纠正成本偏差，实现计划目标成本。

5.3.3 分包成本控制

建筑工程是多工种、多专业密切合作完成的劳动密集型工作，在施工过程中，部分的工程和项目需要采用分包形式完成，因此，对分包成本的控制也是项目成本控制中的一个重要部分。此项控制主要是以工程承包合同约束外分包、外协作、外加工合同，要加强分包商分包工程的工程量和劳动定额的控制，在工程变更时，一定要强调事先的技术签证，严格控制合同金额的增长；要健全会计内部控制制度，防范风险的发生；坚持奖罚分明的原则，按照合同规定的标准，认真考核，有奖有罚。

5.4 项目成本控制的方法和技术

项目成本控制是一个系统过程，它包括三个方面的内容，即费用变更控制、执行情况测量、补充计划编制。费用变更控制是指改变费用计划应当遵循的程序。执行情况测量是指在成本控制中，通过定期或不定期的检测来掌握成本控制情况，它有助于估算成本确实发生的任何变化的大小，而分析成本变化的原因并决定是否需要采取纠正措施是成本控制的一个重要内容。补充计划编制，是指当项目无法按照原先制订的计划准确无误地进行时，就需要对项目的成本估算进行相应的修订或者提出替代方法的变更说明。

可以看出，成本控制涉及的过程通常比较复杂，需要借助许多图表、数据、公式等方法来进行成本的分析和管理。好的项目成本控制方法可以对项目成本实施有效的管理，从而提高项目实施的成功概率。

成本控制的方法和技术很多，常用的有费用变更控制系统、项目成本分析表法、工程成本分析法、成本累计曲线法、甘特图、偏差控制法(挣得值法)、价值工程等。

5.4.1 费用变更控制系统

变更控制系统是一套修改项目文件时应遵循的程序，包括书面文件、跟踪系统和变更审批制度。费用变更控制系统是指通过建立和使用变更控制体系对项目成本进行有效控制，是从提出项目变更请求到获得批准，一直到最终变更项目成本预算的一整套项目变更全过程控制体系。

在多数情况下，执行组织通常采用变更控制系统，然而当现有系统不再满足系统的需求，管理信息小组则应开发出一个新的系统，以适应新的情况。无论是旧的还是新的系统，都要包括措施、信息和反馈三大要素。这三大要素之间形成循环关系，如图 5－4 所示，保证了对项目变更的有效控制。

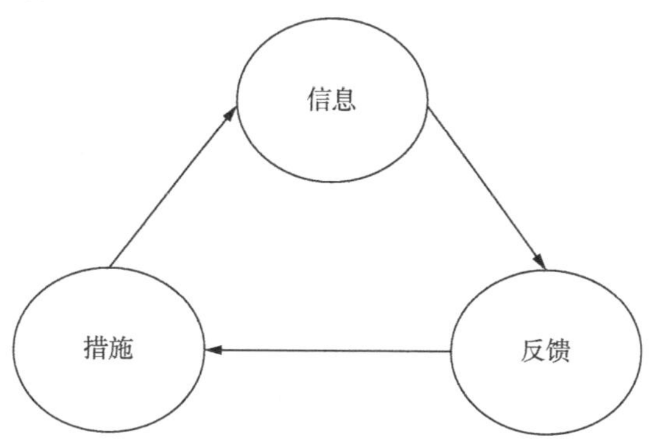

图 5－4 变更控制系统三要素

循环由措施开始，产生关于措施实施效果的信息，这些信息经过处理又作为反馈信息呈送给决策者，便完成了一次循环。如果反馈的信息表明一切正常，项目经理就可以指导项目团队按原定的项目计划继续进行，如果反馈的信息预示着要发生问题，项目经理就要采取补救措施，或调集资源，或调整计划，使项目得以顺利进行。在补救过程中又会产生新

的信息。通过这三个要素之间的循环，实际的变更控制过程如图 5－5 所示。

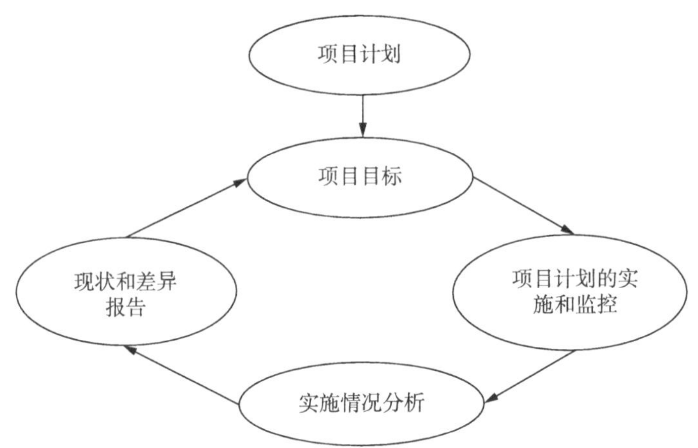

图 5－5　项目综合变更控制过程

因此，要实施有效的变更控制，项目团队必须建立一套完善的变更控制系统。许多变更控制系统都成立变更控制委员会负责批准或拒绝变更需求。变更控制委员会的主要职能就是为准备提交的变更申请提供指导，对变更申请作出评价，并管理批准的变更实施过程。变更控制系统应该明确变更控制委员会的责任和权限，并得到所有项目干系人的认可。对于大型复杂的项目，可能要设置多个变更控制委员会，以担负不同的责任。变更控制系统还应该有处理自动变更的机制。

项目变更是影响项目成败的重要因素，也是项目成本控制的关键，一般可以通过两种方法去解决这种问题。

(1) 规避的方法。在项目定义和设计提出阶段，努力通过项目业主/客户和全体项目相关利益者的充分参与，从而真正了解和确定项目的需求；在项目定义和设计阶段结束后，通过积极组织设计评审等方法倾听各方面的意见；在项目实施阶段，通过项目业主/客户和项目实施者的有效及时反馈等一系列的工作，努力避免项目发生变更或返工，从而规避项目成本的变更。

(2) 控制的方法。首先建立严格的项目变更控制系统和流程，对各种项目变更请求进行一系列的有效评估，分析和确定项目变更带来的成本变动；然后设法找到项目变更的最优方案，即项目变更所造成的成本变动最小化和项目利益的最大化。

5.4.2　项目成本分析表法

项目成本分析表是成本分析控制的手段之一，是利用项目中的各种表格进行成本分析和成本控制的一种方法。使用成本分析表法能很清楚地进行成本比较研究，成本分析表主要包括月度成本分析表和最终成本控制报告表。月度成本分析表又分直接成本分析表和间接成本分析表两种。

1. 月度成本分析表

(1) 月度直接成本分析表主要是反映分部分项工程实际完成的实物量和与成本相对应的情况，以及与预算成本和计划成本相对比的实际偏差和目标偏差，为分析偏差产生的原因和针对偏差采取相应的措施提供依据。

(2) 月度间接成本分析表主要反映间接成本的发生情况以及与预算成本和计划成本相对比的实际偏差和目标偏差，为分析偏差产生的原因和针对偏差采取相应的措施提供依据。此外，还要通过间接成本占产值的比例来分析其效用水平。

2. 最终成本控制报告表

最终成本控制报告表主要是通过已完项目进度、已完产值和已完累计成本，联系尚需完成的项目进度、尚未上报的产值和还将发生的成本，进行最终成本预测，以检验实现成本目标的可能性，并为项目成本控制提出新的要求。在这种预测条件下，工期短的项目应该每季度进行一次，工期长的项目可每半年进行一次。以上项目成本的控制方法，不可能也没有必要在一个项目全部同时使用，可由各项目根据自己的具体情况和客观需要，选用其有针对性的、简单实用的方法，这将会收到事半功倍的效果。

项目成本报告表分若干层次，不同层次报告的对象和范围不同。各层次的报告应该是定期的，按固定渠道传递，但也有反映特殊情况的例外报告。成本报告的种类包括成本日报、成本周报、月成本分析书、最终成本预测报告和成本情况报告。

成本情况报告由于适应性广、容量大、提供信息多，所以更能满足成本控制的需要。编制成本情况报告表，是项目成本控制的重要内容之一。该报告主要事项包括项目名称、已支出金额、已竣工尚需的预计金额、盈亏预计等。成本情况报告格式如表 5-1 所示。各部分的内容包括以下几个方面。

(1) 项目所必须完成的工作环节。

(2) 预算：完成该工作环节的估计成本。

(3) 已支出：截至报告之日该工作环节已经支出的资金。

(4) 需支出：完成该工作环节尚需支出的资金。

(5) 预支出：报告时预测的该工作环节的支出，它等于已支出和需支出之和。

(6) 偏差：报告时预测的成本与预算的差额，在数值上等于预算减去预计支出。如果偏差超过一定限度(一般为 10%)，项目就可能被迫停止，直到有不再进一步超支的保障。

(7) 百分比：发生偏差的程度，在数值上为(预算－预计支出)/预算×100%。

表 5-1　成本情况报告

报告日期__________
项目周期____－____

工作环节	预算	已支出	需支出	预支出	偏差(＋/－)	百分比(＋/－)

在项目控制的实际运作中，如果项目即将完成，接近 10%的超支也可勉强接受，但如果在项目开始时超支 10%，则需要进行深入的分析和评审。

5.4.3　工程成本分析法

工程成本分析法主要是针对工程成本控制而采用的一种方法，是指在成本控制中，对已发生的项目成本进行分析，并发现成本节约或超支的原因，从而达到改进管理工作、提高经济效益的目的。它包括综合分析和具体分析两种。

综合分析是指将总的工程实际成本同预算成本、目标成本进行对照检查，计算出绝对数、相对数，以反映工程的实际成本降低率和目标成本降低额完成率。

具体分析包括以下几种形式。

(1) 项目分析

项目分析即按施工成本费用构成项目进行分析比较，反映各成本项目降低情况，分析积极、消极因素，促进消极因素向积极因素转化。

(2) 人工费分析

将项目中人工费的实际成本同预算成本相比较，再参照劳资部门有关劳动工资方面的统计资料，找出人工费超支因素及其缘由。

(3) 材料费分析

材料费分析常用的方法为因素分析法，又称连锁替代法。材料分析要从材料的采购、运输、保管、使用等环节入手，另应有对材料定额变动的分析、废旧料利用的情况分析、施工工艺的变动对材料费影响的分析等。

(4) 机械使用费分析

首先将施工机械使用费的预算数与实际数相对照，求差额绝对数字，然后进行价格、数量分析，找出施工企业自有及租赁机械使用上的节约或浪费。

(5) 其他直接费分析

其他直接费在施工预算中是按直接费计取一定费率获得的相对额和按定额项目直接列入的绝对额两部分组成，将此两部分分别进行预算与实际费用对照分析。

(6) 间接费分析

将间接费的实际成本和目标成本进行比较，将其实际发生数逐项与目标数加以比较，从差额中总结间接费控制中的经验及问题。

5.4.4 成本累计曲线法

成本累计曲线法又称时间累计成本图法。它是使用定期记录的项目成本数据，根据时间及项目预算而绘制的曲线，反映整个项目或项目中某个相对独立部分成本开支情况的图示。通常可以采用下面的三个步骤做出项目的成本累计曲线。

(1) 建立直角坐标系，横轴表示项目的进度时间，纵轴表示项目的累计成本。

(2) 将项目按照恰当的时间间隔划分成一定的时间单元，计算出各工序在每个时间单元的成本支出。

(3) 将各时间单元的成本支出金额逐渐累加，确定各时间段所对应的累计成本支出点，然后将各点用一条平滑的曲线依次连接即可得到成本累计曲线。

绘制该图首先需要项目的预测成本-时间曲线，该曲线根据项目的成本预测数据和项目规划的进度时间得出，是对项目原始成本的预算，是项目的期望成本。所以曲线上的每一点都表示的是在项目预计工期的相应时间点上，所有项目工序预算成本数值之和。在同一坐标系中，还能够根据定期记录的项目成本数据，在相应的时间点上绘制出该项目实际发生的成本累计曲线。

通常，项目的成本会在项目刚开始的时候缓慢增长，随着项目的进展而逐渐增加达到一个顶峰，然后随着项目的逐渐完工，成本的增长趋向平缓并慢慢停止，所以曲线的形状很像英文字母中的“S”，一般用S曲线来表示成本累计曲线，如图5-6所示。

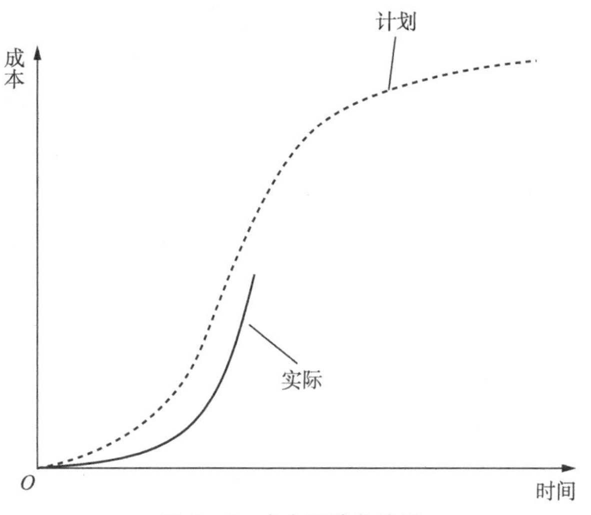

图5-6　成本累计曲线图

在成本累计曲线图上，成本的实际支出与理想情况的任何一点偏差，并不能说明项目的实施过程中一定出现了问题，它是一种警示。图上的偏差只是反映了现实与预算的差别，发现偏差时要及时查明原因，判断是属于正常偏差还是不正常偏差，对于不正常的偏差要采取相应的措施进行纠正。

根据实际成本发生情况的趋势，在成本累计曲线图上可以对未来的支出进行预测，比较预测曲线与理想曲线，能够获得很有价值的成本控制信息。这对项目成本控制很有帮助。

虽然成本累计曲线可以为项目控制提供重要的信息，但前提是假定所有工序时间都是固定的。在网络分析中，当项目进度的所有工序按各工序的最早开始或最晚开始或是两者之间的某个时间点来安排的时候，就会形成各种不同形状的S曲线。利用各工序的最早开始时间和最迟开始时间制作的成本累计曲线称为香蕉曲线。香蕉曲线是由两条S形曲线组合而成的闭合曲线。对于一个项目的网络计划，在理论上总是分为最早和最迟两种开始和完成时间。如图5-7所示。

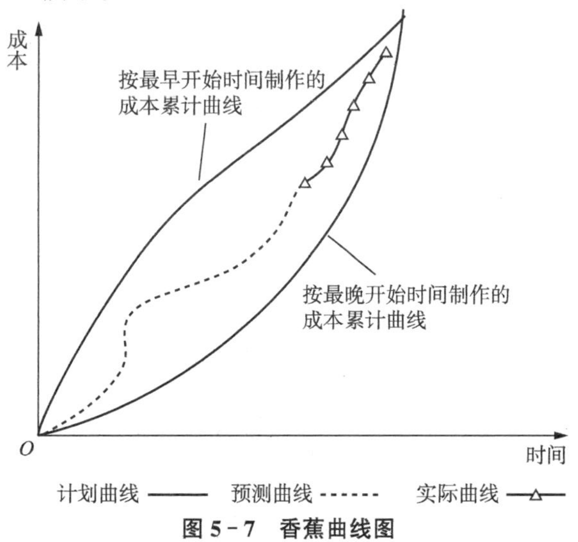

图5-7　香蕉曲线图

香蕉曲线表明了项目成本变化的安全区间，实际发生的成本与预算的差异如果不超出两条曲线限定的范围，都属于正常变化，可以通过调整开始和结束的时间使成本控制在计划的范围之内。如果实际成本超出这一范围，就要引起重视，查清情况，分析原因。如果有必要，应迅速采取有效的纠正措施。

成本累计曲线的不利之处在于缺乏项目进展程度和完成程度方面的数据。项目管理人员往往通过项目成本的支出额来理解项目的进展程度，如果项目实际成本的发生额与项目的计划相同或相近，那么项目的进展速度必然与计划相符或是基本相符，如果项目的实际成本发生额很低则暗示着项目进展或完成的程度不够，在极端的情况下，零成本发生额则会被认为项目的进展也是零。这种可信度不高的结论可能会导致管理人员对未来做出错误的预测。

5.4.5 甘特图

甘特图是由美国工业工程师亨利·甘特(1861—1919)开发设计的，也常被称为横道图。甘特曾为泰勒工作过，也被世人认为是 19 世纪后期到 20 世纪初期科学管理运动中的主要人物。长期以来甘特图得到了广泛应用，由于它绘制起来比较简单，容易看懂，因此逐渐成为很好的项目进度控制工具。不同的监督和管理工作都可以将甘特图作为一种日常控制手段。

在项目成本控制中，可以使用甘特图对项目或项目中相对独立部分的进度和成本进行同步控制。甘特图的直观性对于一个单一的工序来讲，控制工序的进度和成本的发生是比较有效的。

绘制项目进度和成本同步控制的甘特图，首先要选择时间范围，其中水平线代表时间，可以根据项目的总历时来选择具体的时间单位，如日或年。每一个工序用两条横道来表示其作业进度。一条是计划线，它的长度对应于预期的工作时间；一条是实际线，它的长度对应的是该工序的实际工作时间。每项工序的名称或工序的内容简介一般放在图形的最左端，与代表它的横道处于同一行。

甘特图上，计划线和实际线的差别有时用在横道中加入阴影或颜色来区别，有时也可用单线、双线或细线、粗线来区别。有时横道中加入颜色是为了表示关键工序，即为了使项目能按时完成而需要尽早完成的工序。计划线上的“C”表示与计划进度相对应的计划成本；实际线上的“C”，表示与实际工期相对应的实际成本。需要注意的是，甘特图是对项目进度和成本的直观表示，它必须容易理解，如果图中使用了过多的颜色或阴影，这种直观性就会丧失，同时也很难向别人解释。

以某家具项目来说明甘特图对项目进度与成本同步跟踪以及对进度和费用变化过程的掌握，如图 5-8 所示。

从甘特图中可以知道以下五点信息。

(1) 每道工序的进度与成本的同步关系，项目进展到什么阶段，将发生多少成本。

(2) 每道工序的工作时间与实际工作时间(从开始到结束)之比(提前或延迟)，以及对后道工序的影响。

(3) 每道工序的计划成本与实际成本之比(节约或超支)，以及对完成某一个时期的责任成本的影响。

(4) 每道工序工作进度的提前或延迟对成本的影响程度。如购买座板原材料提前一天

完成，共节约材料费 25 元。

(5) 整个施工阶段的进度和成本情况，如该项目共提前进度 1 天，节约成本开支 65 元，成本降低率是 2.03%。

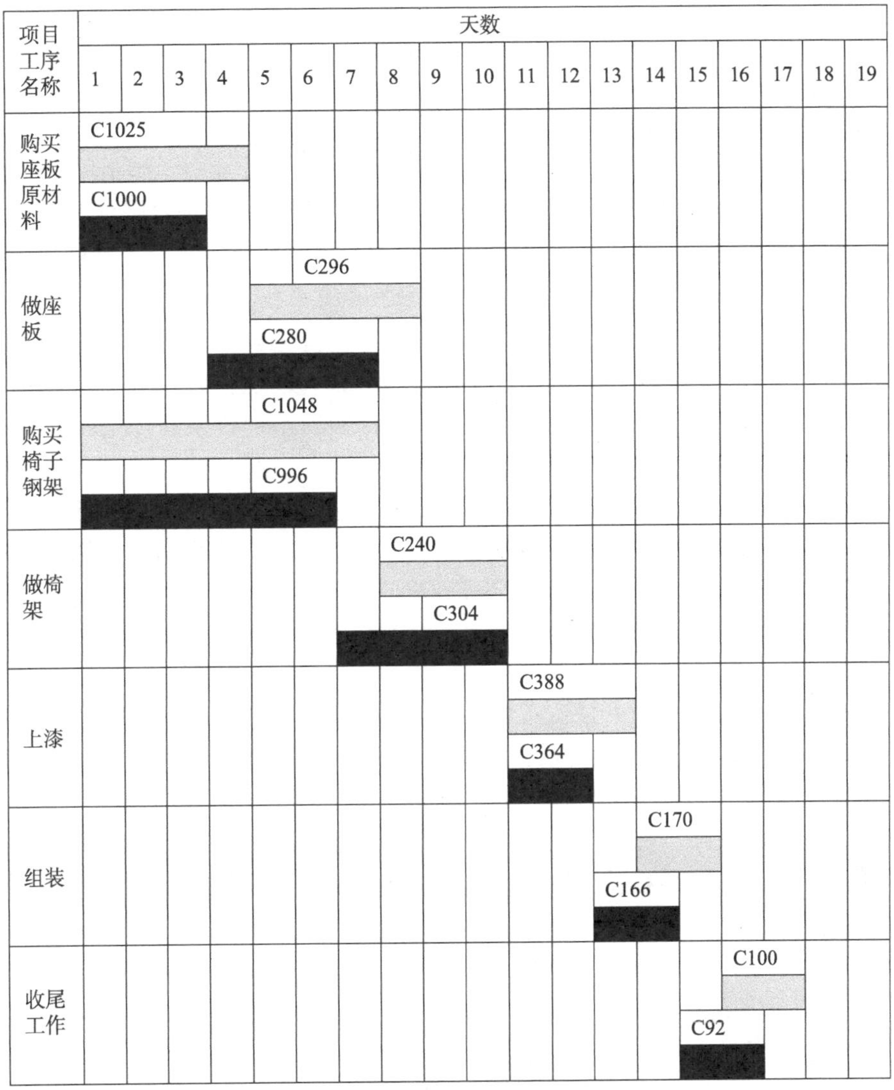

项目工序名称	1	2	3	4	5	6	7	8	9	10	11	12	13	14	15	16	17	18	19
购买座板原材料	C1025																		
	C1000																		
做座板						C296													
					C280														
购买椅子钢架					C1048														
					C996														
做椅架								C240											
									C304										
上漆											C388								
											C364								
组装														C170					
													C166						
收尾工作																C100			
															C92				

图 5-8 家具项目甘特图

通过绘制进度与成本同步跟踪的甘特图，要求实现以下几点目标：

(1) 用计划进度控制实际进度；

(2) 用计划成本控制实际成本；

(3) 随着每道工序进度的提前或延迟，对每个项目和项目中相对独立部分的成本实行动态控制以确保项目成本目标的实现。

5.4.6 偏差控制法

绩效度量技术主要用来评估费用变化的大小、程度及原因等。偏差控制法，又称挣得值(Earned Value)法，是最常见的一种绩效度量技术。该方法用三种指标来控制和衡量费

用使用情况。1967 年,美国国防部制定费用/进度控制系统的准则(Cost/ Schedule Control Systems Criteria,即 C/SCSC 或简称 CS)时,正式采用了挣得值的概念。

1. 基本值

偏差控制法用计划值、挣得值、实际成本额这三个基本值来表示项目的实施状态,并以此预测项目可能的完工时间和完工时的可能费用。

(1) 计划值(Planned Value,PV)。亦称为 BCWS(Budgeted Cost of Work Scheduled),即预算成本,表示根据批准认可的进度计划和预算到某一时点应当完成的工作所需投入资金的累计值。该值是衡量项目进度和项目费用的一个标尺或基准。一般来说,计划值在项目实施过程中应保持不变,除非合同有变更。如果合同变更影响了项目的进度和费用,经过批准认可,PV 基线也要作相应的变更。按我国习惯把它称作"计划投资额",其计算公式为:

$$计划值=计划工作量\times预算单价 \tag{5.1}$$

(2) 挣得值(Earned Vulue,EV)。亦称作 BCWP(Budgeted Cost of Work Performed),即根据批准认可的预算,到某一时点已经完成的工作所需投入资金的累计值。它反映了满足质量标准的工程实际进度和工作绩效,体现了投资额到工程成果的转化。简单地说,这个值就是指已完成工作的预算费用,往往用正在完成工作的预算费用的一个实际百分比来计算,如 30%、60%、90%、100%等,以简化数据的收集。按照不同的原则,挣得值可以采用不同方法进行粗略估计。主要有两种方法:一种是 50/50 原则,挣得值分析用 0(活动未开始)、50%(活动已开始)或 100%(活动已完成)来计算;另一种是 30/30/30/10 原则,挣得值分析用 0(活动未开始)、30%(活动已开始)、60%(活动过半)、90%(活动接近完成)或 100%(活动完成)来计算。

由于业主正是根据这个值对承包商完成的工作量进行支付,也就是承包商获得(挣得)的金额,故除称挣得值外,也称获得值、赢得值、净赚值、赚取值、盈余值、挣值、实践值等。按我国习惯把它称作"完成投资额",其计算公式为:

$$挣得值=已完成工作量\times预算单价 \tag{5.2}$$

从式(5.2)可以看出,挣得值是按单位预算价格计算的实际完工的费用之和,是以预算为依据得出的项目所创造的实际工程价值,所以也被简称为挣值.

(3) 实际成本额(Actual Cost,AC)。亦称 ACWP(Actual Cost of Work Performed),是指到某一时点已完成的工作所实际花费成本的总金额,按我国的习惯可称作"消耗投资额",其计算公式为:

$$实际成本额=已完成工作量\times实际支付单价 \tag{5.3}$$

通过三个基本值的对比,可以对项目的实际进展情况作出明确的测定和衡量,有利于对项目进行监控,也可以清楚地反映项目管理和工程技术水平的高低。因此,这三个值是项目成本控制过程中需要注意的非常重要的指标,管理好这几个关键指标是成本控制的核心。

同时,这三个基本值实际上是三个关于时间(进度)的函数,即:

$PV(t)(0\leqslant t\leqslant T)$;

$EV(t)(0\leqslant t\leqslant T)$;

$AC(t)(0\leqslant t\leqslant T)$。

其中,T 表示项目完成时点,t 表示项目实施过程中的监控时点。理想状态下,上述三条函数曲线应该重合于 $PV(t)$,即 $BCWS(t)(0\leqslant t\leqslant T)$。如果 $AC(t)$,即 $ACWP(t)$在

$PV(t)$曲线之上，说明项目管理不善，费用已经超支；如果$EV(t)$，即$BCWP(t)$在$PV(t)$曲线之下，说明项目的进度已经滞后。

2. 重要指标

从三个基本值还可导出以下几个重要指标。

(1) 费用偏差(Cost Variance,CV)，其计算公式为：

$$费用偏差=挣得值-实际成本额 \tag{5.4}$$

CV是指在某个检查点上AC与EV之间的差异。通过比较挣得值与实际成本额可以对项目成本进行控制。

如果偏差为负值，表示项目超支，实际成本额超过预算成本，如果在几个不同的检查点上都出现此问题，说明项目执行效果不好，要采取适当的措施进行调整；如果偏差为正值，表示项目在预算之内，实际成本额没有超出预算成本，项目执行效果良好。

(2) 进度偏差(Schedule Variance,SV)，其计算公式为：

$$进度偏差=挣得值-计划值 \tag{5.5}$$

SV是指在某个检查点上EV与PV之间的差异，通过比较挣得值与计划值可以获知项目进度是提前还是滞后。如果偏差为负值，表示进度比计划滞后；如果偏差为正值，则表示进度比计划提前。

(3) 成本-绩效指标(Cost-Performance Index,CPI)是指挣得值与实际成本额的比值，其计算公式为：

$$CPI=EV/AC \tag{5.6}$$

当$CPI>1$时，表示节支，即实际费用低于预算费用；

当$CPI<1$时，表示超支，即实际费用高于预算费用。

(4) 进度-绩效指标(Scheme-Performance Index,SPI)是指项目挣得值与计划值的比值，其计算公式为：

$$SPI=EV/PV \tag{5.7}$$

当$SPI>1$时，表示进度提前，即实际进度比计划进度快；

当$SPI<1$时，表示进度延误，即实际进度比计划进度慢。

为了更好地理解这三个基本值及其指标，下面通过一个简单的例子来说明。

例5-1 某工程需挖土方2万米^3，预算单价为45元/米^3。该挖方工程预算总费用为90万元，计划50天完成，每天挖土方400米^3。开工后，项目管理人员在第13天早上刚上班的时候前去测量，经测量取得了以下数据：已完成挖方4 000米^3，支付给承包单位的工程进度款累计达24万元。由前面的公式可以得到以下几个数值。

按项目计划得到的预计的项目进度款累计额为：

$$PV=90\times12/50=21.6(万元)$$

按公式计算挣得值为：

$$EV=45\times4\ 000=180\ 000(元)=18(万元)$$

实际成本额$AC=24$万元。

进一步计算，可以得到：

CV(费用偏差)$=EV-AC=18-24=-6$(万元)，表明该项目已经超支。

SV(进度偏差)$=EV-PV=18-21.6=-3.6$(万元)，表明该项目比计划延后。

而从进度差异-3.6万元可以得到$36\ 000\div45=800$(米^3)，正好是预算中2天的工作量,说明项目工程的进度已经比计划落后两天。

$$SPI=EV/PV=18/21.6=0.83$$

$$CPI=EV/AC=18/24=0.75$$

SPI和CPI比例都小于1,说明该项目目前处于不利状态。完成该项目的成本效率和进度效率分别是75%和83%,即项目投入了1元钱仅能获得0.75元的收益,如果现在应完成项目的全部工程量(100%),但目前只完成了83%,所以必须要分析这其中存在的原因,并采取相应的措施。

从上例还可以看出,无论是*CPI*指标还是*CV*指标,它们对于同一个项目在同一时点的评价结果是一致的,只是表示的方式不同而已。*CPI*指标反映的是相对量,*CV*指标反映的是绝对量,同时使用这两个指标能够较为全面地评价项目当前的成本-绩效状况。

图5-9描述了用偏差控制法分析得到的某项目评价曲线图。图中横坐标表示时间,即项目的进度;纵坐标表示成本的累计。从图中可以看到*PV*按S形曲线路径不断增加,直至项目结束达到它的最大值。*AC*同样是S形曲线随项目推进而不断增加,且位于*EV*曲线之上,表明$CV<0$,*EV*曲线处在*PV*曲线的下方,表明$SV<0$,这说明此项目执行效果不佳,费用超支,进度拖延,应当采取相应的补救措施。

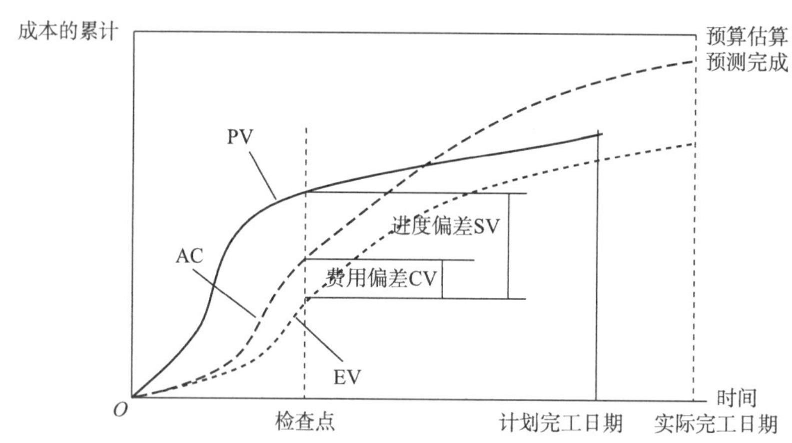

图5-9　某项目评价曲线图

需要注意的是,在项目的实际操作过程中,最理想的状态是*AC*、*PV*、*EV*三条线靠得很紧密、平稳上升,这预示着项目按预定计划目标前进,并且进展良好。如果三条线的偏离度和离散度很大并不断增加,则预示在项目实施过程中可能发生与项目成败相关的重大问题,应对项目进行重新评估和安排。

完全没有费用超支和进度落后的成功项目至今还没有做到。费用超支的原因很多,从宏观来说,如不可抗事件发生、工程中出现重大的技术难题、计划编制不当、物价持续上涨、总工期滞后、工作量大幅超过计划等;从微观来说,如合同变更、工作效率低下、返工事件增加、管理实施不善等;从内部来说,如项目管理效率低下、工作人员素质不高、事故增加等;从外部来说,如上级主管部门或业主的干扰、国家相关产业与税收政策和法规的变动等。因此,费用的超支是比较正常的,但是只有良性的超支才能被接受,如与预算偏离度不大的超支、购买新技术或新材料、在项目实施过程中的重新规划等。

偏差控制法是一种比较准确的事后评价方法,利用挣得值参数分析,可以对项目采取相应的措施。

(1) $AC>PV>EV$；$CV<0$，$SV>0$。表明工作效率低下，项目进度缓慢，投入超前。相应措施：用高效率的人员替换低效率的人员。

(2) $PV>AC>EV$；$CV<0$，$SV<0$。表明工作效率较低，项目进度较慢，投入延后。相应措施：增加高效人员的投入。

(3) $EV>AC>PV$；$CV>0$，$SV>0$。表明工作效率较高，项目进度快，投入超前。相应措施：抽出部分人员，放慢工程进度。

(4) $EV>PV>AC$；$CV>0$，$SV>0$。表明工作效率高，项目进度较快，投入延后。相应措施：如果偏离度不大，采取维持原状的措施。

(5) $AC>EV>PV$；$CV<0$，$SV>0$。表明工作效率较低，项目进度较快，投入超前。相应措施：抽出部分人员，增加少量骨干人员。

(6) $PV>EV>AC$；$CV>0$，$SV<0$。表明工作效率较高，项目进度较慢，投入延后。相应措施：应迅速增加人员的投入。

5.4.7 价值工程

1. 价值工程基本概念

价值工程(Value Engineering，VE)，又称为价值分析(Value Analysis，VA)，最早可追溯到20世纪40年代，创始人是美国工程师麦尔斯。价值工程是进行成本控制的一种重要工具，在项目管理中已经越来越受重视，并得到了越来越广泛的应用。

价值工程，是一门技术与经济相结合的现代化管理科学。它通过对产品的功能分析，研究如何以最低的成本去实现产品的必要功能。因此，应用价值工程，既要研究技术，又要研究经济，即研究在提高功能的同时不增加成本，或在降低成本的同时不影响功能，把提高功能和降低成本统一在最佳方案之中。

价值工程的定义：价值工程是以功能分析为核心，使产品或作业达到适当的价值(即用最低的成本来实现其必要功能)的一项有组织的活动。

2. 价值、功能和成本的关系

价值工程的目的是力图以最低的成本使产品或作业具有适当的价值，即实现其应该具备的必要功能。因此，价值、功能和成本三者之间的关系表达公式为：

$$V=F/C \tag{5.8}$$

式中 V——价值系数(Value Idex)；

F——功能评价值(Function Worthy)；

C——总成本(Total Cost)。

式(5.8)一方面客观地反映了用户的心态，都想买到物美价廉的产品或作业，因而必须考虑功能和成本的关系，即价值系数的高低。另一方面，又提示产品的生产者和作业的提供者，可从下列五条途径提高产品或作业的价值：①功能不变，成本降低；②功能提高，成本不变；③功能提高，成本降低；④功能大幅度提高，成本略有提高；⑤功能略有下降，成本大幅度下降。

为正确理解式(5.8)中的价值、功能和成本，需要对其说明以下三项内容。

(1) 什么是价值

价值工程中价值的含义比较接近人们日常生活中常用的“合算不合算”“值得不值得”的意思，是指事物的有益程度。它不是从价值构成的角度来理解，而是从价值的功能角度出发，正确反映了功能和成本的关系，为分析与评价产品的价值提供了一个科学的标准。树立这样一种价值观念能在企业的生产经营中正确处理质量和成本的关系，生产适销对路产品，不断提高产品的价值，使企业和消费者都获得好处。

(2) 什么是功能

功能可解释为功用、作用、效能、用途、目的等。对于一件产品来说，功能就是产品的用途、产品所担负的职能或所起的作用。价值工程中，功能的含义很广。对产品来说，是有何效用，如电视机可用来看节目。功能本身必须表达它的有用性。没有用的东西就没有什么价值，更不用谈价值分析了。以产品来说，人们在市场上购买商品的目的是购买它的必要功能，而非产品本身的结构。价值工程自始至终，都要求围绕用户要求的功能，对事物进行本质的思考。

功能包含许多属性，在价值工程中一般将其分为以下几类：①按重要程度的标志分为基本功能和辅助功能；②按满足要求性质的标志分为使用功能和美观功能；③按用户用途的标志分为必要功能和不必要功能。区分上述功能，就可以抓住主要矛盾，尽量减少那些不必要的、次要的功能成本，提高产品价值，从而不会因功能过高、过全而造成成本费用提高或是因超过必要功能的部分用户并不需要而造成功能过剩；反之，又会产生功能不足的问题。

(3) 什么是成本

价值工程中的成本，是指实现功能所支付的全部费用。从产品来说，是以功能为对象而进行的成本核算。一个产品通常包含许多零部件的功能，而各功能又是不相同的，这就需要把零部件的成本变成功能成本，这与一般财会工作中的成本计算有较大差别。财会上的成本是零部件数量乘成本单价，先计算出一个零部件的成本，然后再求所有零部件成本总额，得到总成本。而价值工程中的功能成本，是把每一零部件按不同功能的重要程度分组后计算。价值分析中的成本大小，是根据所研究的功能对象确定的。

3. 价值工程的工作程序

价值工程的工作程序可分为以下几个步骤实施。

(1) 选择价值工程对象

价值工程对象的选择是在总体中确定功能分析的对象。它是根据企业市场的需要，从得到效益出发来分析确定的。对象选择的基本原则：在生产经营上有迫切的必要性，在改进功能、降低成本上有取得较大成果的潜力。

(2) 收集资料

通过收集资料，可以从资料中得到进行价值工程活动的依据、标准、对比对象，同时可以受到启发、打开思路，深入地发现问题，科学地确定问题的所在和问题的性质以及设想改进方向、方针和方法。

(3) 功能分析

功能分析是价值工程的核心。价值工程的活动就是围绕这个中心环节进行。因为价值工程的目的是用最低的寿命周期成本，可靠地实现用户需要的必要功能，因此，价值工程师对产品的分析，首先不是分析产品的结构而是分析产品的功能。如对项目实体进行系统的功能分析，要分析项目的每个部分、每个分项工程，甚至每道工序在项目施工中的作用。

功能分析包括功能定义、功能分类和功能整理。功能定义是指确定分析对象的功能。功能分类是指确定功能的类型和重要程度，如基本功能、辅助功能、使用功能、美观功能、必

要功能、不必要功能等。功能整理是指制作功能系统图，用来表示功能间的“目的”和“手段”关系，确定和去除不必要功能。

功能评价的目的是寻求功能最低的成本。它是用量化手段来描述功能的重要程度和价值，以找出低价值区域。明确实施价值工程的目标、重点和大致的经济效果。功能评价的主要尺度是价值系数，可由功能和费用求得。

（4）创造新方案

为了改进设计，必须提出改进方案。提出改进方案是一个创造的过程，在进行中要敢于打破条条框框，不受原设计的束缚；发挥集体的力量，组织不同学科、不同经验的人在一起提出改进方案，互相启发，把不同想法集中起来，发展成方案，使其逐步完善。

（5）分析与评价方案

分析与评价方案是指在提出设想阶段形成的若干种改进新方案不可能十分完善，也必然有好有坏。因此，一方面要使方案具体化；另一方面要分析其优缺点，进行评价，最后选出最佳方案。

（6）验证和定案

为了确保选用的方案是先进可行的，必须对选出的最优方案进行验证。验证的内容有方案的规格和条件是否合理、恰当，方案的优缺点是否确切，存在的问题有无进一步解决的措施。

（7）检查实施情况，评价活动成果

最优方案实施过程中，还会有各种问题，应对实施情况进行检查，随时发现问题、解决问题，使其更加完善、顺利地进行。

4. 价值工程在施工项目成本控制中的具体应用

（1）分析的对象和任务

对象：某工程项目的施工方案。

任务：应用价值工程原理，从分析该工程项目的功能与成本之比切入，探讨施工方案需要改进和完善的地方，制订提高价值的最佳方案，以达到提高该工程项目使用价值的目的。

（2）绘制功能系统图

根据施工项目的特点和设计要求，确定功能目标，绘制功能系统图。

（3）计算功能系数

①确定功能比重因子。根据上述功能在分部工程中所起作用的大小，确定各功能在分部工程中的比重。

②修正功能比重。

③计算功能系数。根据分部工程功能作用分析表和功能比重修正表所提供的数据计算各分部工程的功能系数。计算公式为：

$$功能系数=分部工程得分数/施工项目总得分数 \tag{5.9}$$

（4）计算成本系数和价值系数

①计算分部工程的成本系数，可根据财务部门提供的工程项目的预算成本总额和分部工程的预算成本，计算各分部工程的成本系数。计算公式如下：

$$成本系数=分部工程预算成本/总成本 \tag{5.10}$$

②计算分部工程的价值系数。计算公式如下：

$$价值系数=分部工程功能系数/分部工程成本系数 \tag{5.11}$$

(5) 对施工方案的分析、诊断和改进

通过功能系数、成本系数和价值系数的计算，可以看出价值系数均小于1，即成本大于功能时，均需要诊断存在的问题，制订改进措施，对原施工方案加以改进。

(6) 成果验收和总结

通过以上价值工程活动不仅可达到提高功能、降低成本、提高工程项目使用价值的目的，而且能促进所有分部工程的技术进步和经济管理水平的提高，提高经济效益。

5. 价值工程应用案例

价值工程有很广泛的应用价值，本小节以结构转换层混凝土工程为例说明价值工程在建筑施工中的应用。本案例的工程中，一层为商场，二层是结构转换层，二层以上为住宅。

(1) 功能系统分析。对结构转换层混凝土工程进行功能定义、功能整理并绘制了功能系统图，如图5-10所示。

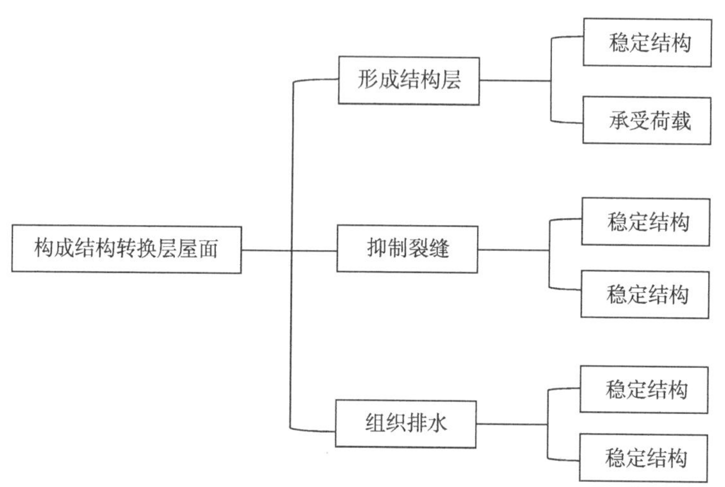

图5-10 结构转换层混凝土功能系统图

(2) 功能分析评价。第一步，确定评价对象的功能系数。由项目经理、技术负责人、项目副经理、材料员、工长等5人按04评分法，各自对三项一级子功能的重要性进行打分，汇总计算，确定功能指数。计算结果见表5-2。第二步，确定评价对象的成本指数。为了简化计算过程可将各功能对应的预算直接费作为各评价对象的实际成本。各评价对象的成本及成本指数见表5-3。第三步，确定价值指数。价值指数=功能指数/成本指数，计算结果见表5-4。

表5-2 功能指数计算

功能名称	得分	功能指数
形成结构层	5.8	0.483
抑制裂缝	2.8	0.233
组织排水	3.4	0.284
合计	12	1.000

表 5-3 成本指数计算

功能名称	实际成本	成本指数
形成结构层	23.82	0.475
抑制裂缝	14.90	0.297
组织排水	11.42	0.228
合计	50.14	1.000

表 5-4 价值指数计算

功能名称	功能指数	成本指数	价值指数
形成结构层	0.483	0.475	1.02
抑制裂缝	0.233	0.297	0.78
组织排水	0.284	0.228	1.25

从表 5-4 中可以看出,抑制裂缝功能的价值指数远小于 1.0,说明实际成本偏高,也可能存在过剩功能。因此,将结构转换层混凝土工程作为价值工程的改进目标。

(3) 方案创新及效果评价。通过对各种已知材料及材料的各项性能分析和对结构层内的混凝土分析发现,设计在结构层混凝土中加入了 80 kg/m^3 的钢纤维,钢纤维的市场价格为 3 650 元/吨,该项总费用高达 14.90 万元,如采用其他能实现同样功能的材料代替就可以节约大量的成本。钢纤维对混凝土性能改善的主要机理在于它能够在混凝土内部集中应力,抑制混凝土的分裂。如果用杜拉纤维代替能否达到相同的功效?再考虑到钢纤维本身材料的特性,掺入混凝土中,普遍存在搅拌时容易结团、不易均匀和浇捣时钢纤维容易下沉而结构转换层内钢筋又极为密集的现象,采用杜拉纤维能取得更好的效果。基于以上考虑,提出用杜拉纤维代替钢纤维的新工艺。

(4) 方案评价。技术评价确定替代方案后,了解材料的性能参数,获得掺钢纤维混凝土(80 kg/m^3)、掺杜拉纤维混凝土(含量分别为 0.7 kg/m^3、0.9 kg/m^3、1.2 kg/m^3)、素混凝土的性能参数对比数据。经比较发现,掺钢纤维混凝土(80 kg/m^3)与掺杜拉纤维混凝土(0.9 kg/m^3)的力学性能相似,掺杜拉纤维混凝土可以基本代替掺钢纤维混凝土。考虑到屋面的防水性,可在混凝土中加入 12%的 UEA 膨胀剂。

经济评价按原方案,钢纤维的成本费用高达 14.90 万元。按新方案实施,杜拉纤维用量为 40.7 千克,单价为 110 元/千克,总费用为 0.45 万元,增加的 UEA 膨胀剂用量为 22.3 吨,单价为 680 元/吨,总费用为 1.5 万元。节约成本 12.95 万元,具有显著的经济效益。

5.5 项目成本控制的输出成果

实施成本控制后项目所发生的变化被称作项目成本控制的结果。它包括修正后的成本估算、预算更新、纠正措施、完成估算、经验与教训等,成本控制的结果通常反映了项目实施的成功与否。

5.5.1 修正后的成本估算

修正后的成本估算是对用于管理项目的成本信息所做的修正。随着项目实施的进展，项目管理人员需要根据实际情况修改和更新原有的项目成本估算并通知有关的项目干系人。修正后的费用成本估算可能要求(也可能不要求)对整体项目计划的其他方面进行调整。

修正成本估算是为了管理项目的需要而修改费用信息。由于成本控制反馈出一些有关促进费用重新估算的更有效的信息，如在成本控制中发现成本基准的某些异常情况或者是不适于目前项目进展要求的情况，那就需要项目管理人员在不改变项目计划方向的前提下，重新对成本估算进行完善。

5.5.2 成本预算更新

成本预算更新是一种特殊的修改估算。成本预算更新是对原有的成本预算计划和成本基准计划进行必要的更改和调整。成本更新应该慎重，这些数字一般只有在反映项目范围的变化时才做相应的修改。在某些情况下，成本偏差可能非常严重，需要重新确定费用计划，才能提供测量成本控制情况所需的真实数据。

预算更新的前提是发现了项目前期工作的重大失误，从而需要对既定的费用基线进行更改(不包括项目干系人对项目的影响)。发生此类活动，项目组要在不影响项目进展的情况下，按照正规的报告、审批和执行程序进行预算更新，并且给出严密的书面报告，及时按程序通知有关单位。

5.5.3 纠正活动

纠正活动是指采取一系列的活动和纠偏行动以便把项目未来活动所花费的实际成本控制在项目计划成本以内所做的努力。在实施项目成本控制时，由于项目实施不可避免地会遇到各种问题，包括产品的市场发生变化、设备及原材料价格的涨跌、相关政策颁布和实施、资金来源的渠道变化、各种物资运输及项目内部建设和管理出现的各种问题等，都会影响成本控制计划的正常实施，对于这些问题，应采取大量的措施予以纠正，并在必要的时候重新制订成本计划。因此，在任何一个项目中，如何采取措施解决项目出现的各种问题往往是项目管理中最重要的问题。

5.5.4 完成项目所需成本估计

完成项目所需成本估计(Estimate at Completion，EAC)是以项目的实际执行情况为基础，对整个项目成本的一个预测，即按照项目完成情况估计在目前状态下完成项目所需要的费用，EAC 主要有三种情况。

(1) EAC＝实际已发生成本＋对剩余的项目预算(但一般用成本执行因子对原预算进行修正)。这种方法适用于项目现在的偏差可被视为将来偏差的情况，即认为项目将来的情况不会与目前情况有很大出入，其计算公式为：

$$EAC=(\text{实际费用}+\text{总预算成本}-PV)\times(AC/PV) \tag{5.12}$$

$$EAC=\text{总预算成本}\times(AC/PV)=EV/CPI \tag{5.13}$$

(2) EAC＝实际已发生成本＋对剩余项目的重新估算。这种方法适用于过去的执行表

明先前成本假设有根本缺陷或由于条件改变而不再适用新形势的情况，即以往的费用估算假设基本失效，或者由于目前条件的改变使原有的假设不再成立。

(3) EAC＝实际已发生成本＋剩余原预算。这种方法适用于现有的偏差被认为是不正常的、项目管理人员认为类似偏差不会再发生的情况。它表明项目管理者认为目前情况仅仅是一种特殊情况，不必对项目预算进行变动。

5.5.5 项目计划的变更

虽然费用使用计划是控制费用的标准性依据，但在实际执行时，还是会有一些出入，这就造成了项目费用模型的变化。当变化幅度很大时，就需要产生更适合实际的费用管理计划。新计划产生必须与原计划的产生程序一致，只不过是更加适合已变化的新环境。新计划的出台，必须及时和准确。为了保持项目的连续性，原计划、新计划乃至于实际费用都要在结构、内容和范围上保持高度的一致性。

5.5.6 成本控制的经验与教训

在项目控制中，应记录下产生偏差的原因、选取纠正措施的理由以及从成本控制角度吸取的其他教训，这样的记录能成为本项目以及执行组织的其他项目可以利用的历史数据库的一部分。

在项目实施过程中，成本控制的目的是最大程度地降低工程成本。在寻找成本控制方法时，可以运用许多经验和技巧。但是对于许多工程，特别是较大的工程项目而言，对全部项目作业的成本及成本控制情况进行研究，显然是不合适的，也是不合实际的。这时，选择项目中比较重要的较大的细分项目进行研究，往往能达到实现项目整个目标成本控制的目的。例如，在选择细分项目时，如果选择数量多的工种、重复作业的工种、费用高的工种、危险性大的工种等，往往能获得整体成本控制较好的效果。

除此之外，在进行成本控制时，可以通过挖掘降低成本的潜力，在有可能实现节约的环节上加强管理，以达到费用的节约。例如，在材料费、人工费、转包费、机械费、临时设施费等环节的管理上，可以通过前文所述的控制途径减少不必要的成本支出，使项目在正常进行的同时，成本大大降低。从实现成本控制的各种方法可以看出，成本控制在实际上往往带有相当大的弹性，这其中，规范的管理制度和较高素质的管理人员常常起着重要的作用。因此，对每一个项目而言，及时总结并采取措施，在相关项目中推广成功经验和防范教育是十分必要的。因为，它不仅使项目的内在管理更加规范，而且也提高了管理人员的自身素质和管理水平，更重要的是，它能够从成本控制上降低项目的风险，保证项目成功实施。

5.6 项目成本控制中应注意的问题

5.6.1 执行过程中的计划变更问题

成本控制的依据是项目预定的成本计划或预算，但是在项目的实际实施过程中，预定的计划和设计经常会被不断修改，这导致原来项目计划成本模型的变化，而这些修改和变化产生了一种不同于原来的计划(预算)成本，也不同于实际成本的新的计划。为了获得有关项目收益的有用信息，一般把实际成本与计划成本相比较，找出差异，这样成本控制才显得更有意义。因为新计划在实施过程中一直是变动的，所以成本控制需要一直跟踪最新的计划。

新计划的依据是项目任务书或合同以及在原计划基础上的变更。如果是承包商的项目，还要包括按照合同可以进行费用索赔的各种因素。例如，对于分项工程的成本，新的计划成本应按已经实际完成的工作量乘相应合同单价中的成本定额来计算，将新的计划成本与实际成本比较才能反映承包商实际的施工成果。

值得注意的是，出于可比性的考虑，原计划、新计划、实际成本在成本结构、内容、范围上应保持一致性。

5.6.2 项目成本核算的问题

为了进行有效的成本控制，需要不断记录实际发生的成本数据，掌握实际成本的支出情况，成本控制的前提是及时、准确的成本核算。在企业中，进行成本核算工作通常由会计部门来完成，会计中的成本核算对反映项目的实际支付和项目成本的宏观控制是很有用的，但是将企业会计核算用于工程的成本控制会出现以下几项问题。

(1) 会计信息的滞后会造成项目管理者难以对成本变化做出及时的应对措施。会计信息只有在报告期结束(月末、季末、年末)时，才会向管理部门报送，此时一般已有4～6周的滞后。成本控制需要及时、有效的数据对成本进行短期情况的分析和诊断，4～6周的滞后期使成本控制的效果大打折扣。

(2) 会计核算是静态的核算，一般是仅仅反映核算对象某一时段或某点的各项费用开支，而成本控制是一个动态的跟踪过程，要不断根据目标变化，进行成本分析、诊断，分析影响变化的因素，最后做出相应的调整措施。

(3) 会计核算比较笼统，缺乏细分。项目成本控制有自己的成本分项规则，需要按成本计划多角度进行分析和控制，例如工作包、合同报价、工程分项、各责任单位等。而在会计核算中，一般以项目作为一个成本核算的科目，大部分的成本核算都通过此科目进行，有时还可分到成本项目，但这对项目的成本控制是不够的。

(4) 会计核算受人为因素的影响。项目成本中许多费用开支要经过分摊进入分项工程成本或工程总成本，例如，周转材料费、工地管理费和总部管理费等。费用的分摊要选择一定的经济指标，按比例核算，如工地管理费要按工程各分项工程开支费总成本分摊进入各个分项工程。由于分摊的核算和经济指标的选取受人的主观影响较大，常常会影响成本核算的准确性和成本评价的公正性。

5.6.3 监督成本开支

成本控制强调控制发生在成本开支之前和开支过程中，因为一旦成本超支成为现实，就很难甚至无法挽回。如果企图通过压缩其他工作包上的成本来弥补超支的成本，往往得不偿失，因为压缩这部分工作包的成本必然会损害工期和质量，所以对成本控制来说，监督项目成本开支是十分必要的，主要体现在以下方面。

(1) 落实成本目标时，除了落实一般的分项工程即项目单元的成本目标，还要落实资源的消耗和工作效率指标。比如，要下达与工作量相应的用工定额、用料定额等。各职能、管理部门要把落实费用指标作为控制对象。

(2) 各种费用开支要加强事前批准、事中监督和事后审查的程序。特别是超支或超量的使用必须作出特别审批，并追查原因，落实责任。

(3) 签订各种外包合同（如工程分包、材料供应、设备租赁等）时，要对合同的价格、付款方式和付款期限等方面进行控制。在施工过程中还要控制各种款项的支付。

案例分析

假设你在一家工程公司做销售部项目经理，公司对于所投标的每个项目采用的是销售部项目经理负责制，公司所参与的每个项目都需要销售部、技术部、执行部等的强力支持，而每个部门的人都想使自己的利益最大化，所以作为销售项目经理的你需要控制竞标价。

销售部项目经理因参与每个项目需要花费太多的时间，每年能参与投标的也就几个项目，所以尽量想取得该项目。技术部项目经理因对每个项目参与的时间并不多，每年经手的项目可能多达几十个，所以根本不在乎是否取得该项目。

技术部项目经理希望将该项目的设计成本预算做高。因为：①若中标后，该项目执行完毕时实际设计费用比预算费用节省许多，则说明他们在施工图设计中采用了许多优化设计，这样他们便能得到更多的年终奖金；②若中标后，因该项目的预算费用较高，他们可以指定选用一些先进的设备（这种设备往往只有一家生产或两三家生产）并写进技术协议，这样他们便能从厂家得到大量的回扣，可谓一举两得。

执行部项目经理同技术部项目经理一样希望该项目的设备采购成本做高。因为：①若中标后，该项目执行完毕时实际执行费用比预算费用节省得越多，则说明他们设备采购执行成本得到了很好的控制，最终单位会因此多给以奖励；②若中标后，因该项目的预算费用较高，他们可以以较高的价格（当然肯定会低于该预算价）分包出去，这样他们也能从分包厂家处得到大量的回扣，同样是一举两得。

其他背景条件：

(1) 做成本预算时必须得到技术部和执行部的签字认可才有效。

(2) 因近年来国家大搞建设，再加上企业集团的支持，工程效益都不错，所以竞标时，价格较高的项目也有中标的情况。总体上来说，技术部和执行部手中不缺少项目。

(3) 即使规定技术部和执行部参与人员的奖金和每个项目的成功率挂钩，也不会有多大效益，因为他们总能说项目成功的关键在于销售项目经理的外部社交能力，他们把成本预算做高也是为了单位更多的效益（注：一般情况下成本预算按比例计算便得到销售价）。

(4) 大型工程项目都具有自己的独特性，在技术设计上都称非标设计，因此，对于历史数据的参考价值是非常有限的。

(5) 对于每个项目的外部投标价格是根据成本预算价做出的，而该投标价格的评审表必须得各个部门参与评审讨论最终签字确认，并非是由销售项目经理自己确定的一个价格。

思考题

作为销售项目经理在执行成本预算价格上能确定较为实在的价格，并且在开评审会时能拿出充足的理由，但也因此导致技术部门和执行部门私下的一番怨言。应该如何制订成本才会使自己在竞标中处于有利位置？又该如何平衡内部矛盾？

练习题

1. 项目成本控制的含义及特点是什么?
2. 项目成本控制应该遵循哪些基本原则?
3. 简要说明项目成本控制的依据。
4. 试述项目成本控制的方法?
5. 如何理解前馈控制、过程控制和反馈控制之间的区别和联系?
6. 项目成本控制有哪些方法?
7. 项目成本控制输出结果的几个部分是什么?
8. 如何理解项目成本核算中会计核算存在的问题?

6 项目成本核算与分析

学习目标

通过本章学习，学生应该理解项目成本核算的作用，了解项目成本核算的基本概念、成本核算的对象和原则、项目成本核算的方法和过程以及项目成本分析的相关内容。

A项目的成本管理

A项目是X集团公司X施工处所属的一个项目。X集团公司具有工程施工总承包一级资质，是大型国有施工企业，其下属各施工处也具备工程施工总承包一级资质，资金、技术实力雄厚。A项目作为XX路的一个标段，主要承建大桥和与之相接的路基工程，全长2.5千米，工程量总计1.2亿元，其中土方工程为3 580万元。

A项目成立之后，组建了精简高效的领导团队，注重培养各管理层人员的成本管理意识，同时培养职工具备先进的成本管理理念(战略观、人本观、系统观、效益观和科技观)并运用科学有效的成本管理方法。

项目成立之后，即建立了以项目经理为核心的组织机构，形成了一个高效的组织管理系统，包括公司项目成本管理领导小组、工程管理部门、合同预算报价部门、主管工程师等。

在A项目中标之后，施工企业根据施工组织设计和中标后预算以及企业的整体情况，下达了一个目标利润，即要求A项目实现利润的最低限。但是，A项目并未根据这个目标利润制订目标成本，而是在考虑了当前市场状况和项目综合实力的基础上，重新确定成本目标。

在综合考虑了项目整体施工进度和施工质量之后，对施工预算成本中各分部分项工程以及重要工序再次进行分析，找出能够降低成本的关键点，进行资源配置的合理优化，并根据其重新确定目标成本。

按工程进度进行阶段成本目标分解。A项目的合同工期是18个月，在项目中标之后，必须尽快做好工程进度总体规划，排出进度计划。成本目标确定之后，就可以结合工程进度计划，将成本目标按照年、季、月进行分解。同时，在成本管理的过程中，每月按费用进行成本归集，并将其与目标进行比较，分析原因，采取相应的改进措施。

A项目的总成本比预算成本降低了320.9万元，比目标成本降低了80.1万元。人工费比目标成本超支23.2万元，主要有以下原因：一方面是因为物价上涨引起

的人工费单价差;另一方面是因为赶工期间,人工加班工资要比平时高,而且对一些临时用工的控制仍然不够严格。

材料费比目标成本降低了90.4万元,主要原因是与主材料供应商达成长期合作的协议,使得材料的价格上涨幅度比计划的要小得多;同时,A项目对材料的管理避免了许多不必要的浪费,在很大程度上节约了材料费用;另外,A项目还重视对新型材料的应用,在功能不变的情况下,用量相对减少,使得材料费用相应减少。机械费比目标成本降低了29.3万元,虽然燃油费上涨,但项目部加强了对机械的管理,尤其是对机械配置结构的优化,提高了机械的利用率,降低了机械成本。其他费用比目标成本超支了16.4万元,主要是受到物价的影响,现场经费有所增加,同时项目部管理费用也有超支。在项目经理部全体管理人员的共同努力下,成本管理方法得到了有效的实施。A项目发生的工程实际成本为10 046.5万元,比预算成本10 367.4万元降低了320.9万元,比项目目标成本10 126.6万元降低了80.1万元,实现了总体成本降低的目的。

在对A项目成本的分析过程中,可以看出分项工程是成本分析的基本要素,对施工项目成本的管理也应以分项工程为基本单位,针对分项工程,确定其实施过程的人工、材料、机械以及其他费用的消耗标准,制订成本目标。在实施过程中,随时跟踪,发现偏差,并及时纠正偏差。只有这样才能保证项目成本管理目标的顺利实现。

6.1 项目成本核算概述

6.1.1 项目成本核算的含义

项目成本核算是项目成本管理的重要组成部分,是通过一定的方式、方法,对项目施工过程中发生的各种费用成本进行逐一统计考核的一种科学管理活动。在整个项目成本管理过程中,项目成本核算自成体系,主要依托项目对其实施过程中的各种耗费进行管理。项目成本核算的基本指导思想也是以提高经济效益为目标;按照相关的法律制度,通过全面的项目成本核算,优化项目的全面管理。

6.1.2 项目成本核算的意义

作为项目成本管理的重要环节,项目成本核算为确定项目盈亏情况、及时改善项目成本提供基础依据,最终达到降低成本开支、提高项目利润水平的目的,其意义主要体现在以下几个方面。

(1) 及时反映预算成本执行情况

在项目成本管理中,项目成本预算处在项目成本核算的前面环节,预算只是在项目实施之前对整个项目成本的总体把握。通过项目成本核算,将实际发生的各项费用,按照其不同用途,直接计入项目各个环节,计算项目的实际发生成本,并将其与项目预算成本进行比较,以此检查项目预算成本的执行情况,根据检查结果,及时做出相应调整,提高项目成

本管理的效率。

(2) 挖掘降低成本的潜力

项目成本核算的过程，其实是检查项目成本实施过程中各个环节的耗费情况，包括人工费、材料费、固定资产使用费等，通过项目成本核算，可以根据核算结果，制订相应的策略，及时制止相关环节成本的过度浪费，深入挖掘降低项目成本的潜力，节约劳动耗费，优化成本管理成效。

(3) 便于落实项目责任制

一个项目的完成，需要一个团队的协调合作及相关人员之间的配合，为了提高效率，一般将项目的各项具体任务分配到人，以提升工作人员的工作积极性，提高工作效率。在成本核算中，考核每项具体的工作，是对团队成员工作成效的检验，使项目责任制能够在真正意义上落到实处，根据核算结果，进行合理奖罚。

(4) 紧扣国家政策，监督成本计划

项目成本核算是在相关法律控制之下进行的，在成本核算过程中，必须依据国家有关成本开支范围、费用开支标准、成本计划等相关规定，在法律框架范围内，控制费用，促使人力、财力、物力的合理应用与节约，及时反映和监督项目成本计划的完成情况，为项目的进一步预测、项目的实施提供可靠的数据资料和成本报告，改善项目经营管理，提高项目经济效益，这也是项目成本核算的根本目的。

(5) 提高项目全过程管理水平

通过项目成本核算，项目的经济效益更加明了、准确，而且能够体现在项目的各个阶段、步骤中，成本责任更加清晰，便于找出差距，及时修订成本预算、实施计划。总之，可以在整体上提高项目全过程管理水平，实现节约资源、降低成本的最终目的。

6.1.3 项目成本核算的对象

项目成本核算不同于一般企业的成本核算，企业是以国家规定的财务会计准则和企业制订的财务制度为基础进行成本核算，即对企业财务成本的核算。而项目成本是根据项目管理和决策需要而进行核算的成本，以施工项目为例，项目成本核算一般是以每一个独立的施工图预算的单位工程为对象，也可以按照工程项目的规模、工期、施工组织等，结合成本控制的要求，灵活划分成本核算对象，一般存在以下几种划分项目成本核算对象的方法。

(1) 以单位工程为核算对象。在一个项目中，一个单位工程由几个施工单位共同施工时，各个施工单位都应该以此同一单位工程为成本核算对象，各自核算自行完成的部分。

(2) 以部分工程为核算对象。这一划分方式更适合规模大、工期长的单位工程，将整个的工程划分为若干部分，各部分工程同时施工，独立进行成本核算。

(3) 以合并工程为核算对象。针对同一施工项目工程，由同一施工单位在同一施工地点施工，将属于同一建设项目的各个单位工程合并后，可作为一个成本核算对象进行相关成本核算。另外一种情况也可以采取合并后核算，即改建、扩建的零星工程，根据实际情况和管理需要，以一个单项工程为成本核算对象，或者将同一个施工地点若干工程量较少的单项工程合并后作为一个成本核算对象。

6.1.4 项目成本核算的要求

加强项目成本核算，对于寻找降低成本费用的途径、增加利润、提高经营水平具有重要的现实意义。为了圆满地达到项目成本管理和核算目的，正确及时地核算项目成本，提供对决策有用的成本信息，提高项目成本管理水平，在项目成本核算中要遵守以下几项基本要求。

1. “算管”结合，“算”为“管”用

项目成本核算是项目成本管理的重要手段，因此项目成本核算应满足项目成本管理的要求，并与项目成本管理相结合，为项目管理和决策所用。

进行成本核算，首先要依据国家的有关法规和制度，以及项目的成本计划和消耗定额，对项目的各项费用进行审核，检查是否符合开支的规定和标准，以及规定的开支是否应计入项目成本。对于费用脱离定额或计划的差异，应进行分析和反馈。对于不符合规定的开支，不合理的超支、浪费或损失要坚决制止；已无法制止的，应追究当事人的责任，并采取措施杜绝；对于定额或计划不符合实际情况而发生的差异，应按规定程序及时修订定额或计划。

其次，要对项目中已经发生的各项费用进行归集和分配，计算项目的实际成本。成本计算必须正确、及时，以便为成本分析和考核提供资料。在成本计算中，既要防止为算而算，不注重核算效益；也要防止片面的简单化，不能满足成本管理的需要。成本计算必须从管理要求出发，繁简适当，粗细合理，既“算”又“管”，“算”为“管”用，“算管”结合。

2. 正确划分不同性质的支出

正确划分不同性质的支出是指划清资本性支出和收益性支出与其他支出、营业支出和营业外支出的界限。这个界限，也是成本开支范围的界限。若支出所带来的收益涉及多个会计年度的应列为资本性支出，如购置固定资产和无形资产的支出均属于资本性支出。若支出所带来的收益涉及本年度的应列为收益性支出，如项目生产过程中原材料的消耗、直接工资、制造费用及期间费用的发生均属于收益性支出。营业外支出是与项目生产经营无关的支出。按照现行企业财务制度的规定，属于期间费用的管理费用、财务费用等不得列入成本，资本性支出和营业外支出不得列入成本和费用。

3. 正确确定各种成本、费用的界限

(1) 正确划分各个会计期间的费用界限

按照企业会计准则的规定，企业要按月反映其财务状况及经营成果。为此，成本核算必须划清各个月份的费用界限，企业应贯彻权责发生制的要求，凡是应由本期工程成本负担的费用，要全部计入本期工程成本，即使费用尚未实际支付，也应采用预提方法计入本期工程成本；凡不应由本期工程成本负担的费用，即使已经支付，也不能计入本期工程成本，而应采用待摊方法分摊到以后各期成本中，但不允许利用待摊和预提费用项目人为地调节成本。

(2) 正确划分各个成本对象的费用界限

企业组织成本核算，一般先划分若干成本核算对象。项目成本核算对象一经确定便不能变动，各个成本对象的费用不能互相混淆。财务部门应为每一个成本核算对象设置一个项目成本明细账，凡不能直接计入的共同费用和间接费用，应按规定的方法分别计入相关成本对象的成本。

(3) 正确划分完工项目和未完项目之间的费用界限

由于项目的生产周期比较长,与会计核算期往往不一致,这样常常会出现月末项目的一部分已经完工,另一部分尚未完工的情况。这时应当采用适当的分配方法,把生产费用在已完工和未完工项目之间进行分配,分别计算出各部分月末成本。要避免通过月末未完工项目成本的升降来人为调节完工项目成本的错误做法。

4. 做好各项基础工作

(1) 建立健全客观的原始记录制度

原始记录是对项目管理活动中的具体事实所做的最初书面记载,它是成本核算的第一手资料。如果项目成本核算的基础工作不扎实、不完善就不可能提供正确的成本资料,成本核算就没有实际意义了。所以,企业必须建立健全原始记录制度,做好原始记录的登记、传递、保管和审核工作,落实责任人,以便为成本核算提供正确、及时的原始资料。

(2) 建立健全科学的定额管理制度

定额是在正常生产条件下完成单位产品的人力、物力、财力的利用和消耗的数量标准。定额按其经济内容可分为材料消耗定额、劳动消耗定额、机械台班定额等。定额不仅是编制项目成本计划、进行成本控制和分析考核的依据,而且是开展全面项目经济核算,加强成本管理的基础。企业应根据当前的设备状况、技术水平、职工素质等因素来综合分析,制订既先进又可行的定额。定额制订以后,如果出现各方面的条件变化,应及时修订定额,以保证定额水平的先进性和合理性,调动职工完成定额的积极性,充分发挥定额管理的作用。

(3) 建立健全各种财产物资计量、验收、领退、盘点制度

项目成本核算依据的各种原始数据,主要是反映项目生产中各项财产物资增减变动的数量资料,为了保证财产物资在实物数量上的真实可靠,必须建立各种财产物资计量、验收、领退、盘点制度。没有准确的计量,便不能提供准确的数量和实物消耗资料,从而使成本核算失去真实的数据基础,成本管理也就无从谈起。为了保证计量的准确性,企业还必须做好对各项财产物资的收发、领退、转移、报废和清查盘点工作,建立健全审批手续,填制必要的凭证,防止任意转移、丢失、积压、损坏变质和被贪污盗窃。

(4) 建立健全企业内部计价制度

为了适应项目生产企业实行分级管理分级核算的组织管理体制,在企业各级核算单位之间及同级核算单位之间应制订统一的内部结算制度,作为企业内部各单位之间转移材料和产品、提供劳务等的结算依据,从而有利于考核各单位的成本管理水平、制度责任目标,同时有利于调动各核算部门控制成本的积极性,提高全面成本管理的综合效益。

5. 建立项目台账

由于项目生产企业的项目工程具有规模大、工期长等特点,项目生产有关总账、明细账无法反映各项目的综合信息,为了明确各项目的基本情况,便于及时向企业决策部门提供信息,同时为有关管理部门提供所需要的资料,项目生产企业还应按单项合同建立项目台账。

6.1.5 项目成本核算的原则

要提高项目成本核算的质量,保证项目成本核算的准确性,在项目成本核算过程中,应该遵循以下几项原则。

(1) 收支口径一致原则

在项目实施过程中发生的各种成本，都必须按照一定的标准和范围加以确认和记录，使得成本核算内容与成本计划内容一致，保证收支口径一致，并进行相关的盈亏分析。在这一原则要求下，确认标准必须具有相对稳定性，侧重定量，多次确认，但有时也会因具体经济条件和管理要求的变化而稍作改变。

(2) 实际成本核算原则

这也是与成本预算的不同之处，项目成本核算对实际发生的各种耗费，按照实际市场价格计算实际成本。在项目中，若采用定额成本或计划成本方法，要及时计算成本差异，在每个会计期期末编制报表时，调整为实际成本。

(3) 权责发生制原则

权责发生制原则是在时间上对成本会计确认的基础，其核心是根据权责关系的实际发生和影响期间确认实际的支出与收益。在项目成本核算中，履行权责发生制原则，能够更加准确地反映特定核算期内真实的财务成本状况及经营管理成果。凡是当期已经实现的收入和已经发生的费用或应当负担的费用，无论款项是否收付，都应该作为当期的收入或费用处理；凡是不属于当期的收入和费用，即使款项已经在当期收付，也不应该作为当期的收入和费用处理。

(4) 分期核算原则

项目的实施是连续不断的，为了取得项目一定时期内的成本资料，必须将项目的实施活动划分为若干时期，并分期计算各个时期的项目成本。为便于财务成果的确定，成本核算的分期应该与会计核算的分期相一致。

(5) 及时准确原则

及时并不意味着越快越好，还要考虑成本的耗费与成本信息的真实可靠性，成本核算要把握在规定的时期内，在成本信息尚未失去时效的情况下及时提供，并确保不影响其他环节的工作进程。真实、准确是成本核算的首要目标，虚假、存在偏差的统计数据会直接导致判断、分析、决策失误，使核算失去可信度，与最终目标偏离，流于形式而没有任何意义。因此成本核算的全部信息必须以真实、准确为前提。

(6) 连续相关原则

连续是指为了保证项目成本核算统计口径一致，所采用的方法与标准必须前后一致，杜绝随意变动，这样才能保证比较结果的科学性，也可以称为一贯性原则，这一原则体现在项目成本核算的各个方面。同时，成本核算所采用的方法与标准，必须结合项目自身的特点及成本管理要求，并与当期的成本管理水平相适应，如果不遵循相关性原则，就会使项目成本核算陷入盲目，所得出的成本信息也是毫无价值的。

(7) 划分收益性支出与资本性支出的原则

收益性支出是指该项目支出仅仅为了取得本期收益，即仅仅与本期收益的取得有关的成本费用，如员工工资、水电费支出、低值易耗品的支出等。资本性支出是指不仅为取得本期收益，而且有助于在以后会计期间内取得收益而发生的支出，如构建固定资产支出等。收益性支出和资本性支出的划分，有助于项目建成投产经济效益的核算，因此，在项目成本核算时，必须严格区分收益性支出和资本性支出。

(8) 配比原则

配比原则是指将收入与对应的费用、成本进行对比，以结算出损益。正确运用配比原则，能完整地反映特定时期的成本信息和经营成果，从而有助于正确评价企业的经营业绩。配比原则包括两层含义：一是因果配比，即收入与对应的成本相配比，如项目的结算收入与该项目的成本相配比；二是时间配比，即一定时期的收入与同时期的成本费用相配比，如当期的收入与管理费用、财务费用等期间费用相配比。

(9) 重要性原则

重要性原则要求将对成本有重大影响的经济业务作为成本核算的重点，力求精确，而对于那些不太重要、琐碎的经济业务，可以相对从简处理，不要事无巨细均做详细核算。坚持重要性原则能够使项目的成本核算在全面的基础上保证重点，有助于加强对经济活动和经营决策有重大影响和重要意义的关键性问题的核算，达到事半功倍，简化核算，节约人力、财力、物力，提高工作效率的目的。

6.2 项目成本核算的过程

项目成本核算涉及的内容较多，按照不同的项目生产过程和不同的成本管理要求，采取的核算方法也有所不同。成本核算是一项复杂的工作，但都遵循着一个基本的程序。

6.2.1 确认发生成本

进行项目成本核算，首先要对发生的各种成本和费用进行一一确认，确定应该记入项目成本的费用及费用数额。

(1) 各种消耗记录

各种消耗记录是确认发生成本的依据，对于项目的各种原始记录，要力图做到准确无误，这些基础数据的准确与否，直接关系到核算的结果。一旦项目实施开始，就要开始记录各项工作中消耗的人工、材料等数量及费用。

(2) 完成状况度量

完成状况度量是由项目本身的特点决定的，一项相对大型的项目，从开始到结束往往要经过很长的时间，而且存在比较多的跨期项目。已经开始但尚未结束的项目，在成本核算时，要对已经完成的各项工程进行核算，其度量的准确性直接关系到成本核算、成本分析及趋势预测，这就需要有一套标准来确认项目工程的完成情况，最终确认发生成本数额。参照同类项目成本消耗标准，可考虑采用以下几种模式进行确认。

① 0～100%。即工作任务开始后直到完成前，其完成程度一直为0，完成后则为100%。

② 50%～100%。即工作任务开始后直到完成前其完成程度一直为50%，完成后则为100%。

③ 按照实物工作量或成本消耗、人工消耗所占的比例度量，即按照已经完成的工作量占总工作量的比例进行计算。

④ 按照已经消耗工期与计划工期的比例进行计算。

⑤ 定义工作任务资源负荷分配标准。

在以上五种方式中，最为常见的是第二种方式，即按照50%～100%的规则确认发生成本。

6.2.2 归集与分配成本

在一定意义上，成本的核算过程实际上是各项目成本归集与分配的过程。成本归集是指在会计制度下，以有序的方式进行成本数据的搜集与汇总的过程；成本分配则是指将归集的成本分配给成本对象的过程。项目实施过程中既有直接成本，也存在间接成本，大多数直接成本的核算简单易行，可按照定额标准和单价直接核算，而间接成本则需要按照一定的标准进行归集与分配，各个行业进行项目成本核算时，具有不同的成本归集与分配标准。成本的归集与分配主要包括人工费用的归集与分配、材料费用的归集与分配、周转材料费用的归集与分配、施工间接费用的归集与分配等。通过对发生的费用在成本对象之间归集与分配之后，可计算得出各工程成本。

6.2.3 确定实际发生成本

经过对项目成本的确认、归集与分配，就完成了项目成本核算的主体工作。为了确保核算结果的准确性，必须要对未完成的项目工程再次进行最后盘点，最终确定一定期间内完成项目的实际成本。

6.2.4 提交项目成本核算报表

确认最终实际成本之后，要将已经完工的项目成本转入“项目结算成本”等科目中，并结转相关的期间费用，经过必要的会计处理之后，生成项目成本核算报表，并最终提交相关部门，对核算结果进行分析总结，及时调整施工战略与方法。

6.3 项目成本核算的方法

项目成本核算中，最常用的核算方法有会计核算方法、业务核算方法与统计核算方法，三种方法互为补充，各具特点，形成完整的项目成本核算体系。同时，比较常见的还有项目成本表格核算方法，这些方法配合使用，取长补短，使项目成本核算内容更全面，结论更权威。下面主要介绍项目成本会计核算方法与项目成本表格核算方法。

6.3.1 项目成本核算方法综述

(1) 项目成本会计核算方法

项目成本会计核算方法是以传统的会计方法为主要的手段，以货币为度量单位，会计记账凭证为依据，利用会计核算中的借贷记账法和收支全面核算的特点，对各项资金来源去向进行综合，系统完整地记录、计算、整理汇总的一种方法。通过利用会计核算方法，具体核查在项目运作过程中的各种内外往来支出，反映项目实施过程中货币的收支情况，并利用会计核算得出各种数据，进一步判断项目的经营成果及盈亏情况，及时做好资金调度筹集、管理运用，保证项目实施各个环节地正常运行。这种方法一般核算范围较大，核算程序严密、逻辑性强，人为因素较小，但是对相关的工作人员要求比较高，需要达到较高的专业水平并具有丰富的经验。

(2) 项目成本业务核算方法

项目成本业务核算方法是对项目中各项业务的各个程序环节，用各种凭证进行具体核算管理的一种方法。业务核算也是各业务部门因为业务工作需要而建立的核算制度，通过对各项业务活动建账建卡，详细记录发生业务活动的具体时间、地点、计量单位、发生金额、存放收发等情况，考察项目过程中各项业务的办理效率与成果，并及时做出相应调整。这种方法的核算范围比会计核算的范围更广，对已经发生的、正在发生的、尚未发生的业务活动都要进行核算，并判断其经济效果。另外，业务核算每次只是对某一项业务进行单一核算，并不提供综合性的指标数据。业务核算的内容既有价值量，也包括实物量，是数与值的双重完整核算，为会计核算和统计核算提供各种原始凭证，是会计核算方法与统计核算方法运用的基础。

(3) 项目成本统计核算方法

项目成本统计核算方法是建立在会计核算与业务核算基础上的一种成本核算方法，利用会计核算和业务核算中提供的原始凭证及原始数据，用统计的方法记录、计算、整理汇总项目实施过程中的各种数据资料(其中，主要的统计内容有产值指标、物耗指标、质量指标、成本指标等)，最后形成统计资料，分析整理揭示事物发展变化的原因及规律，并进行统计监督。这种方法的计量尺度比会计核算方法更宽，既可以采用货币计量，也可以用实物或劳动量计量。统计核算的灵活性还表现在既可以提供绝对数指标，也可以提供相对数和平均数指标；既可以计算当前的实际水平，也可以预测未来的发展趋势。

(4) 项目成本表格核算方法

项目成本表格核算方法主要是建立在内部各项成本核算基础上，通过项目的各业务部门与核算单位定期采集相关信息、填制相应表格，使各种核算数据以一系列的表格形式存在，形成项目成本核算体系的一种方法。这种方法建立在对内部的各项成本信息及时采集并形成表格形式的基础之上，具有简洁明了、易于操作、实时性较好的优点，其不足之处是覆盖范围较窄、精度较差，若审核制度不严密，还有可能造成数据失实。

6.3.2 项目成本会计核算方法

项目成本会计核算方法是建立在会计核算基础上，利用会计核算的借贷记账法和收支全面核算的综合特点，按照项目成本内容和收支范围，组织项目成本核算的方法。项目成本核算要坚持“谁受益，谁负责”，即会计中的权责发生制原则，以便达到正确考核成本管理水平、正确进行成本决策的目的。通过运用成本会计核算方法，使得项目成本直观、敏感，具有可控性。

(1) 项目成本会计核算的基础工作

在运用会计核算方法之前，必须要严格按照会计的相关准则，进行必要的基础准备工作，保证成本核算的质量。没有健全的基础工作，成本核算将无法顺利完成，也不能达到对成本的正确计划、控制和分析。大量的基础工作必须在监督下认真落实。

① 完善原始记录制度。原始记录是对已经发生的业务记载的凭证，是进行成本核算最基础的依据和前提，必须要保证原始数据的可靠准确、及时完整，才能使得核算结果有参考价值，因此应该以符合项目成本管理和项目成本核算的需要为目标，建立科学易行、讲求实效的原始记录制度，保证工作人员对原始记录的登记、传递、审核、保管等工作的准确性，为成本核算提供及时准确的原始资料与数据。原始记录的内容主要包括反映项目进度和质

量的生产记录、反映劳动消耗的工时记录、反映设备使用的物资耗费记录等。

② 设置各种账表。根据会计制度要求，在进行项目成本核算时，设立核算必需的各种账户，规范核算体系，有关成本会计的账表主要有生产成本账、间接费用账、直接费用账及项目生产成本表等。

③ 建立统计台账。统计台账不同于一般的会计账表，主要是因管理会计的需要而设立的。成本核算的最终目的是成本管理，统计台账为成本管理提供了相关的数量和金额，以及更加清晰透明的各种账目。

为了提高核算工作效率，避免重复劳动，对这些基础工作的分配应该有明确科学的分工，最终使各项基础工作高质量地落到实处。

(2) 项目成本会计核算的分类

按照财务制度的相关规定，不同类型的项目，其成本核算的内容存在一定差异，虽然每个项目中都有直接成本与间接成本，但是直接成本与间接成本包含的内容与范围是不同的。而在使用会计核算方法时，有些核算直接放在项目上，有些则分配到基层单位，按照这种方式，将项目成本核算分为直接核算、间接核算与列账核算。

① 项目成本的直接核算。直接核算是指项目成本直接在项目上进行的核算，这是除规定上报的成本核算资料之外，还要直接进行项目实施成本的核算，编制会计报表，及时了解项目各项成本耗费情况，分析项目施工盈亏。直接核算可以减少部门与部门之间的相互扯皮，便于了解各项成本的情况，但是目前这种核算还只适用于大型项目，小型项目单位没有能力配备专业水平和业务能力较高的会计核算人员，因此往往不具备进行直接核算的条件。

② 项目成本的间接核算。间接核算是指项目不专门设置会计核算部，由项目各基层单位相关人员按照规定的程序及时向财务部门提供成本核算资料，委托公司财务部门进行项目成本核算，落实当期的项目成本盈亏。这样可以使会计专业人员相对集中地处理项目成本核算资料，并同时处理多个项目的成本核算，但是由于核算不在项目上进行，了解项目成本情况不方便，项目成本核算的准确性将受到影响。

③ 项目成本的列账核算。列账核算是介于直接核算与间接核算之间的一种方法。这种方法不进行完整的会计核算，项目组织本身进行相对直接的核算，正规的核算资料送交公司财务部审核存档，并确认项目成本台账，项目组织以此作为核算凭证，对项目成本范围的各项收支编制项目成本相关报表，进行列账核算。列账核算的正规资料放在公司财务部门，方便档案保管，项目凭相关资料进行核算，也有利于项目开展、项目成本核算和项目成本责任考核，但成本要核算两次，比较烦琐。

6.3.3 项目成本表格核算方法

项目成本表格核算方法是指在内部各项成本核算的基础上，依靠项目的各个实施部门和核算单位定期采集信息，切实按照有关规定与程序填写一系列表格，完成数据比较与考核的核算方法。项目成本表格核算方法的优点是比较简洁明了、直观易懂、易于操作、实时性较好。缺点是覆盖范围较窄，如核算债权债务等比较困难，同时，项目成本表格核算方法较难实现科学、严密的审核制度，有可能造成数据失实、精度较差。表格核算方法包括以下步骤。

(1) 确定项目责任成本总额。首先确定"项目成本责任总额"，分析项目成本构成。

(2) 编制内控成本,落实岗位成本责任。在控制项目成本开支和落实岗位成本考核指标的基础上,制订“项目内控成本”。

(3) 项目责任成本和岗位收入调整。通过编制岗位收入变更表来体现项目实施过程中因收入调整和签证而引起的项目报价变化或者项目成本收入的变化,在两者中,后者更为重要。

(4) 确定项目当期责任成本。在已经确认的项目收入的基础上,按月确定本项目的成本收入,这项工作一般由项目统计员或合约预算员与公司的合约部门或者统计部门,按照项目成本责任合同中有关项目成本收入的确认方法和标准进行计算。

(5) 确定当月的分包成本支出。项目依据当月分部分项工程的完成情况,结合分包合同和分包商提出的当月完成值,确定当月的项目分包成本支出,编制“分包成本支出预估表”,这项工作一般由施工人员提出,预算合约人员初审,项目经理确认,公司合约部门批准。

(6) 材料消耗的核算。以已经过审核的项目报表为准,由项目材料员和成本核算员计算后,确认其主要材料消耗值和其他材料的消耗值,在分清岗位成本责任的基础上,编制材料耗用汇总表。由材料员依据各施工人员开具的领料单来汇总计算的材料费支出,经项目经理确认后,报公司物资部门批准。

(7) 周转材料租用支出的核算。以施工人员提供的或财务转入项目的租费确认单为基础,由项目材料员汇总计算,在分清岗位成本责任的前提下,经公司财务部门审核,落实周转材料租用成本支出。项目负责人批准后,编制其费用预估成本支出。

(8) 水、电费支出的核算。以机械管理员或财务转入项目的租费确认单为基础,由项目成本核算员汇总结算。

(9) 项目外租入机械设备的核算。项目外租入机械设备是指项目从公司或公司从外部租入用于项目的机械设备。不管此机械设备是公司的产权还是公司从外部临时租入用于项目施工,对于项目而言都是从外部获得,周转材料同样如此,真正属于项目拥有的机械设备,往往只有部分小型机械设备或部分大型工具、器具。

(10) 项目自有机械设备、大小型工器具摊销、临时设施摊销等费用开支的核算。由项目成本核算员按照公司规定的摊销年限,在分清岗位成本责任的基础上,计算按期进入成本的金额,经公司财务部门审核和项目负责人批准后,按月计算成本支出金额。

(11) 现场实际发生的措施费用开支的核算。由项目成本核算员按照公司规定的核算类别,在分清岗位成本责任的基础上,按照当期实际发生的金额,计算进入成本的相关明细,经公司财务部门审核和项目负责人批准后,按月计算成本支出金额。

(12) 项目成本收支核算。按照已经确认的当月项目成本收入和各项成本支出,由项目会计编制,经项目负责人同意,公司财务部门审核后,及时编制项目成本收支计算表,完成当月的项目成本收支确认。

(13) 项目成本总收支的核算。首先由项目预算合约人员与公司相关部门,根据项目成本责任总额和项目实施过程中的设计变更以及项目签证等变化因素,落实项目成本总收入。由项目成本核算员与公司财务部门,根据每月的项目成本收支确认表中所反映的支出与耗费,经有关部门确认和依据相关条件调整后,汇总计算项目成本总支出。在以上基础上由成本核算人员落实项目成本的总收入、总支出。

6.3.4 各种方法综合利用

在项目成本核算方法中，各种方法之间存在差别，但也有联系，利用各种方法之间的优势互补，能够实现各种核算方法之间的协调统一。其中表格核算方法是最便于操作的一种方法，表格格式自由，可以根据自身需要，自行设置各种表格形式，并且随着项目成本核算工作的深入发展，表格的种类、数量、格式等都可以不断地改进，以适应各个岗位的成本考核。相对来说，会计核算方法利用会计记录的连续性、可靠性、综合性等特点，核算的结果更为准确，加之计算机的普遍使用和财务软件的迅速发展，会计核算方法已经在诸多成本核算方法中处于中心地位。另外，项目成本业务核算方法与统计核算方法也不能完全抛弃，两者作为补充，可以为项目成本核算提供准确的数据，保证核算结果的准确度。

6.4 项目成本分析概述

6.4.1 项目成本分析的概念及意义

项目成本分析是根据成本核算提供的成本数据和其他费用资料与本期计划成本、上期实际成本以及国内外同行业成本水平进行比较，对企业成本费用水平及其构成情况进行分析研究，查明影响成本费用升降的具体原因，寻找降低成本、节约费用途径的一项管理活动。

项目生产企业在完成项目计划、保证项目质量的前提下，项目成本水平越低，表明项目管理水平越高，经济效益越好。为了达到不断降低项目成本的目的，项目生产企业必须加强项目成本管理，积极开展项目成本的分析与评价工作。项目成本分析作为项目成本管理的重要环节，是实现项目成本降低目标的必要手段。通过项目成本分析，把项目成本与生产、技术、劳动组织及经营管理各方面联系起来进行综合研究，可以全面了解企业项目成本管理方面的效益，查明节约或浪费的原因，总结项目成本管理的经验和教训，逐步认识和掌握项目成本变动的规律，从而促使企业科学地预测项目成本变动的趋势，正确地进行项目成本决策，制订切实可行的措施消除影响项目成本的不利因素，以达到改善经营管理、降低项目成本消耗、提高项目经济效益和施工企业整体经济效益的目的。

6.4.2 项目成本分析的要求

为了保证成本分析的顺利进行，使分析结果能够如实反映成本管理工作的实际情况，为经营决策者提供有效的成本信息，开展成本分析应按照以下要求进行。

(1) 全面分析和重点分析相结合

全面分析就是要着眼于整体，树立全局观念，切忌片面性，运用一分为二的观点分析问题，对成绩和缺点、有利因素和不利因素要进行全面分析，不能强调一方面而忽视另一方面。但是全面分析并不意味着不分轻重主次，对与成本有关的所有因素面面俱到地分析，而应按照例外管理原则，抓住重点问题，深入剖析。

(2) 专业分析与群众分析相结合

企业的成本费用涉及企业的各个部门与每个员工的工作业绩和切身利益，为了达到成本分析的目的,应当发动全体员工参加成本分析。普通员工工作在项目生产第一线,他们最了解成本费用变动的具体原因,只有充分发挥他们分析成本、挖掘降低成本潜力的积极性,把专业人员分析与生产第一线的职工分析有机地结合起来,才能使成本分析产生有效的作用,提出更多切实可行的降低成本的措施。

(3) 经济分析与技术分析相结合

项目成本的高低既受经济因素的影响,也受技术因素的影响。成本分析如果只停留在经济指标的分析上,而不考虑技术方面的因素,就不可能达到分析的目的。因此,项目生产单位在进行成本分析时,既要组织管理人员,又要吸收生产技术人员,把项目经济分析与技术分析有效地结合起来,通过改进技术,寻求降低成本的有效途径。

(4) 纵向分析和横向分析相结合

纵向分析是指对项目范围内的纵向(不同时期)成本水平进行对比分析,包括本期实际成本与上期实际成本对比分析,或与上年同期实际成本对比分析。通过纵向分析,了解项目成本的变化趋势。横向分析是指将项目成本与其他相同行业项目成本进行对比分析。通过横向分析可以发现自己的差距和存在的潜力,有利于激发项目生产单位继续努力的积极性。

6.4.3 项目成本分析的内容

项目成本分析应从生产经营服务的角度出发,并与成本核算对象的划分同步。一般而言,项目成本分析主要包括以下几个方面。

(1) 随着项目生产的进度而进行成本分析,包括分部分项工程成本分析、月(季)度成本分析、年度成本分析、竣工成本分析。

(2) 按目标成本项目进行成本分析,包括人工费分析、材料费分析、机械使用费分析、其他直接费分析、间接成本分析。

(3) 针对专项成本事项进行成本分析,包括成本盈亏异常分析、工期成本分析、质量成本分析、资金成本分析、技术组织措施节约效果分析、其他有利因素和不利因素对成本影响的分析。

6.4.4 项目成本分析指标

进行项目成本分析时,要具体分析项目实施过程中的各种有用数据,而在一个项目的实施中,数据是庞杂多样的,为了提高项目成本管理效率,项目组会采用一些行业认定的成本分析指标进行比较考察,得出分析结论。这些成本分析指标与影响项目成本变动的内部、外部因素直接相关。

单单依靠一两个指标进行成本分析,是不能全面反映项目成本发生状况的。项目管理层要依赖科学的数据做出变动决策,自然需要从各个不同的角度反映项目成本,利用种类不同的分析指标,这样才能综合、清晰地反映项目成本耗费状况,并及时将项目的进度、工期、效率、质量等分析同项目成本分析结合进行对比参照,从宏观与微观两方面准确反映项目情况。通常将项目成本分析的综合指标分为三大类。

(1) 挣值原理中的各项指标。将计划工作量的预算成本(BCWS)、挣得值(BCWP)、已完工作量的实际成本(ACWP)三者进行比较分析,主要指标为三者之间的费用差异、进度差异、费用差异百分比、进度差异百分比等,以及相对数指标的费用绩效指数、进度绩效指数等。将挣得值原理推广到各工业领域项目管理中以后，其在项目管理及控制中的作用日趋完善。

(2) 效率比的各项指标。可以通过构造实际与计划相比的相对数指标来体现项目某些方面的效率。例如：

机械生产率＝实际台班数/计划台班数

劳动生产率＝实际使用人工工时/计划使用人工工时

与此相似的，还可以构造各种材料消耗率及各项费用消耗率，来反映材料消耗及费用耗费方面的效率，在此不再一一赘述。

(3) 成本分析指标。通过实际成本与计划项目的比较分析，最后得出各种比较结果，对已完工项目而言，各项计算公式为：

$$成本偏差＝实际成本－计划成本 \tag{6.1}$$

$$成本偏差率＝(实际成本－计划成本)/计划成本\times 100\% \tag{6.2}$$

$$利润＝已完工项目价格－实际成本 \tag{6.3}$$

根据各种成本分析指标，可以生成一系列成本项目差异分析表、各分项工程项目成本比较表等，表 6－1 反映了主要成本项目差异的分析情况。

表 6－1　主要成本项目差异分析表

成本项目	计划值	实际值	偏差	偏差率（比本项目计划成本值）	偏差率（比计划成本总额）
直接费					
人工费					
机械费					
材料费					
施工管理费					
间接费					
合计					

这种形式的表格，使得各种数据一目了然，便于进行横向及纵向的比较分析。最后根据表格说明，可得出差异分析报告、成本状况报告等。

6.5　项目成本分析方法

项目成本涵盖项目的方方面面，需要成本分析的指标多种多样，必然要求在不同情况下，有不同的分析方法与之相适应。在项目成本估算和项目决策等前期工作中，所使用的方法属于事前成本分析方法，而在项目成本控制阶段，利用的成本分析方法则属于事后成本分析方法。而按照一般的分类原则，可将项目成本分析方法分为基本成本分析方法、综合成本分析方法、专项成本分析方法和目标差异分析方法。

6.5.1 基本成本分析方法

基本成本分析方法是在实践中最常用的分析方法，简便易行也相对准确，主要包括以下几种方法。

(1) 比较分析方法

比较分析方法是通过成本指标的对比，发现其间存在的差异，检查目标的完成情况，分析其积极因素和消极因素，采取相应措施，保证成本目标实现。这种方法具有简单易行、便于掌握的特点，因而得到了广泛的应用。比较分析方法又可以分为三种比较方法。一是横向比较，即将本项目指标数据与同类项目的平均水平或先进水平进行对比；二是纵向比较，即将项目本期的实际指标与上期实际指标进行对比，查看本期的成本管理水平是否有提高；三是与目标进行比较。通过比较可以发现项目的实际实施是否存在问题、为实现目标还需要做哪些改进工作，当然，也可能发现存在偏差的原因是目标设置不合理，因此有必要对项目目标进行调整。

例 6-1 某项目本年节约"钢材、水泥、木材"的预算为 120 000 元，实际节约 145 000 元，上年节约 95 000 元，本项目先进水平节约 180 000 元。根据上述资料用比较分析法编制分析表(表 6-2)。

表 6-2 钢材、水泥、木材预算与实际节约对比 单位:元

指标	本年预算数	上年实际数	企业先进水平	本年实际数	差异数		
					与预算比	与上年比	与先进比
钢材、水泥、木材节约数	120 000	95 000	180 000	145 000	+25 000	+50 000	−35 000

(2) 因素分析方法

因素分析方法是一种依据分析指标和影响因素的关系，将影响该指标的各个因素进行分解，分析每一个因素与差异产生的关系，从数量上确定各因素对指标影响程度的方法。因素分析法按照所分析变动因素的多少，分为两因素分析方法和多因素分析方法。在进行分析时，首先要假定众多因素中的一个因素发生了变化，而其他因素则不变，然后逐个替换，并分别比较其计算结果，以确定各个因素的变化对成本的影响程度，因此因素分析方法也称为连锁替代方法。因素分析方法的计算步骤如下。

① 确定分析对象(即所分析的技术经济指标)，并计算出实际与计划(预算)数的差异。

② 确定该指标是由哪几个因素组成的，并按其相互关系进行排序。

③ 以计划(预算)数为基础，将各因素的计划(预算)数相乘，作为分析替代的基数。

④ 将各因素的实际数按照上面的顺序进行替换计算，并将替换后的实际数保留下来。

⑤ 将每次替换计算所得的结果，与前一次的计算结果相比较，两者的差异即为该因素对成本的影响程度。

⑥ 各个因素的影响程度之和，应与分析对象的总差异相等。

例 6-2 某工程公司浇筑一层结构商品混凝土，预算成本为 1 785 000 元，实际成本为 1 883 700 元，比预算成本增加了 98 700 元。根据表 6-3 的资料，用"因素分析法"分析其成本增加的原因。

表 6-3 混凝土预算成本与实际成本对比

项目	计量单位	预算数	实际数	差异
浇筑量	米^3	1 020	1 050	+30
单位浇筑量耗用材料	米^3	350	390	+40
材料单价	元/米^3	5	4.6	−0.4
总成本	元	1 785 000	1 883 700	+98 700

[**解**] ① 分析对象是浇筑一层结构混凝土的成本，实际成本与预算成本的差额为98 700元。

② 该指标由浇筑量、单位浇筑量耗用材料、材料单价三个因素组成，其排序如表 6-3 所示。

③ 以预算数 1 020×350×5=1 785 000(元)为分析替代的基数。

第一次替代：浇筑量因素以 1 050 替代 1 020，得 1 837 500 元，即 1 050×350×5=1 837 500(元)。

第二次替代：单位浇筑量耗用材料因素以 390 替代 350，并保留上次替代后的值，得 2 047 500 元，即 1 050×390×5=2 047 500(元)。

第三次替代：材料单价因素以 4.6 替代 5，并保留上两次替代后的值，得 1 883 700，即 1 050×390×4.6=1 883 700(元)。

④ 计算差额。

第一次替代与预算数的差额：1 837 500−1 785 000=52 500(元)；

第二次替代与第一次替代的差额：2 047 500−1 837 500=210 000(元)；

第三次替代与第二次替代的差额：1 883 700−2 047 500=−163 800(元)。

分析结果：浇筑量增加会使成本增加 52 500 元，单位浇筑量耗用材料提高会使成本增加210 000 元，材料单价下降会使成本节约 163 800 元。

⑤ 各因素的影响程度之和：52 500+210 000−163 800=98 700(元)，与实际成本和预算成本的总差额相等。

(3) 差额计算方法

差额计算方法是因素分析方法的一种，它是利用各个因素的预算成本与实际成本的差额来计算其对成本的影响程度。

(4) 比率分析方法

比率分析方法是通过计算指标之间的比率进行数量分析的一种方法，主要包括相关比率分析方法、构成比率分析方法以及趋势分析方法。相关比率分析方法是指构成比率的两个指标是相关的；构成比率是指构成比率的两个指标具有部分和整体的关系；而趋势分析方法则是通过连续几个时间点的某个指标比率的比较分析，得出该指标发展趋势的一种方法。

例 6-3 某项目成本构成比率如表 6-4 所示。

表 6-4 成本构成比率分析

成本项目	预算成本		实际成本		降低成本	
	金额/万元	比重/%	金额/万元	比重/%	金额/万元	占总项目/%
直接成本	1 895.71	93.20	1 800.47	92.38	95.24	4.68
人工费	170.45	8.38	178.92	9.18	−8.47	−0.42
材料费	1 509.84	74.23	1 409.51	72.32	100.33	4.93
机械使用费	131.40	6.46	134.47	6.90	−3.07	−0.15
其他直接费	84.02	4.13	77.57	3.98	6.45	0.32
间接成本	138.30	6.80	148.51	7.62	−10.21	−0.50
成本总量	2 034.01	100.00	1 948.98	100.00	85.03	4.18
量本利比例/%	100.00		95.82		4.18	

6.5.2 综合成本分析方法

综合成本涉及项目实施过程中的多种生产要素，是指受多种生产要素影响的成本费用。这些成本都是随着项目的开展逐步形成的，做好这些成本分析工作，对于把握整个项目的运行，提高项目经济效益具有十分重要的意义。主要包括分部分项工程成本分析方法、月度或季度成本分析方法、竣工成本综合分析方法。

分部分项工程成本分析方法是项目成本分析的基础，是对已完工部分分别进行分析，实现预算成本、目标成本、实际成本的“三成本”对比，得出产生偏差的原因，寻求合适的节约途径。因为其贯穿项目全过程，也可以为今后的项目成本管理提供有价值的参考资料。

月度或季度成本分析方法是项目定期的或经常性的中间成本分析，这种分析方法可以及时发现问题、分析问题，最终解决问题，它分析的依据是月度或季度的成本报表。

竣工成本综合分析方法是对项目生产结束的全部成本进行分析，主要包括竣工成本分析、主要资源节超对比分析及主要技术节约的措施分析，通过全面了解成本构成和降低成本的方法，为今后项目工程成本管理提供参考价值。

6.5.3 专项成本分析方法

专项成本分析方法是对具体的分项成本进行考察分析，专业性比较强，更有针对性，主要包括成本盈亏异常分析、工期成本分析、资金成本分析等。

成本盈亏异常分析是当成本出现盈亏异常现象时，才引起项目管理的高度关注，从项目核算入手，注意查找，生成项目成本盈亏异常情况分析表，明晰原因，加以纠正。

工期成本分析是指对计划工期成本与实际工期成本的比较分析。其中，计划工期成本是指在假定完成预期利润的前提下计划工期内所耗用的计划成本；而实际工期成本，则是在实际工期中耗用的实际成本。工期成本分析的方法一般采用比较法，即将计划工期成本与实际工期成本进行比较，然后应用因素分析方法分析各种因素的变动对工期成本差异的影响程度。

资金成本分析是分析项目资金与成本的关系，利用项目收入和成本支出的差异，体现成本分析成果，一般应用“成本支出率”指标，即成本支出占项目收入的比例，以此通过加强

资金管理来控制成本支出。

6.5.4 目标成本差异分析方法

目标成本差异实质上是指实际成本和目标成本的差额，分析这一指标的最终目的就是要找出并分析成本差异产生的原因，尽可能地降低项目成本，提高项目竞争力。主要的分析指标包括人工费分析、材料费分析、周转费分析、机械使用费分析等直接费用分析。除此之外，还有各种间接成本分析。

案例分析

美国西南航：让运营成本低到能和汽车竞争

美国西南航的名字在媒体和商业教科书中出现时，一直与“低成本战略”紧密联系在一起。究竟什么是低成本战略，它有什么样的优点、缺点，如何成功实施低成本战略呢？这些问题的答案显然不是仅仅研究西南航案例就可以得到的。

低成本战略是指企业在提供相同的产品或服务时，通过在内部加强成本控制，在研究、开发、生产、销售、服务和广告等领域内把成本降低到最低度，使成本或费用明显低于行业平均水平或主要竞争对手，从而赢得更高的市场占有率或更高的利润，成为行业中的成本领先者的一种竞争战略。

如美国西南航，成功实施低成本战略有很多优点。最突出的一点是，对于行业内竞争者具有比较竞争优势。由于企业的成本低，公司可以利用低价格的吸引力从竞争对手那里挖掘销售额和市场份额，在价格战中存活下来并获得高于行业平均水平的利润(其基础是利润率较高或者是总的销售量较大)。如果市场上的很多购买者对价格都很敏感，而且价格竞争很激烈，那么，低成本就是一种很强大的防御力量。

另一个显著的好处是，公司的低成本战略对于潜在的新进入者形成了较高的进入障碍，从而吓退潜在的进入者。公司随时可以采用降价的策略使一个新的竞争对手很难赢得顾客，那些在生产技术尚不成熟、经营上缺乏规模经济的企业都很难进入此行业。

此外，低成本战略还可以使公司增强对供应商和购买者讨价还价的能力，降低替代品的威胁。

当然，西南航卓越的成就并不意味着它采取的低成本战略本身是“完美”的战略。事实上，低成本战略具有显而易见的缺点。比如，前期投资大——低成本公司一般是通过扩大生产规模来取得低成本优势，这就需要较大的前期投资，资金不够雄厚的公司显然不适合采用该战略；容易被竞争对手模仿；新技术会带来威胁，若竞争对手利用新的技术，或更低的人工成本，则会形成新的低成本优势；若企业过分追求低成本，降低产品和服务的质量，会影响顾客的需求，结果会适得其反。还有一点，行业退出壁垒高，由于公司前期投资大，一旦处于竞争劣势或行业开始衰退，公司的退出障碍会很高，付出代价比较大。

事实上，成功实施低成本战略需要合适的内部、外部条件，这也是为什么另一家美国航空公司——大陆航空公司采取15年低成本战略后反而“雪上加霜”的原因。

思考题

结合本案例思考成本管理的作用，并比较企业运营成本管理与项目成本管理的区别。

练习题

1. 如何理解项目成本核算在项目成本管理中的重要地位？
2. 简述项目成本核算的要求。
3. 如何确定项目成本核算对象？
4. 比较分析法、比率分析法和因素分析法各自的特点和相互间的区别是什么？
5. 简述成本项目分析方法。
6. 简述项目成本指标分析方法。
7. 简述项目成本分析的主要方法。

7　项目成本决算与审计

➢ 学习目标

通过本章学习，学生应该理解项目成本决算的概念、内容及其意义；了解项目审计的概念及阶段；理解项目成本决算的管理及审计的内容；掌握项目成本决算的编制方法及项目成本审计的方法。

项目成本控制“三字经”

如何才能为企业赢得最大利润，把每一个工程项目变成企业的利润中心呢？在施工管理中，实行成本管理全过程量化控制，做好“管、控、算”，是工程项目成本控制成功的原因。

管：成本管理。针对“重进度、轻成本”“干活的不管算账的”“不算不知道，一算吓一跳”等现象，可先后制订成本控制与考核办法及几十项分项制度，形成较为完善的工程项目成本控制体系，实行量化管理与监控，将成本目标和责任逐项分解，以项目经理为责任中心，将现场的工长、技术员、材料员组成单位工程责任体，做到责、权、利三者挂钩，真正把项目部从一个生产车间变成企业的利润中心。

控：加强人工、材料费、机械费、成本动态等的监控。对人工费的监控，主要是对任务单位和工程量的监控，制订《工程任务管理细则》，严格履行签发、验收、评定、审核、审批等诸多程序，每月结算对比分析一次，按责任目标对现场人员所组成的责任体进行考核，特别强调任务单结算的时间要求，每拖一个月扣罚10%。工程量在工长签发的基础上，增加技术员审核、预算员对比考核程序。同时，单体工程量统计汇总后，与预算量对比分析，避免了工程量失控。对材料费用的监控，着重在“限”字上做文章，材料的领用和验收实行保管员验收数量并签字，质检员验收质量并签字，材料主管审核签字，行政经理(党支部书记兼职)核定签订程序，履行纪检、监察职能。同时，强调现场材料消耗财务挂账的及时性，一律以财务挂账作欠款支付的依据，每拖一个月，扣罚其价款的2%。审核每月的统计报表，对实际成本与目标成本进行对比分析，实行成本动态监控，及时发现问题，及时改进。

算：做好预决算。除在材料等成本控制方面算好、算出效益外，主要向四个方面要效益。一是向工程预算要效益，实行成本倒推法，测算出实际成本与合同预算价之间的差额，推算出实际利润。工程中标后，必须根据合同的优惠条件，在充分考虑上交分公司各种管理费用的基础上，针对具体情况制订项目成本计划与控制目标。二是向工程合同要效益。建筑产品涉及材料供应、大型设备租赁、劳务输入、资金信贷、工程保险等诸多方面，以及建筑企业在生产经营过程中交易层次的多样性和内容的复杂性等，要求将合同管理纳入工程项目管理的每一个工作程序，建立有效的合同管理机制，确保各项经济指标准确并有效，强调在工程合同签订前，认真研究合同草稿，为决算奠定基础，提高工程索赔技巧。三是向施工方案要效益，搞好工程的经济签证，做好施工方案的优化，方便施工，降低成本。四是向工程结算要效益，施工结束后，及时做好结算，也可以提高工程项目的效益。

7.1 项目成本决算

7.1.1 项目成本决算的含义

项目管理的目标是要保证项目在规定的时间、预算内，在保证项目质量的前提下，按要求完成计划工作，提交项目产品，满足利益相关者的要求。因此，在项目的结束阶段，就有必要对项目所有费用进行决算，以明确项目实施过程是否超支。

项目的成本决算就是依据项目合同和合同的变更，确定从项目筹建开始到项目结束交付使用为止的生命周期内各个阶段所支付的全部费用，然后形成项目决算书，为最后项目的验收提供依据。

7.1.2 项目成本决算的依据

项目成本决算主要依据合同以及合同的变更，原始资料包括以下几个方面。

(1) 经批准的可行性研究报告及其投资估算。

(2) 经批准的初步设计或扩大初步设计及其概算或修正概算。

(3) 经批准的施工图设计及其施工图预算。

(4) 设计交底或图纸会审会议记录。

(5) 招标、投标的标底、承包合同及项目结算资料。

(6) 项目实施过程中的施工记录或施工签证单以及其他施工中发生的费用记录，如索赔报告与记录、停(交)工报告等。

(7) 竣工图及各种竣工验收资料。

(8) 历年基建资料、历年财务决算及批复文件。

(9) 设备、材料调价文件和调价记录。

(10) 有关财务核算的制度、办法和其他有关资料、文件等。

7.1.3 项目成本决算的作用

项目竣工后要及时编制项目成本决算，项目成本决算主要有以下几个方面的作用。

(1) 有利于节约项目投资。及时编制项目成本决算及竣工决算，据此办理新增固定资产移交转账手续，是缩短项目建设周期、节约基建投资的主要方面。如果有些已具备交付条件或已投产使用的项目迟迟不办理移交手续，就不能提取固定资产折旧，并且新发生的维修费、更新改造资金以及生产职工的工资、附加工资等都要在基本建设投资中开支，既扩大了基本建设支出，也不利于生产管理。

(2) 项目成本决算是办理交付使用资产的依据，也是竣工验收报告的重要组成部分。承包商与建设单位在办理交付资产的验收交接手续时，通过项目成本决算，反映交付使用资产的全部价值，包括固定资产、流动资产、无形资产和递延资产的价值。同时，它还详细提供了支付使用资产的名称、规格、数量、型号和价值等明细资料，是建设单位确定各项新增资产价值并登记入账的依据。

(3) 有利于经济核算。项目成本决算是反映竣工项目建设成果及财务情况的总结性文件，它采用货币指标、实物数量等各种技术经济指标反映项目自开始建设到竣工为止的全部建设成果和财务状况。项目成本决算可使企业正确计算已经投入使用的固定资产折旧费，保证产品成本的真实性，合理计算生产成本和企业效益，促使企业加强经营管理，增加盈利。

(4) 考核竣工项目概(预)算与计划执行情况以及分析投资效果。成本决算反映了竣工项目的实际建设成本、主要原材料消耗、实际建设工期、新增生产能力、占地面积和完工的主要工程量。通过对成本决算的各项费用与设计概算中的费用进行比较，可以分析节约或超支的原因，便于以后加强投资管理，为今后制订项目成本计划、降低项目成本、提高投资效果提供必要的资料。

(5) 有利于总结项目费用管理的经验。通过编制项目成本决算，全面清理财务，做到工完账清，便于及时总结项目费用管理中的经验，积累各项技术经济资料，不断改进项目管理工作，提高投资效果。

7.1.4 项目成本决算的编制要求

为了正确核定新增资产价值，考核分析投资效果，建立健全经济责任制，在项目竣工时，都应及时、完整、准确地编制项目成本决算。因此，需要项目承建单位做好以下工作。

(1) 按照规定组织竣工验收，保证项目成本决算的及时性。及时组织竣工验收，是对项目的全面考核，所有项目(或单项工程)按照批准的设计文件所规定的内容建成后，具备了投产和使用条件的，都要及时组织验收。对于竣工验收中发现的问题，应及时查明原因，采取措施加以解决，以保证项目按时交付使用和及时编制项目成本决算。

(2) 积累、整理竣工项目资料，保证项目成本决算的完整性。积累、整理竣工项目资料是编制项目成本决算的基础性工作，它关系到项目成本决算的完整性和质量的好坏。因此，在项目建设过程中，项目承建单位必须随时收集项目建设的各种资料，并在竣工验收前，对各种资料进行系统整理，分类立卷，为编制项目成本决算提供完整的数据资料，为投产后加强资产管理提供依据。

(3) 清理、核对各项账目，保证项目成本决算的正确性。项目竣工后，承建单位要认真核实各项交付使用资产的建设成本；做好各项账务、物资以及债权债务的清理结余工作，应偿还的及时偿还，应收回的及时收回，对各种结余的材料、设备、施工机械、工具等，要逐项清点核实，妥善保管，按照国家有关规定进行处理；对项目竣工后的结余资金，要按照国家有关规定或者合同的要求进行处理。在做完上述工作、核实了各项数据的基础上，正确编制从年初起到竣工月份止的竣工年度财务决算，在此基础上，根据历年的财务决算和竣工年度财务决算进行整理汇总，编制项目成本决算。

7.1.5 项目成本决算编制的程序

项目完工后，项目承建单位应及时按照有关规定，编制项目成本决算，编制程序包括以下几个方面。

(1) 收集、整理和分析有关资料

在编制项目成本决算前，必须准备一套完整齐全的资料，这是准确、迅速编制项目成本决算的必要条件。在项目竣工验收阶段，应注意收集资料，系统地整理所有的技术资料、项目结算的经济文件、施工图纸和各种变更与签证资料，并认真分析它们的准确性。

(2) 清理各项账务、债务和结余物资

在收集、整理和分析有关资料过程中，要特别注意项目从筹建开始到竣工投产为止的全部费用的各项账务、债务和债权的清理，做到工完账清。对结余的各种材料工器具和设备要逐项清点核实、妥善管理，并按规定及时处理，收回资金。

(3) 编写项目成本决算表

在实地验收合格的基础上，根据前面所陈述的有关结算的资料完成竣工验收报告，填写项目成本决算表。

7.1.6 项目成本决算的内容

项目的成本决算包括项目从筹建开始到项目竣工交付生产使用为止的全部费用。项目成本决算由“决算报表”和“情况说明书”两部分组成。不同项目由于规模不同，项目成本决算报表的内容种类也有所不同。一般大中型项目的决算报表包括竣工项目概况表、竣工财务决算表、项目交付使用财产总表和项目交付使用财产明细表等；小型项目的决算报表一般包括决算总表和交付使用财产明细表两部分。除此以外，还可以根据实际的需要，编制其他报表，如结余设备材料明细表、应收应付款明细表、结余资金明细表等，将其作为决算报表的附件。

1. 竣工项目情况说明书

竣工项目情况说明书反映了竣工项目建设的成果和经验，是全面考核项目投资与成本耗费的书面总结文件，其主要内容包括以下几个方面。

(1) 项目总的评价。总评价从项目的进度、质量、安全和成本耗费四个方面进行分析说明。对于进度主要说明开工时间和完工时间、与合理工期和要求工期相比较是提前还是延期。对于项目质量要根据项目竣工验收委员会或具有相当质量监督资质的验收部门的验收评定等级，对合格率和优良品率进行说明。对于项目安全问题要根据相关部门记录，对有无设备和人身事故进行说明。对于成本耗费应比较概算造价，说明是节约还是超支，并用绝对数的金额和相对数的百分率进行分析说明。

(2) 资金来源及运用等财务分析。要对项目建设过程中的资金来源情况以及资金运用情况进行分析，主要包括项目价款结算、会计财务的处理、财产物资情况及债权债务的清偿情况。

(3) 各项财务和技术经济指标的分析。根据项目实际投资完成额与项目成本预算进行对比分析，分析预算执行情况。对新增生产能力的效益进行分析，并说明交付使用财产占总投资的比重、固定资产占交付使用财产的比例、递延资产占投资总数的比例等数据。

(4) 项目成本决算中存在的问题和建议。通过对本项目成本决算过程中存在的问题进行分析和说明，为以后类似项目成本决算提供针对性的建议。

(5) 需说明的其他事项。

2. 项目决算报表

竣工财务决算报表的格式根据大中型项目和小型项目的不同情况分别制订。大中型工程项目的财务决算报表有如下几种：

(1) 工程项目竣工财务决算审批表；

(2) 大中型工程项目概况表；

(3) 大中型工程项目竣工财务决算表；

(4) 大中型工程项目交付使用资产总表；

(5) 工程项目交付使用资产明细表；

(6) 小型工程项目竣工财务决算总表。

大中型项目竣工财务决算表示例见表7-1。

表7-1 大中型项目竣工财务决算表 单位:元

资金来源	金额	资金运用	金额	补充资料
一、基建拨款		一、交付使用资产		1. 基建投资借款期末余额
1. 预算拨款		二、在建工程		2. 应收生产单位投资借款期末余额
2. 基建资金拨款		三、应核销投资支出		3. 基建结余资金
3. 进口设备转账拨款		四、应收生产单位投资借款		
4. 器材转账拨款		五、库存器材		
5. 自筹资金拨款		其中:待处理器材损失		
6. 其他拨款		六、货币资金		
二、项目资本金		七、预付及应收款		
1. 国家资本		八、有价证券		
2. 法人资本		九、无形资产		
3. 个人资本		十、递延资产		
三、项目资本公积金				
四、基建投资借款				
五、上级拨入投资借款				
六、企业债券资金				
七、待冲基建支出				
八、应付款				
九、未交款				
1. 未交税金				
2. 未交基建收入				
3. 未交基建包干结余				
4. 其他未交款				
十、上级拨入资金				
十一、留成收入				
合计		合计		

7.2 项目成本审计

成本审计是项目审计的重要组成部分，成本审计是对项目管理过程中判断有关成本费用使用的合理性、合法性和有效性的一种活动。成本审计贯穿于项目的全过程。

7.2.1 项目成本审计的对象

(1) 项目的经济核算资料

经济核算是一个完整的体系，它由会计核算、统计核算和其他业务核算共同组成。这三种核算都是以项目经济活动的原始记录为基础。要完成项目成本审计的任务，必须审查包括会计核算资料、统计核算资料、其他业务核算资料在内的所有经济核算资料。

(2) 项目的相关管理制度

为了使项目的财务收支活动和其他经济活动纳入规范的发展轨道，防止发生差错，实现预期的目标，必须建立一套完整的、严密的内部控制和经营管理制度。管理制度是否完善，对各项经济活动的开展、经营目标的实现、财务收支活动的正常进行和经济效益的好坏有重要的影响，也直接影响会计资料的真实性和正确性。

基于上述原因，在审计中，必须对项目中的各项管理控制制度的规范性、合理性及其执行情况进行认真测试和评价，对其存在的缺陷和失控提出改进意见。

(3) 项目的内部业务经营活动

项目的整个活动过程和结果也是审计对象的重要组成部分，在项目成本审计时，应当重点审查项目经营活动的合理性、合法性和有效性，促使其提高经济效益。

7.2.2 项目成本审计的范围

项目成本审计的范围是项目成本审计对象的具体化，主要有以下内容。

(1) 各种项目经济核算资料，主要包括：项目承发包合同、劳务合同等经济合同；项目全套设计图纸、设计变更图纸、设计变更签证单；施工进度图表；主要材料分析表、自行采购材料的原始凭证、调价部分材料消耗计算表、主要材料耗用明细表、成本费用支出明细表；需要上级主管部门批准方可执行事项的批示文件；内部控制制度的文件；其他会计资料。

(2) 各种项目内部管理和控制制度及其执行情况，具体包括：确保财务和业务信息的可靠性和完整性的制度和方法及其执行情况；保护资产真实存在、不受损失的制度和方法及其执行情况；确保各种资源的经济有效使用的制度和方法及其执行情况；制订和调整业务经营和规划中的规章制度及方法及其执行情况；上级要求的其他审计事项。

7.2.3 项目成本审计的内容

与项目的进程相对应，项目成本审计的内容可以分为计划阶段的成本审计、实施阶段的成本审计和结束阶段的成本审计，不同阶段的成本审计的内容也有所不同。

(1) 项目计划阶段的成本审计

项目计划阶段是项目计划实施的前期准备，对项目的实施过程进行全面、系统的描述和安排。这个时期将依据项目的工作分解结构、资源计划、进程安排等，对成本进行科学的

估计和合理的计划。因而，此阶段的成本审计主要是进行成本估算和成本预算的审计。审计的主要内容包括：成本估算采用了哪种方法，采用的方法是否合理；成本估算的依据是否合理；成本估算的结构是否准确；成本计划的编制采用了什么方法，方法是否科学，是粗线条的还是细线条的；成本计划的依据是否充分；成本计划能否满足控制成本的要求；不可预见成本的数量是否合理等。

(2) 项目实施阶段的成本审计

项目实施阶段涉及的工作内容最多、时间最长、耗费资源量最大，是项目成本的主要使用过程，也是项目成本审计的关键阶段。项目实施阶段的成本审计包括对成本报告的审计和实施成本费用的审计。

① 成本报告的审计包括审核成本报告的内容是否全面，报告格式是否规范；审查报告与实际发生成本的吻合情况；结合进程报告和质量报告判断成本报告的真实性。

② 实施成本费用的审计包括审查成本费用的超出和实际支出偏低的情况，查明发生成本的偏差幅度及其原因；审查发生的成本是否合理，有无因管理不善造成成本上升和乱摊成本的问题；审查成本控制方法、程序是否有效，是否有严格的规章制度；审查有无擅自改变项目范围。

(3) 项目结束阶段的成本审计

项目结束阶段，公司有关部门要根据相关资料，对项目成本收支进行审计和确认，借以最终确定项目成本总收入、项目成本总支出、项目成本总盈亏情况、项目最终兑现总额和兑现补差。项目成本审计一般包括以下几个方面的内容。

① 确定项目成本总收入。项目竣工后，应立即组织有关人员与建设单位进行项目竣工结算，确定项目造价。当项目造价确定后，由经营部门按照公司相关文件和项目责任合同所确定的项目责任成本总收入的计算方法和计算门径，在项目责任合同、项目成本责任总额、工程施工过程中的各项签证和公司与项目的相关调整文件或签证，划分和计算项目成本总收入。在确定项目成本总收入的基础上，计算项目已报收入和竣工后可补报收入或应调整额度。

② 清理完债权债务。项目竣工后，原则上项目应将各项要素包括所有人员，除留有结算人员和项目其他人员外，尽早退出现场，项目宣布解散，即项目在与公司结算时要做到工完、场净、人退、账清。

③ 确定项目成本总支出。在项目全面实现工程竣工和清理完债权债务后，最后一次调整成本支出，落实项目成本总支出，为项目开展内部兑现或公司与项目兑现提供真实、准确的数据。

④ 确定项目成本盈亏额。在公司与项目落实项目成本收入和项目成本支出的基础上，公司与项目要及时落实项目成本的盈亏。

7.2.4 项目成本审计实施的程序

进行不同内容的项目成本审计实施时，通常都要按一定的程序进行。实施过程主要有以下步骤。

(1) 制订审计计划

① 初步确定审计目标和审计范围。

② 研究背景信息。在开始执行审计前，审计人员应尽可能地熟悉被审项目所涉及的生

产经营管理活动的相关资料，以便为初步调查做好准备；这一准备工作，不仅有助于审计人员估计经营活动中可能发生的需加以关注的特别或例外事项，也有助于他们熟悉被审计项目部的政策制度和控制程序。

③ 成立审计小组。审计小组的具体组成，依审计项目的规模和性质而定。小型项目可能只有一名审计人员，所有的审计工作只能由其独自完成；而大规模的审计项目则需要较多的人员和时间，在制订审计计划时，应做好安排。审计小组人员既可来源于公司的相关职能部门，也可以邀请外部相关专家担任。

④ 制订初步审计方案。审计方案包括审计目标、审计范围、审计过程中必须特别加以关注的事项、审计程序、拟收集的审计证据、审计人员分工及审计时间安排。

⑤ 计划审计报告。审计报告是向项目部的上级有关部门反映审计结果的文件。计划审计报告在审计过程的准备阶段进行，内部审计人员在审计的初期就要考虑审计报告如何编制，何时报送以及向谁报送。

(2) 进行初步调查

对被审计项目进行初步调查的目的是获得对项目的初步了解，为进一步完善审计方案提供依据。初步调查通常包括四个内容:实地观察、研究资料、书面描述、分析审计程序。

① 实地观察。对于项目成本审计来说实地观察十分重要。通过现场观察可以对项目管理活动的工作流程、实物资产以及项目实施情况获得一个基本的了解。

② 研究资料。审计人员研究资料的主要目的是确定这些文件是否存在、如何组织、是否有序存放以及是否妥善保管等。

③ 书面描述。书面描述是永久性审计档案的组成部分，它有助于审计人员了解被审计项目，并可作为审计人员评价内部控制系统和制订审计程序的基础。

④ 分析审计程序。通过对实地观察、研究资料、书面描述等工作，可以帮助审计人员更好地理解项目的情况，有助于审计人员设计适当的审计程序，从而有针对性地采用更详细的审计程序来审查。

(3) 描述和分析内部控制制度

审计人员应当研究与评价被审计项目的内部控制制度，对拟信赖的内部控制制度进行符合性测试，以确定其对实质性测试的性质、时间和范围的影响。

(4) 实质性测试程序

实质性测试程序包括审查记录和文件、与被审计项目的管理人员及其他职工进行面谈、实地观察项目实施管理活动、检查资产、将实际和记录进行比较等。

(5) 审计发现和审计建议

对被审项目的研究和评价结束后，审计人员就应开始提出审计发现和审计建议。

审计发现应包括审计人员所发现的问题、评价这些问题的标准。针对由于实际和评判标准的差异所造成的影响(风险)以及差异产生的原因，提出相应的审计建议。审计人员的建议应尽量明确采取纠正行动的部门和人员。

(6) 审计报告

审计报告是审计工作组集体工作的最终产品，审计工作的成果和后续行动的效果将取决于报告编写的质量和提出的方式。此报告要在征求项目管理人员意见的基础上，对所获得的资料进行综合归纳，分析研究，进而对审计事项做出客观、公正和准确的评价。最后，将作为审计结果和结论的报告送交有关部门。

(7) 审计评价

审计评价是审计业务的最后一步工作，它主要包括本次审计的有效性如何，应怎样做才能达到更理想的效果，本次审计对未来的审计有何指导意义等。

案例分析

工程决算审计

1. 项目概况

某市某银行"某大厦工程"由该市第四建筑公司承建，工程地点位于该市路中段，建筑面积为28 492 米^2，工程占地2 044 米^2，开工时间为××年12月2日，竣工日期为××年6月6日。本案例仅对该工程的地下室和柱基工程审计情况进行阐述。地下室和桩基工程送审工程造价为652.65万元，审后造价为582.91万元，核减69.74万元，核减率为10.69%。

2. 审计原则及方法

由于该工程是包工包料、包质量、包安全的招标承包工程。建设方与承建方签订合同时，合同中对工程质量要求、工程结算及付款方法(含工程量计算依据、工程造价取费标准、计价方法、主材料用量及单价等)、施工前的准备及双方责任等均有明确规定，因此采用验表、查证、实地测量核对等专业方法进行审计。

3. 审计依据及审计过程

(1) 审计依据

① 送审方提供的有关工程结算书、地下室和桩基竣工图及由甲、乙监理公司三方签证的地下室和桩基工程设计变更签证资料及桩基验收资料。

② ××省1994年《建筑工程预算定额》及总说明、省建(1994)经字第614号文件、省建建字(1995)39号文件和(1996)09号文件、省建委(1996)监字第142号文件。

③ 现场勘察、测量落实后的相关工程事项及数据。

④ 材料。价格调整依据以某市建设造价管理第三期以及甲、乙双方签订的用量及价格计算。

⑤ 甲、乙双方签订的承包合同等文件资料。

(2) 审计过程

首先，准备阶段。

① 收集被审项目资料，其中包括工程承包合同书、工程设计图；竣工图、变更证资料及桩基验收签证、记录、工程日记及进度记录等资料；竣工工程预算书、决算书、工程量计算公式、各类与本工程相关的取费标准及文件资料。

② 对收集的资料进行分析。由于项目的承建单位具有比较完善的管理制度和管理体系，在施工组织规范方面对施工组织设计、施工部署、施工方案等方面做了详细的阐述，在承建合同中对承包方式、范围、内容、工程建设期、工程质量、工程结算及付款方法、施工前期准备及双方责任、违约责任等事项都有详细说明，由此可以认为该工程在质量等方面的管理是较规范的。而该工程在承包投标书中承诺主楼按税前造价优惠5%，其他部分按三类工程取费，确定本次审计

应以工程量的核实和取费计价的正确与否作为审计重点，并编制相关的审计方案。

其次，审计实施阶段。根据审计方案及审计工作计划、分组、分项进行审查。

① 依据设计图、施工图等相关资料进行实地测量，根据实地测量的结果做相关记录。

② 对照施工图及变更签证资料及实地测量记录等资料核对工程量。

③ 核对验证资料、验算送审项目工程量计算，审查工程量计算中应用的数据和工程量计算的规则的规定，是否有与图纸、合同及设计要求不合的地方。

④ 根据合同和相关文件资料等核对计价取费是否合理、正确，检查是否有错套、高套、计算、单价核算不规则等。

⑤ 对合同中没有做出明确规定，并且定额中没有规定的材料价格的合理性、票证的真实性、选取的价格的准确性等其他事项进行审查。

4. 审计中发现的主要问题

此次审计的重点是工程量计算和取费，围绕这一目的开展审计工作，首先进行重点抽查和现场勘测，以对桩基的审计为例。根据设计图、施工图、竣工图逐项核对工程量，同时对照桩基竣工验收记录；地下室工程部分表述不清，对此重新进行测量，核实工程量；根据国家政策规定及承建合同要求等项核对审查取费标准；逐项核对项目定额套用；重点核实主材料价差调整，同时对照合同及施工期内地方定额造价的现行材料价格部分进行逐项核对，据此计算出定额直接费和税金、总造价等。审计中发现的问题有以下几个方面。

(1) 由于没有严格按照设计要求、变更签证资料及工程量计算规则的规定，导致工程量的计算不准确，多计工程量。

(2) 单价核算错误。没有严格按照核算规则计算，导致计价不准确，多计价款。

(3) 施工工程中用材变更，施工方编制决算的人员，将变更签证用材进行了调整计算，但是没有冲抵原计算用材量及价款，导致重复计算。

(4) 材料价差计算有误。审计工程中发现材料价差的计价依据选用有误，该工程完工于××年6月以前，而选用的主材价是××年6月以后的单价，高于6月份以前的单价，故此导致多计材料价差。

(5) 钢用量的计算不准确，存在重复计算损耗的现象。

5. 审计结果及建议

(1) 审计结果

依据建设方提供的由施工方编制的工程决算书、项目图纸资料以及现场勘测记录等，在与承建方结算人员、施工人员项核对的情况下，经过建设方、承建方、审计方三方签字确认，做出审计结果。本项目送审额为652.65万元，审计后为582.91万元，核减额为69.74万元，核减率为10.69%。

(2) 建议

上述审验结果经建设方、承建方、审计方三方签字确认，请甲方、乙方根据审验结果及合同有关条款进行结算。

建设方、承建方应本着实事求是的原则，进行尚未完工工程的施工监理工作，保证双方的利益均得到保障，同时维护合同的严肃性。建议承建方将合同让利部分通过节约成本、降低费用、提高质量、减少损失、减少浪费等方法予以弥补，从而提高企业的信誉，建立永久合作的基础。

思考题

1. 进行项目审计的前期准备工作包括哪些?
2. 结合上述案例,谈谈项目审计中应注意的事项。

练习题

1. 什么是项目成本决算,编制项目成本决算有何作用?
2. 阐述项目成本决算编制的步骤。
3. 项目成本决算的内容有哪些?
4. 项目成本审计的对象主要有哪些?审计范围是什么?
5. 项目成本审计的程序是什么?
6. 结合实际,谈谈项目审计过程中的注意事项。

参考文献

[1] 林师健.项目成本管理[M].北京:对外经济贸易大学出版社,2007.
[2] 魏文彪.建设工程项目成本管理[M].北京:中国计划出版社,2007.
[3] 孙慧.项目成本管理[M].北京:机械工业出版社,2007.
[4] 甘华鸣.项目管理[M].北京:中国国际广播出版社,2002.
[5] 白思俊.现代项目管理[M].北京:机械工业出版社,2003.
[6] 威安邦.项目成本管理[M].天津:南开大学出版社,2006.
[7] 纪建悦,许军多.现代项目成本管理[M]. 北京:机械工业出版社,2008.
[8] 美国项目管理协会.项目管理知识体系指南[M].北京:电子工业出版社,2005.
[9] 郭继秋,唐慧哲.工程项目成本管理[M].北京:化学工业出版社,2005.
[10] 邱菀华,沈建明,杨爱华,等.现代项目管理导论[M].北京:机械工业出版社,2003.
[11] 杰弗里·K·宾图.项目管理[M].鲁耀斌,赵玲,译.北京:机械工业出版社,2007.
[12] 张立友,金林,于晓璐.项目管理核心教程与 PMP 实战[M].北京:清华大学出版社,2003.
[13] 毕星.项目管理[M].上海:复旦大学出版社,2000.
[14] 王国玉.投资项目评估学(修订版)[M].武汉:武汉大学出版社,2000.
[15] 周桂荣,惠恩才.成功项目管理模式[M].北京:中国经济出版社,2002.
[16] 阿迪德吉·B·巴迪鲁,P·施铭·巴拉特.项目管理原理[M].王瑜,译. 北京:清华大学出版社,2003.
[17] 池仁勇.项目管理[M].北京:清华大学出版社,2004.
[18] 白思俊.项目管理案例教程[M].北京:机械工业出版社,2004.
[19] Alan Webb.项目经理指南:项目挣值管理的应用[M].威安邦,熊琴琴,吴秋菊,译.天津:南开大学出版社,2005.
[20] 卢向南.项目计划与控制[M].北京:机械工业出版社,2007.
[21] 赵涛,潘欣鹏.项目成本管理[M].北京:中国纺织出版社,2004.
[22] 范黎波.项目管理[M].北京:对外经济贸易大学出版社,2005.
[23] 柴宝善,殷永昌.项目管理学[M].北京:中国经济出版社,2001.
[24] 陈小新.项目管理的经济学分析[M].北京:中国经济出版社,2006.
[25] 陈远,寇继虹,代君.项目管理[M].武汉:武汉大学出版社,2002.
[26] 杰克·R·梅瑞狄斯,小塞缪尔·J·曼特尔.项目管理:管理新视角[M].4 版.郑晟,杨磊,李兆玉,等译.北京:电子工业出版社,2002.
[27] 易志云,高民杰.成功的项目管理方法[M].北京:中国经济出版社,2002.
[28] 余志峰,胡文发,陈建国.项目组织[M].北京:清华大学出版社,2000.
[29] 牟文,徐玖平.项目成本管理[M]. 北京:经济管理出版社,2008.
[30] 文红星,文峰.项目成本管理[M].北京:机械工业出版社,2007.
[31] 杰克·吉多,詹姆斯·P·克莱门斯.成功的项目管理[M].北京:机械工业出版社,2001.
[32] 魏及淇.项目管理实战全书[M].北京:北京工业大学出版社,2015.